[Actual Test] 한 권으로 합격하기

HOT TOPIK

For Japanese

編著
Korean Proficiency Test R&D Center

차례 目次

제1회
실전모의고사

한국어능력시험 I
(초급)

듣기, 읽기

수험번호(Applicaton No.)		
이름 (Name)	한국어(Korean)	
	영 어(English)	

유 의 사 항
Information

1. 시험 시작 지시가 있을 때까지 문제를 풀지 마십시오.
   Do not open the booklet until you are allowed to start.

2. 접수번호와 이름은 정확하게 적어 주십시오.
   Write your name and application number on the answer sheet.

3. 답안지를 구기거나 훼손하지 마십시오.
   Do not fold the answer sheet; keep it clean.

4. 답안지의 이름, 접수번호 및 정답의 기입은 컴퓨터용 펜을 사용하여 주십시오.
   Use the optical mark reader(OMR) pen only.

5. 정답은 답안지에 정확하게 표시하여 주십시오.
   Mark your answer accurately and clearly on the answer sheet.

   marking example   ① ● ③ ④

6. 문제를 읽을 때에는 소리가 나지 않도록 하십시오.
   Keep quiet while answering the questions.

7. 질문이 있을 때에는 손을 들고 감독관이 올 때까지 기다려 주십시오.
   When you have any questions, please raise your hand.

※　[1~4] 다음을 듣고 〈보기〉와 같이 물음에 갖는 대답을 고르십시오. (각 3점)

<table>
<tr><td colspan="2" align="center">보기</td></tr>
<tr><td colspan="2">가 : 공부를 해요.
나 : ________________</td></tr>
<tr><td>❶ 네, 공부를 해요.</td><td>② 아니요, 공부예요.</td></tr>
<tr><td>③ 네, 공부가 아니에요.</td><td>④ 아니요, 공부를 좋아해요.</td></tr>
</table>

1.　① 네, 빵이에요.　　　　② 네, 빵이 없어요.
　　③ 아니요, 빵을 사요.　　④ 아니요, 빵이 좋아요.

2.　① 네, 가방이에요.　　　② 네, 가방이 비싸요.
　　③ 아니요, 가방이 많아요.　④ 아니요, 가방이 있어요.

3.　① 어제 공부했어요.　　　② 한국어를 공부했어요.
　　③ 친구하고 공부했어요.　④ 도서관에서 공부했어요.

4.　① 아주 예뻐요.　　　　② 제 여동생이에요.
　　③ 열아홉 살이에요.　　④ 사진에서 봤어요.

※　　[5~6] 다음을 듣고 〈보기〉와 같이 다음 말에 이어지는 것을 고르십시오. (각 3점)

보기

가 : 맛있게 드세요.

나 : ___________________

① 좋겠습니다.　　　　　　　　　② 모르겠습니다.

③ 잘 지냈습니다.　　　　　　　　❹ 잘 먹겠습니다.

5.　① 네, 병원입니다.　　　　　　　② 네, 병원에 갑니다.

　　③ 아니요, 병원이 있습니다.　　　④ 아니요, 병원에서 일합니다.

6.　① 괜찮습니다.　　　　　　　　　② 안녕하세요.

　　③ 고맙습니다.　　　　　　　　　④ 반갑습니다.

※　　[7~10] 여기는 어디입니까? 〈보기〉와 같이 알맞은 것을 고르십시오. (각 3점)

보기

가 : 어디가 아프세요?

나 : 배가 아파요.

① 가게　　　　　② 빵집　　　　　❸ 병원　　　　　④ 시장

7.　① 식당　　　　　② 학교　　　　　③ 우체국　　　　　④ 편의점

8.　① 꽃집　　　　　② 은행　　　　　③ 박물관　　　　　④ 영화관

9.   ① 서점   ② 극장   ③ 커피숍   ④ 미용실

10.   ① 공항   ② 약국   ③ 백화점   ④ 도서관

※   [11~14] 다음은 무엇에 대해 말하고 있습니까? 〈보기〉와 같이 알맞은 것을 고르십시오.
(각 3점)

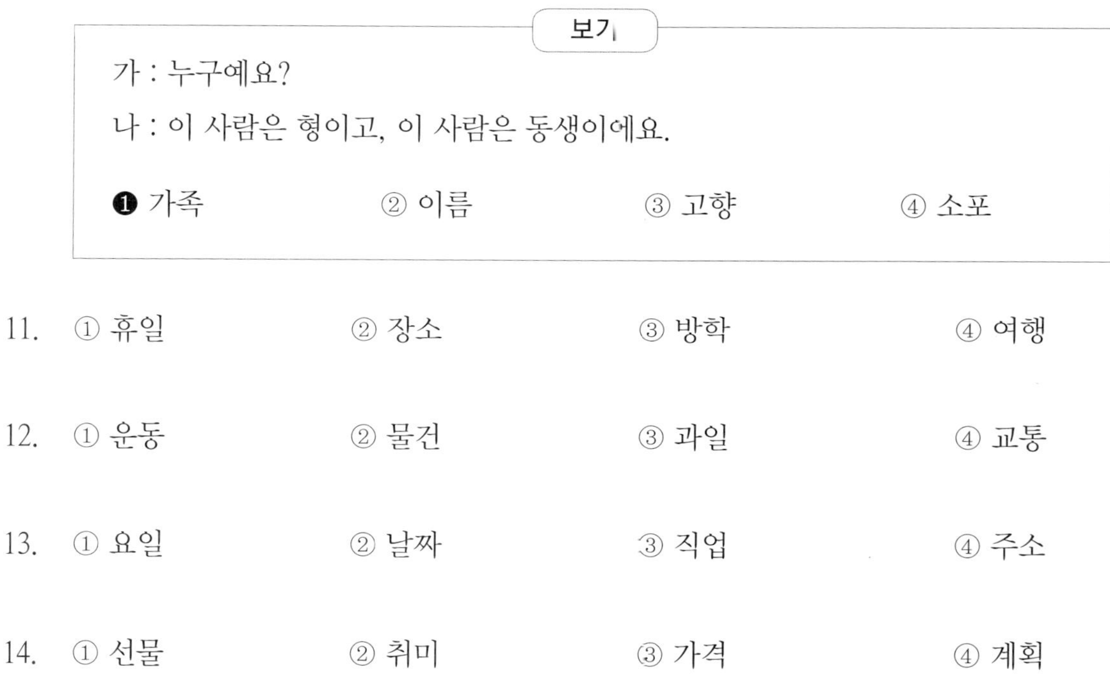

11.   ① 휴일   ② 장소   ③ 방학   ④ 여행

12.   ① 운동   ② 물건   ③ 과일   ④ 교통

13.   ① 요일   ② 날짜   ③ 직업   ④ 주소

14.   ① 선물   ② 취미   ③ 가격   ④ 계획

※ [15~16] 다음 대화를 듣고 알맞은 그림을 고르십시오. (각 3점)

15.　①

②
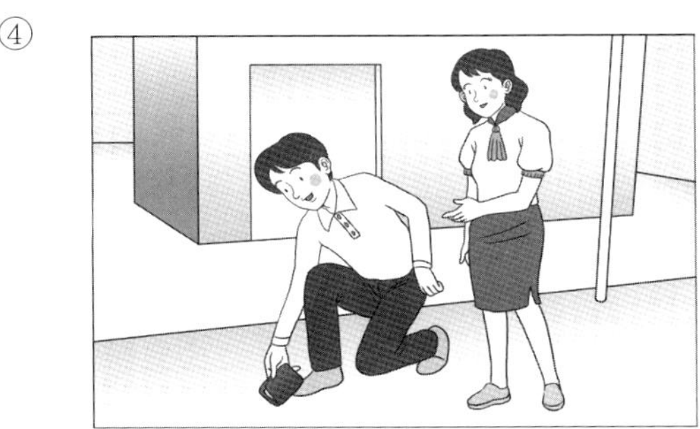
③

④

16.　①

②

③
④

※ [17~21] 다음을 듣고 〈보기〉와 같이 대화 내용과 같은 것을 고르십시오.

┌─────── 보기 ───────┐

남자 : 요즘 한국어를 공부해요?

여자 : 네, 한국 친구한테서 한국어를 배워요.

① 남자는 학생입니다.　　　　② 여자는 학교에 다닙니다.

③ 남자는 한국어를 가르칩니다.　❹ 여자는 한국어를 공부합니다.

17. (3점)
① 남자는 생일 파티를 했습니다.
② 여자는 생일 파티에 못 갑니다.
③ 여자는 생일 파티를 좋아합니다.
④ 남자는 생일 파티에 여자를 초대했습니다.

18. (3점)
① 여자는 사진을 찍고 있습니다.
② 여자는 내일 박물관에 갈 겁니다.
③ 남자는 사진을 찍고 싶지 않습니다.
④ 남자는 지금 사진을 찍으려고 합니다.

19. (3점)
① 여자는 기침이 나서 병원에 왔습니다.
② 여자는 삼 일 동안 병원에 와야 합니다.
③ 남자는 목이 부어 치료를 받고 있습니다.
④ 남자는 기침을 많이 해서 목이 부었습니다.

20. (3점)

① 남자는 여행사 직원입니다.

② 여자는 비행기 표를 예약했습니다.

③ 남자는 창문 옆 자리를 예약하려고 합니다.

④ 여자는 전화로 비행기 표를 알아보고 있습니다.

21. (4점)

① 여자는 두 달 전에 라디오를 샀습니다.

② 여자는 새 라디오를 다시 받을 겁니다.

③ 여자의 라디오는 어제 고장이 났습니다.

④ 여자는 직접 라디오를 찾으러 가야 합니다.

※ **[22~24] 다음을 듣고 대화 내용과 같은 것을 고르십시오. (각 4점)**

22. ① 여자는 대출증을 만들었습니다.

② 여자는 사진을 가지고 있습니다.

③ 신분증이 없으면 대출증을 만들 수 없습니다.

④ 대출증을 만들려면 사진 한 장이 필요합니다.

23. ① 남자는 작년에 수영 강사였습니다.

② 남자는 수영장에서 일하기를 원합니다.

③ 수영 강사 경험이 있으면 바로 일할 수 있습니다.

④ 남자는 수영장을 청소하는 일을 하고 싶어 합니다.

24. ① 여자는 삼 일 전에 예약을 했습니다.

② 여자는 호텔에 가서 예약하고 있습니다.

③ 여자는 추가로 돈을 내지 않아도 됩니다.

④ 여자는 예약을 취소하려고 전화했습니다.

※ [25~26] 다음을 듣고 물음에 답하십시오. (각 4점)

25. 어떤 이야기를 하고 있는지 고르십시오.
① 감사　　　　　② 인사　　　　　③ 안내　　　　　④ 초대

26. 들은 내용과 같은 것을 고르십시오.
① 아이를 이미 찾았습니다.　　　　② 아이는 가방을 들고 있습니다.
③ 아이는 키가 크고 머리가 짧습니다.　　　　④ 아이를 찾으면 1층으로 가야 합니다.

※ [27~28] 다음을 듣고 물음에 답하십시오. (각 4점)

27. 두 사람이 무엇에 대해 이야기하고 있는지 고르십시오.
① 방학에 한 일　　　　② 방학에 할 계획
③ 방학에 해야 하는 일　　　　④ 방학을 잘 보내는 방법

28. 들은 내용과 같은 것을 고르십시오.
① 남자는 부산에 갔다 왔습니다.
② 여자는 방학을 기대하고 있습니다.
③ 여자는 제주도에 가 본 적이 있습니다.
④ 남자는 방학에 재미있는 시간을 보냈습니다.

※ [29~30] 다음을 듣고 물음에 답하십시오. (각 4점)

29. 남자는 지금 왜 여기에 왔습니까?
　　① 소포를 부치려고　　　　　　② 소포를 찾으려고
　　③ 소포를 바꾸려고　　　　　　④ 소포를 확인하려고

30. 들은 내용과 같은 것을 고르십시오.
　　① 소포는 일주일 뒤에 도착합니다.
　　② 소포를 찾으려면 주소를 알아야 합니다.
　　③ 소포가 도착했는지 직접 확인해야 합니다.
　　④ 소포에는 유리로 된 물건이 들어 있지 않습니다.

읽기 (31번 ~ 70번)

※ [31~33] 다음은 무엇에 대한 이야기입니까? 〈보기〉와 같이 알맞은 것을 고르십시오.

보기

덥습니다. 바다에서 수영합니다.

❶ 여름   ② 날씨   ③ 나이   ④ 나라

31. (2점)

오전에 요리를 배웁니다. 오후에 한국어를 배웁니다.

① 날씨   ② 수업   ③ 장소   ④ 날짜

32. (2점)

오늘은 동생이 졸업합니다. 저는 꽃을 줄 겁니다.

① 취미   ② 직업   ③ 선물   ④ 시간

33. (3점)

오늘은 일요일입니다. 그래서 민호 씨는 회사에 안 갑니다.

① 운동   ② 약속   ③ 여행   ④ 휴일

※　[34~39] 〈보기〉와 같이 빈칸에 제일 알맞은 것을 고르십시오.

날씨가 좋습니다. (　　　　)이 맑습니다.

① 눈　　　　　② 밤　　　　❸ 하늘　　　　④ 구름

34. (2점)

머리(　　　　) 좋아요.

① 와　　　　　② 를　　　　③ 가　　　　④ 에

35. (2점)

편지를 보냅니다. (　　　　)에 갑니다.

① 약국　　　　② 공항　　　③ 소방서　　　④ 우체국

36. (2점)

어제 도서관에 가서 책을 빌렸습니다. 재미있게 (　　　　).

① 썼습니다　　② 갔습니다　　③ 읽었습니다　　④ 지냈습니다

37. (3점)

방이 (　　　　). 그래서 불을 켰습니다.

① 좋습니다　　② 덥습니다　　③ 넓습니다　　④ 어둡습니다

38. (3점)

> 늦게 가면 제시간에 도착할 수 없습니다. (   ) 출발합시다.

① 일찍   ② 천천히   ③ 이따가   ④ 나중에

39. (2점)

> 물건이 안 팔려요. 그래서 가격을 (   ).

① 내렸어요   ② 올렸어요   ③ 높였어요   ④ 인상했어요

※　[40~42] 다음을 읽고 맞지 <u>않는</u> 것을 고르십시오.

40. (3점)

① 가족 사랑 캠프는 겨울에 갑니다.

② 이번 캠프는 주말에 이틀 동안 합니다.

③ 캠프에 참가하려면 만 원이 필요합니다.

④ 한국대학교에서 일하는 사람은 참석할 수 있습니다.

41. (3점)

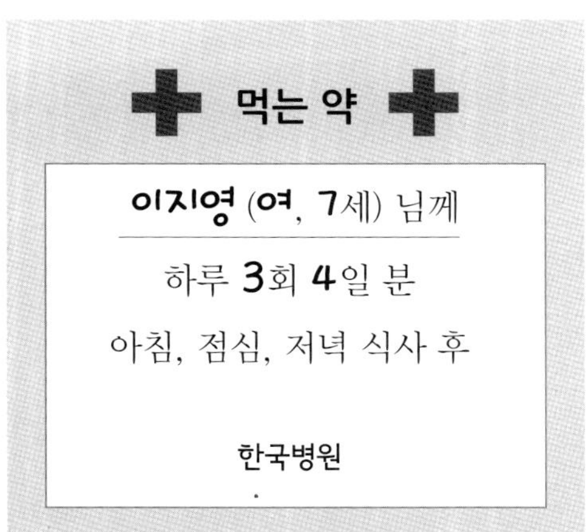

① 삼 일 동안 약을 먹습니다.

② 여자 아이가 약을 먹습니다.

③ 하루에 세 번 약을 먹습니다.

④ 밥을 먹은 후에 약을 먹습니다.

42. (2점)

이번 주말 날씨		
요일	토요일	일요일
날씨	☀	☁ / ☂
지역 서울	1℃	−5℃
지역 부산	10℃	1℃

① 일요일은 부산이 더 춥습니다.

② 토요일은 서울이 더 춥습니다.

③ 이번 주 토요일은 맑을 겁니다.

④ 이번 주 일요일은 비가 올 겁니다.

43.

> 오늘은 친구 생일입니다. 저는 아침을 먹고 선물을 샀습니다. 그리고 커피숍에서 친구한테 가방을 선물했습니다.

① 오늘은 제 생일입니다.
② 친구를 만나고 아침을 먹었습니다.
③ 저는 친구한테서 가방을 받았습니다.
④ 저는 커피숍에서 생일 선물을 줬습니다.

44.

> 지난주에 외국인 장기 자랑이 있었습니다. 저는 노래를 잘 못하지만 참가하고 싶었습니다. 그래서 한 달 동안 열심히 연습해서 노래를 불렀습니다.

① 저는 노래 부르기를 좋아합니다.
② 저는 장기 자랑에서 노래를 했습니다.
③ 저는 열심히 연습해서 노래를 잘합니다.
④ 저는 한 달 동안 장기 자랑에 가지 않았습니다.

45.

> 저는 일요일마다 독서 모임에 나갑니다. 우리 모임에서는 매주 책을 읽고 한 달에 한 번 글을 씁니다. 이번 주 토요일에는 회원들이 쓴 글을 전시할 겁니다.

① 이번 토요일에도 책을 읽을 겁니다.
② 매주 모임에 나가서 책을 읽습니다.
③ 한 달에 한 번 글 전시회가 있습니다.
④ 일요일마다 글을 쓰러 모임에 나갑니다.

※ [46~48] 다음을 읽고 중심 생각을 고르십시오.

46. (3점)

> 저는 스트레스를 받으면 노래방에 갑니다. 노래를 부를 때 큰 소리로 부릅니다. 그러면 기분이 아주 좋아집니다.

① 저는 매일 노래를 부르고 싶습니다.
② 저는 기분이 좋을 때 노래를 부릅니다.
③ 저는 스트레스를 받으면 노래로 풉니다.
④ 저는 스트레스를 받기 전에 노래방에 갑니다.

47. (3점)

> 우리 어머니는 거의 집에 없으십니다. 월요일부터 금요일까지는 가게에 가십니다. 주말에는 양로원에 가서 자원봉사를 하십니다. 저는 어머니와 함께 시간을 보내고 싶습니다.

① 우리 어머니는 주말에 쉽니다.
② 우리 어머니는 바쁘게 사십니다.
③ 저는 가게에서 시간을 많이 보냅니다.
④ 저는 주말에 어머니와 함께 있습니다.

48. (2점)

> 저는 어제 백화점에 갔습니다. 이곳저곳을 구경한 후 해외여행을 가려고 가방을 샀습니다. 그런데 가방의 색깔이 마음에 들지 않았습니다.

① 저는 어제 산 가방이 좋지 않습니다.
② 저는 백화점에 가는 것을 좋아합니다.
③ 저는 어제 해외 여행사를 구경했습니다.
④ 저는 여행 장소가 마음에 들지 않습니다.

> 요즘 (　　㉠　　) '인형 박물관'이 인기가 많습니다. 그곳에는 옛날 인형이 많이 있습니다. 또 요즘 유명한 사람을 그대로 만든 인형도 있습니다. 특히 전통 옷을 입은 세계 여러 나라의 인형을 볼 수 있습니다. 어른들은 그곳에서 아이들과 함께 인형을 직접 만들 수 있습니다.

49.　(　　㉠　　)에 들어갈 알맞은 말을 고르십시오.
① 인형을 만드는　　　　　　　　② 박물관 근처에 있는
③ 인형을 전시하는　　　　　　　　④ 옛날 인형을 줄 수 있는

50.　이 글의 내용과 같은 것을 고르십시오.
① 요즘 인형 박물관이 많이 있습니다.
② 이 박물관에서 인형을 만들 수 있습니다.
③ 어른들만 이 박물관에 들어갈 수 있습니다.
④ 박물관에 가면 옛날 인형만 볼 수 있습니다.

> 　저는 나쁜 습관이 있습니다. 의자에 바르게 앉지 못합니다. 그래서 어제 병원
> 에 갔는데 의사 선생님이 여러 가지 (　　ㄱ　　)에 대해 가르쳐 주셨습니다.
> 눈은 정면을 바라보고 등은 똑바로 폅니다. 그리고 두 손은 자연스럽게 무릎 위
> 에 얹습니다. 오늘부터 나쁜 습관을 열심히 고치겠습니다.

51.　(　　ㄱ　　)에 들어갈 알맞은 말을 고르십시오.
　　① 바른 자세　　　　　　　　　　② 운동 자세
　　③ 면접 자세　　　　　　　　　　④ 나쁜 습관

52.　무엇에 대한 이야기입니까? 알맞은 것을 고르십시오.
　　① 의자에 자주 앉는 이유
　　② 의자에 바르게 앉는 방법
　　③ 의자를 바르게 고치는 방법
　　④ 의자에 앉는 습관이 나쁜 이유

※　[53~54] 다음을 읽고 물음에 답하십시오.

　다이어트에 좋은 방법이 있습니다. 매일 같은 시간에 운동을 하는 것입니다. 하지만 바쁜 현대 생활에서는 운동할 시간이 없어서 다이어트하기가 쉽지 않습니다. 그래서 요즘 사람들은 짧은 시간에 (　　㉠　　) '걷기'를 많이 합니다.

53.　(　㉠　)에 들어갈 알맞은 말을 고르십시오. (2점)

　　① 많이 달리는　　　　　　　② 빨리 살을 빼는
　　③ 움직이지 않는　　　　　　④ 쉽게 할 수 있는

54.　이 글의 내용과 같은 것을 고르십시오. (3점)

　　① 운동은 함께 해야 합니다.
　　② 매일 운동하는 것은 쉽습니다.
　　③ 현대인이 많이 하는 것은 걷기입니다.
　　④ 현대인은 다이어트할 시간이 많습니다.

> 　동건 씨, 오늘 저녁에 동아리 모임이 있어서 회원들 대부분이 우리 집에 올 거
> 예요. 동건 씨도 시간이 있으면 오세요. 오늘 저녁 간식은 제가 만들 과자와 빵
> 이에요. 재료는 다 준비했으니까 동건 씨는 그냥 오세요. 학교 앞 버스 정류장
> 에서 전화하세요. (　　　　　) 제가 직접 버스 정류장으로 나갈게요.
>
> 　　　　　　　　　　　　　　　　　　　　　　　　　　　　－ 민호 －

55.　(　　　　)에 들어갈 알맞은 말을 고르십시오. (2점)

　　① 그래서　　　　　　② 그리고　　　　　　③ 그러나　　　　　　④ 그러면

56.　이 글의 내용과 같은 것을 고르십시오. (3점)

　　① 동건이 직접 간식을 만들 겁니다.

　　② 민호가 간식 재료를 다 준비했습니다.

　　③ 동건은 오늘 저녁에 회원들을 초대했습니다.

　　④ 민호는 정류장에서 동건에게 전화할 겁니다.

※　[57~58] 다음을 순서대로 맞게 나열한 것을 고르십시오.

57. (2점)

> (가) 남자와 여자는 여러 가지 다른 특징이 있다.
>
> (나) 먼저 남자는 한 가지 일에 집중을 잘한다.
>
> (다) 그리고 많은 단어를 사용해 말하는 것도 여자이다.
>
> (라) 하지만 여자는 여러 가지 일을 동시에 할 수 있다.

① (가)-(나)-(다)-(라)　　　　② (가)-(나)-(라)-(다)

③ (가)-(다)-(라)-(나)　　　　④ (가)-(라)-(나)-(다)

58. (3점)

> (가) 그래서 요즘 건강이 많이 좋아졌습니다.
>
> (나) 제가 사는 집은 지하철역 근처에 있습니다.
>
> (다) 저는 지하철역에서 집까지 걸어서 갑니다.
>
> (라) 걸어서 20분, 버스로는 5분 걸립니다.

① (나)-(다)-(라)-(가)　　　　② (나)-(라)-(다)-(가)

③ (나)-(라)-(가)-(다)　　　　④ (나)-(가)-(라)-(다)

※ [59~60] 다음을 읽고 물음에 답하십시오.

사고가 났을 때 사람들은 보통 경찰서 전화번호인 112에 전화를 합니다. (㉠) 그런데 가끔 아이들이 장난으로 112에 전화를 합니다. (㉡) 그리고 어떤 사람은 술을 먹고 112에 전화해서 끊지 않습니다. (㉢) 또 내가 사고가 났을 때도 도움을 받을 수 없습니다. (㉣) 그래서 필요할 때만 112에 전화해야 합니다.

59. 다음 문장이 들어갈 곳을 고르십시오. (2점)

그러면 도움이 꼭 필요한 사람이 도움을 받을 수 없습니다.

① ㉠　　　　　② ㉡　　　　　③ ㉢　　　　　④ ㉣

60. 이 글의 내용과 같은 것을 고르십시오. (3점)
① 아이들은 경찰서에서 가끔 장난합니다.
② 아이들은 경찰서 전화번호를 잘 모릅니다.
③ 술을 마신 사람은 112에 전화를 안 합니다.
④ 도움이 필요할 때만 112에 전화를 해야 합니다.

> 　가을이 되면 내장산에는 단풍 구경을 온 등산객들이 아주 많습니다. 경치가
> 매우 아름다워서 사람들은 주로 가을에 많이 옵니다. 산의 (　　　　　　) 단풍
> 의 색이 다릅니다. 산 아래에서 정상으로 올라갈수록 온도의 차이로 색이 달라
> 집니다. 올해도 단풍이 아름답게 들어서 많은 사람이 찾아올 예정입니다.

61.　(　　　　)에 들어갈 알맞은 말을 고르십시오.
　　① 날씨에 따라　　　　　　　　　② 계절에 따라
　　③ 장소에 따라　　　　　　　　　④ 높이에 따라

62.　이 글의 내용과 같은 것을 고르십시오.
　　① 가을에 나뭇잎의 변화로 등산할 수 없습니다.
　　② 가을에는 산이 등산객의 옷 때문에 아름답습니다.
　　③ 가을에는 산의 나뭇잎이 여러 가지 색으로 바뀝니다.
　　④ 가을이 되면 단풍을 보는 사람들이 매우 아름답습니다.

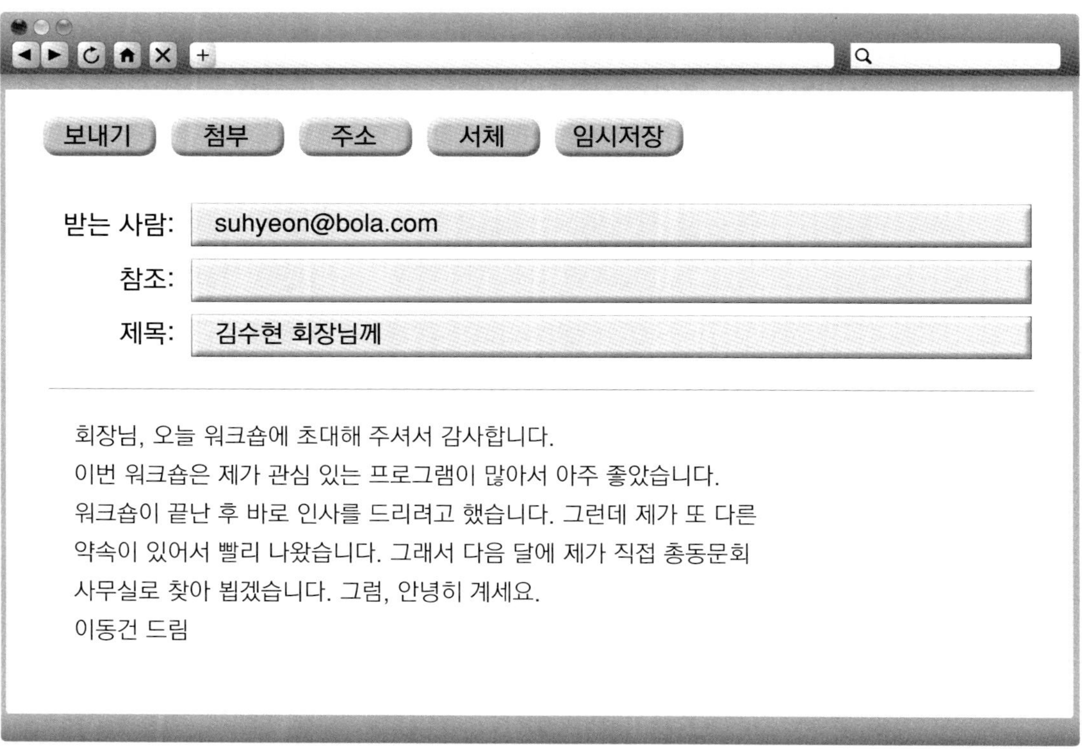

63. 동건 씨는 왜 이 글을 썼습니까? (2점)

　① 워크숍 초대에 감사해서

　② 워크숍에 오신 회원들에게 감사해서

　③ 회장님을 워크숍에 초대하고 싶어서

　④ 회장님과 만날 또 다른 약속이 있어서

64. 이 글의 내용과 같은 것을 고르십시오. (3점)

　① 이번 워크숍에는 여러 가지 프로그램이 있었습니다.

　② 총동문회는 다음 주에 다시 워크숍을 하려고 합니다.

　③ 회원들은 이번 워크숍 프로그램에 관심이 많았습니다.

　④ 동건 씨는 워크숍 시작 전에 회장님을 만나고 싶었습니다.

※　[65~66] 다음을 읽고 물음에 답하십시오.

> 　우리 몸은 외부에서 들어온 나쁜 물질에 강하게 저항하여 건강을 유지하려고 합니다. 이러한 활동을 면역이라고 합니다. 침은 (　　㉠　　) 해 줍니다. 눈물은 먼지를 씻어 주고 속눈썹은 먼지를 막아 눈을 보호합니다. 그리고 땀은 피부를 보호합니다. 이외에도 우리 몸에는 여러 가지 면역 기관이 있습니다.

65.　(　㉠　)에 들어갈 알맞은 말을 고르십시오. (2점)
　　① 눈을 뜨겁게　　　　　　　　② 귀를 따뜻하게
　　③ 두 손을 차갑게　　　　　　　④ 입 안을 깨끗하게

66.　이 글의 내용과 같은 것을 고르십시오. (3점)
　　① 건강은 나쁜 물질에 강하게 저항하는 것입니다.
　　② 눈에 먼지가 들어가면 눈물이 나서 씻어냅니다.
　　③ 우리 몸은 내부에서 나가는 물질도 저항합니다.
　　④ 우리 몸에서 면역 기관은 침, 눈물, 땀만 있습니다.

※　[67~68] 다음을 읽고 물음에 답하십시오. (각 3점)

> 　저는 매일 오후에 도서관에 다닙니다. 도서관에는 여러 가지 좋은 시설이 (　㉠　) 있습니다. 일 층에는 컴퓨터실과 복사실이 있습니다. 이 층에는 학생 휴게실이 있습니다. 그리고 삼 층에는 열람실과 멀티미디어실이 있습니다. 저는 앞으로도 계속 도서관을 (　㉡　).

67.　㉠에 알맞은 것을 고르십시오.
① 조금　　　　　　　　　　② 거의
③ 많이　　　　　　　　　　④ 전혀

68.　㉡에 알맞은 것을 고르십시오.
① 이용했습니다　　　　　　② 이용할 것입니다
③ 이용하고 있습니다　　　　④ 이용하여도 됩니다

> 8시에 일어난 나는 늦어서 급하게 세수하였다. 어머니가 차려 준 아침을 먹은 후 물을 계속 틀고 이를 닦았다. 오늘 (㉠   ) 수업 시간표를 확인한 후 준비물 때문에 늦게 집에서 나왔다. 그래서 걸어서 5분인 학교까지 아버지의 차를 타고 갔다. 학교 수업을 마치고 집으로 돌아와서 컴퓨터 게임을 했다. 그런데 친구가 불러서 컴퓨터를 끄지 않고 그냥 축구하러 갔다.

69. (㉠)에 들어갈 알맞은 말을 고르십시오.
    ① 만들   ② 보낼
    ③ 만질   ④ 배울

70. 이 글의 내용으로 알 수 있는 것은 무엇입니까?
    ① 나는 오늘 자원을 많이 낭비했습니다.
    ② 우리 어머니는 음식을 잘 만드십니다.
    ③ 나는 오늘 시간을 많이 사용했습니다.
    ④ 우리 아버지는 자주 차를 태워 주십니다.

제2회
실전모의고사

한국어능력시험 I
(초급)

듣기, 읽기

수험번호(Applicaton No.)	
이름 (Name)	한국어(Korean)	
	영 어(English)	

유 의 사 항
Information

1. 시험 시작 지시가 있을 때까지 문제를 풀지 마십시오.
   Do not open the booklet until you are allowed to start.

2. 접수번호와 이름은 정확하게 적어 주십시오.
   Write your name and application number on the answer sheet.

3. 답안지를 구기거나 훼손하지 마십시오.
   Do not fold the answer sheet; keep it clean.

4. 답안지의 이름, 접수번호 및 정답의 기입은 컴퓨터용 펜을 사용하여 주십시오.
   Use the optical mark reader(OMR) pen only.

5. 정답은 답안지에 정확하게 표시하여 주십시오.
   Mark your answer accurately and clearly on the answer sheet.

marking example | ① ● ③ ④

6. 문제를 읽을 때에는 소리가 나지 않도록 하십시오.
   Keep quiet while answering the questions.

7. 질문이 있을 때에는 손을 들고 감독관이 올 때까지 기다려 주십시오.
   When you have any questions, please raise your hand.

※　[1~4] 다음을 듣고 〈보기〉와 같이 물음에 맞는 대답을 고르십시오. (각 3점)

보기

가 : 공부를 해요.

나 : ______________________

❶ 네, 공부를 해요.　　　　② 아니요, 공부예요.
③ 네, 공부가 아니에요.　　④ 아니요, 공부를 좋아해요.

1.　① 네, 친구예요.　　　　② 네, 친구가 없어요.
　　③ 아니요, 친구가 많아요.　　④ 아니요, 친구를 만나요.

2.　① 네, 집이에요.　　　　② 네, 집이 커요.
　　③ 아니요, 집이 좁아요.　　④ 아니요, 집이 가까워요.

3.　① 어제 먹었어요.　　　　② 혼자 먹었어요.
　　③ 비빔밥을 먹었어요.　　④ 식당에서 먹었어요.

4.　① 세 시예요.　　　　② 십삼 일이에요.
　　③ 수요일이에요.　　④ 삼만 원이에요.

※ [5~6] 다음을 듣고 〈보기〉와 같이 다음 말에 이어지는 것을 고르십시오. (각 3점)

보기

가 : 맛있게 드세요.

나 : ________________________

① 좋겠습니다.　　　　　　② 모르겠습니다.

③ 잘 지냈습니다.　　　　　❹ 잘 먹겠습니다.

5.　① 네, 축하합니다.　　　　② 네, 부탁합니다.
　　③ 네, 감사합니다.　　　　④ 네, 알겠습니다.

6.　① 아니에요.　　　　　　② 잘했어요.
　　③ 감사해요.　　　　　　④ 미안해요.

※ [7~10] 여기는 어디입니까? 〈보기〉와 같이 알맞은 것을 고르십시오. (각 3점)

보기

가 : 어디가 아프세요?

나 : 배가 아파요.

① 가게　　　　　② 빵집　　　　　❸ 병원　　　　　④ 시장

7.　① 서점　　　　　② 은행　　　　　③ 커피숍　　　　④ 여행사

8.　① 공원　　　　　② 극장　　　　　③ 편의점　　　　④ 백화점

9. ① 공항   ② 학교   ③ 경찰서   ④ 미술관

10. ① 꽃집   ② 교실   ③ 미용실   ④ 영화관

※ [11~14] 다음은 무엇에 대해 말하고 있습니까? 〈보기〉와 같이 알맞은 것을 고르십시오. (각 3점)

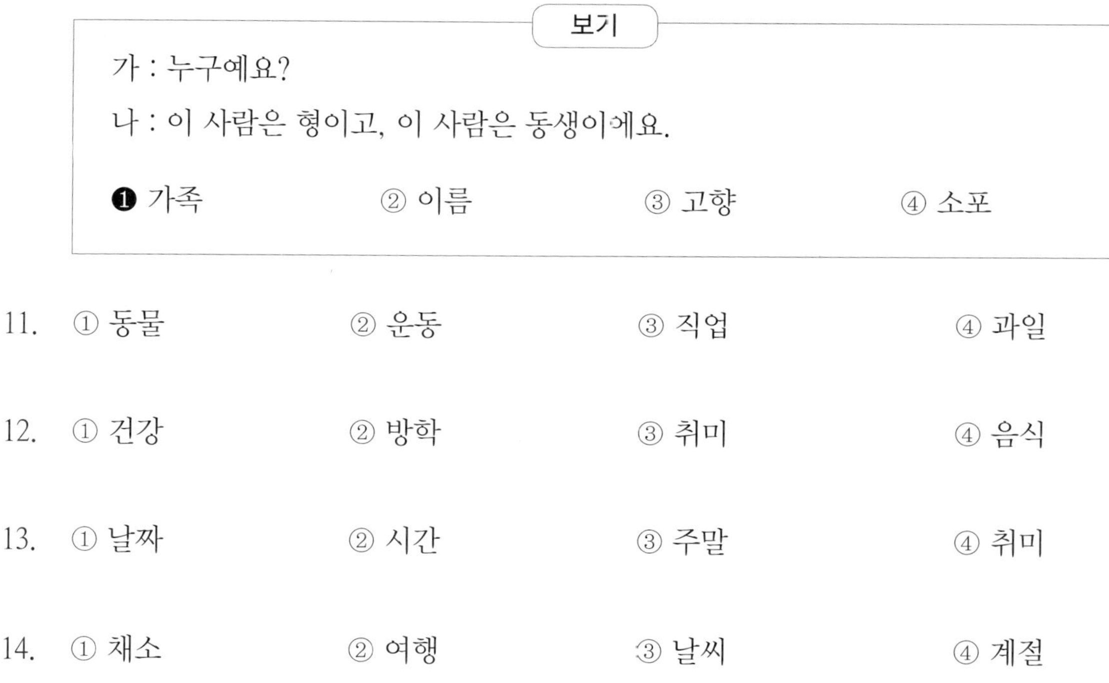

11. ① 동물   ② 운동   ③ 직업   ④ 과일

12. ① 건강   ② 방학   ③ 취미   ④ 음식

13. ① 날짜   ② 시간   ③ 주말   ④ 취미

14. ① 채소   ② 여행   ③ 날씨   ④ 계절

※ [15~16] 다음 대화를 듣고 알맞은 그림을 고르십시오. (각 3점)

15. ①  ② 

③  ④ 

16. ①  ② 

③ ④ 

※　[17~21] 다음을 듣고 〈보기〉와 같이 대화 내용과 같은 것을 고르십시오.

보기

남자 : 요즘 한국어를 공부해요?

여자 : 네, 한국 친구한테서 한국어를 배워요.

① 남자는 학생입니다.　　② 여자는 학교에 다닙니다.

③ 남자는 한국어를 가르칩니다.　　❹ 여자는 한국어를 공부합니다.

17. (3점)

① 남자는 혼자 음악회에 가려고 합니다.

② 여자는 친구와 음악회를 다녀왔습니다.

③ 남자는 여자와 음악회를 갈 수 있습니다.

④ 여자는 이번 주에 친구 병문안을 갑니다.

18. (3점)

① 남자는 미술관을 지나쳤습니다.

② 여자는 미술관에 가려고 합니다.

③ 여자는 다음 정류장에서 내립니다.

④ 남자는 미술관에 가는 버스를 탔습니다.

19. (3점)

① 여자는 꾸준히 운동을 합니다.

② 여자의 고민은 다이어트입니다.

③ 남자는 다이어트를 해서 살이 빠졌습니다.

④ 남자는 살을 빼려고 운동을 하고 있습니다.

20. (3점)

① 남자는 신발을 주문하려고 합니다.

② 여자는 검은색 신발로 교환했습니다.

③ 남자는 신발 가게에서 일하고 있습니다.

④ 여자는 신발이 마음에 들지 않아서 바꾸려고 합니다.

21. (4점)

① 남자는 매운 음식을 잘 먹습니다.

② 여자는 두 가지 음식을 주문했습니다.

③ 남자는 20분 후에 음식을 먹을 수 있습니다.

④ 여자는 식당에서 음식을 주문하고 있습니다.

※　[22~24] 다음을 듣고 대화 내용과 같은 것을 고르십시오. (각 4점)

22. ① 남자는 지금 은행에 있습니다.

② 남자는 신용 카드를 바꾸려고 합니다.

③ 여자는 커피숍이나 극장에 자주 갑니다.

④ 여자는 은행에서 신용 카드를 만들었습니다.

23. ① 내일 한 시에 회의를 할 겁니다.

② 회의는 3층 회의실에서 할 겁니다.

③ 회의 자료는 남자가 준비할 겁니다.

④ 컴퓨터 고장으로 회의 시간이 바뀌었습니다.

24. ① 남자는 공연을 보려고 합니다.

② 여자는 표 세 장을 사고 있습니다.

③ 여자는 만 육천 원을 내면 됩니다.

④ 남자는 자리 안내를 받고 있습니다.

※　　[25~26] 다음을 듣고 물음에 답하십시오. (각 4점)

25.　어떤 이야기를 하고 있는지 고르십시오.
　　　① 부탁　　　　　② 감사　　　　　③ 인사　　　　　④ 사과

26.　들은 내용과 같은 것을 고르십시오.
　　　① 비행기는 미국에 도착합니다.
　　　② 비행기는 밤 10시에 출발합니다.
　　　③ 비행기가 출발할 때 창문덮개를 닫아야 합니다.
　　　④ 비행기 안에서 휴대전화를 사용할 수 없습니다.

※　　[27~28] 다음을 듣고 물음에 답하십시오. (각 4점)

27.　두 사람이 무엇에 대해 이야기하고 있는지 고르십시오.
　　　① 장래 희망　　　　　　　② 대학교 전공
　　　③ 고민하는 이유　　　　　④ 커피 만드는 방법

28.　들은 내용과 같은 것을 고르십시오.
　　　① 남자는 그림 그리는 것을 좋아합니다.
　　　② 남자는 무엇을 공부할지 고민하고 있습니다.
　　　③ 여자는 커피 만드는 일을 배우고 싶어 합니다.
　　　④ 여자는 남자에게 커피 만드는 방법을 가르쳐 줬습니다.

29.　남자는 지금 왜 여기에 왔습니까?
　　① 집을 팔려고
　　② 집을 바꾸려고
　　③ 집을 구하려고
　　④ 집을 고치려고

30.　들은 내용과 같은 것을 고르십시오.
　　① 여자는 어제 집을 보러 왔습니다.
　　② 남자는 다시 집을 보러 올 겁니다.
　　③ 남자는 혼자 살 집을 찾고 있습니다.
　　④ 여자는 이 집에서 살기로 결정했습니다.

읽기 (31번 ~ 70번)

※　[31~33] 다음은 무엇에 대한 이야기입니까? 〈보기〉와 같이 알맞은 것을 고르십시오.

<보기>

덥습니다. 바다에서 수영합니다.

❶ 여름　　　② 날씨　　　③ 나이　　　④ 나라

31.　(2점)

여기는 화장실입니다. 저기는 식당입니다.

① 장소　　　② 나이　　　③ 날씨　　　④ 날짜

32.　(2점)

오늘은 10월 9일입니다. 저는 오후 2시에 친구를 만날 겁니다.

① 취미　　　② 계획　　　③ 선물　　　④ 친구

33.　(3점)

준코 씨는 미용사입니다. 영수 씨는 은행에서 일합니다.

① 직업　　　② 가족　　　③ 나라　　　④ 휴일

※　[34~39] 〈보기〉와 같이 빈칸에 제일 알맞은 것을 고르십시오.

―――――――― 보기 ――――――――

날씨가 좋습니다. (   )이 맑습니다.

① 눈   ② 밤   ❸ 하늘   ④ 구름

34.　(2점)

신문(   ) 읽어요.

① 과   ② 이   ③ 을   ④ 에서

35.　(2점)

배가 아픕니다. (   )에 갑니다.

① 공항   ② 서점   ③ 시장   ④ 병원

36.　(2점)

주말에 여자 친구와 같이 극장에 갔습니다. 슬픈 영화를 (   ).

① 썼습니다   ② 봤습니다
③ 졌습니다   ④ 찾습니다

37.　(3점)

교실이 (   ). 그래서 친구와 함께 청소를 했습니다.

① 좁습니다   ② 더럽습니다
③ 어둡습니다   ④ 어렵습니다

38. (3점)

지난주에 노트북을 주문했습니다. (　　　　　) 집에 오지 않았습니다.

① 빨리　　　　　② 아직　　　　　③ 벌써　　　　　④ 가끔

39. (2점)

날씨가 더워요. 그래서 에어컨을 (　　　　　).

① 봤어요　　　　　　　　　② 갔어요
③ 켰어요　　　　　　　　　④ 들었어요

※　[40~42] 다음을 읽고 맞지 <u>않는</u> 것을 고르십시오.

40. (3점)

> **"엄마와 떠나는 여행"**
>
> 1. 시　간 : 2014년 5월 25일(일요일 오후 2시, 4시)
> 2. 장　소 : 한국소극장
> 3. 예매 및 문의 : 02) 123-1234(☞무대 앞 좌석은 매진)
> ※ 5세 이하 어린이는 입장할 수 없습니다.

① 공연은 모두 두 번 합니다.
② 연극 공연에 대한 안내입니다.
③ 네 살 어린이는 공연을 볼 수 없습니다.
④ 지금 모든 자리를 예매할 수 있습니다.

41. (3점)

<table>
<tr><td colspan="5" align="center">농구 경기 일정
2014. 02. 11(화)</td></tr>
<tr><td colspan="2">출전팀</td><td>장소</td><td>시간</td><td>방송</td></tr>
<tr><td>KE</td><td>LD</td><td>서울</td><td>19:00</td><td>O</td></tr>
<tr><td>LT</td><td>SM</td><td>부산</td><td>18:00</td><td>X</td></tr>
</table>

① 스포츠 경기에 대한 안내입니다.

② 11일 경기는 모두 저녁 경기입니다.

③ KE와 LD의 경기는 서울에서 합니다.

④ LT와 SM의 경기는 TV로 볼 수 있습니다.

42. (2점)

OO 문화센터 프로그램

시간	화	수	목	금
13~15시	요가	노래	요가	
15~17시	댄스	탁구	노래	배드민턴

① 댄스는 화요일에 2시간 합니다.

② 노래는 일주일에 2번 있습니다.

③ 센터에 주말 프로그램이 있습니다.

④ 센터에서는 금요일에 배드민턴을 가르칩니다.

※　[43~45] 다음의 내용과 같은 것을 고르십시오. (각 3점)

43.

> 　오늘 아침을 먹고 아버지와 같이 도서관에 갔습니다. 저는 도서관에서 전공 책을 대출했습니다. 아버지께서는 역사 책을 반납했습니다.

① 책을 빌리고 점심을 먹었습니다.
② 저는 오늘 전공 책을 빌렸습니다.
③ 오늘 아침 혼자 도서관에 갔습니다.
④ 아버지께서는 역사 책을 빌렸습니다.

44.

> 　지난주에 형 졸업식이 있었습니다. 돈이 없었지만 선물로 옷을 주고 싶었습니다. 4주 동안 아르바이트를 해서 멋진 옷을 줬습니다.

① 저는 졸업식에서 옷을 받았습니다.
② 저는 형한테 졸업 선물을 했습니다.
③ 저는 4주 동안 형에게 멋진 옷을 줬습니다.
④ 저는 아르바이트를 해서 옷을 많이 샀습니다.

45.

> 　토요일마다 달리기 모임이 있습니다. 우리는 1년에 한 번 마라톤 대회에 나가려고 한 시간씩 달리기 연습을 합니다. 다음 달에 있는 '춘천마라톤대회'에 회원 대부분이 참여합니다.

① 토요일마다 마라톤 대회가 열립니다.
② 매년 토요일에 한 시간 동안 달립니다.
③ 1년에 한 번 마라톤 대회에 나갑니다.
④ 다음 달 춘천마라톤대회에는 모든 회원이 참여합니다.

※ [46~48] 다음을 읽고 중심 생각을 고르십시오.

46. (3점)

> 저는 갖고 싶은 게 있을 때 항상 수첩에 씁니다. 수첩에 쓸 때는 제일 먼저 갖고 싶은 것부터 씁니다. 그리고 그 순서대로 물건을 구입하니까 당장 필요하지 않은 것은 사지 않을 수 있습니다.

① 저는 항상 수첩에 쓴 물건을 구입합니다.
② 저는 갖고 싶은 물건은 모두 수첩에 쓰는 것을 좋아합니다.
③ 저는 갖고 싶은 물건을 다 사지 않고 순위를 매겨 구입합니다.
④ 저는 당장 필요하지 않은 물건을 먼저 수첩에 쓴 후 구입합니다.

47. (3점)

> 우리 형은 공부보다 게임을 좋아해서 늦게까지 게임을 합니다. 저는 제 친구들이 자기 형과 같이 축구와 농구 경기 하는 것을 보면 무척 부럽습니다. 저도 형과 함께 시간을 보내고 싶습니다.

① 저는 형과 함께 놀고 싶습니다.
② 우리 형은 축구 게임기를 사고 싶어 합니다.
③ 우리 형은 친구들과 공부를 하고 싶어 합니다.
④ 저는 형과 함께 늦게까지 공부를 하고 싶습니다.

48. (2점)

> 지난주 인터넷으로 침대를 샀습니다. 오늘 그 침대를 받았는데 너무 작아서 잘 수 없었습니다. 그래서 오늘 다시 다른 침대로 바꿀 겁니다.

① 저는 인터넷으로 침대 사는 것이 좋습니다.
② 저는 작은 침대에서 자는 것을 좋아합니다.
③ 저는 오늘 더 작은 침대로 다시 살 겁니다.
④ 저는 인터넷으로 산 침대를 교환할 겁니다.

※　[49~50] 다음을 읽고 물음에 답하십시오. (각 2점)

> 　요즘 (　　㉠　　) '종이 접기 교실'이 인기가 많습니다. 그곳에는 다른 사람들이 이미 만든 여러 모양의 작품들이 많이 있습니다. 특히 동물 모양의 종이 접기 작품들이 많이 있습니다. 또 그곳에 가면 세계 여러 나라의 것도 볼 수 있습니다. 어른들은 그곳에서 아이들과 함께 종이를 접어서 만들 수 있습니다.

49.　(　　㉠　　)에 들어갈 알맞은 말을 고르십시오.
　① 직접 볼 수 있는　　　　　　　　② 직접 그릴 수 있는
　③ 여러 나라의 종이를 파는　　　　④ 여러 모양을 만들 수 있는

50.　이 글의 내용과 같은 것을 고르십시오.
　① 사람들은 종이 접기를 좋아합니다.
　② 동물 모양의 종이 접기 작품은 적습니다.
　③ 여러 모양의 종이 접기를 할 수 없습니다.
　④ 아이들은 이 종이 접기 교실에 들어갈 수 없습니다.

※　[51~52] 다음을 읽고 물음에 답하십시오. (각 2점)

> 저는 귤차를 자주 마십니다. 따뜻한 차로 겨울에만 마셨지만 지금은 계절에 관계없이 마십니다. 요즘은 귤을 1년 내내 (　　　㉠　　　) 때문입니다. 그래서 귤차는 언제든지 마실 수 있습니다. 또 귤차를 자주 마시면 건강에 좋습니다. 비타민이 많아서 피로가 빨리 풀리고 피부에도 좋습니다.

51. (　㉠　)에 들어갈 알맞은 말을 고르십시오.

① 줄 수 있기　　　　　　　　　② 살 수 있기
③ 볼 수 있기　　　　　　　　　④ 팔 수 있기

52. 무엇에 대한 이야기입니까? 알맞은 것을 고르십시오.

① 귤차를 마시는 곳
② 귤차를 마시는 방법
③ 귤차를 마시는 이유
④ 귤차를 쉽게 사는 방법

※　[53~54] 다음을 읽고 물음에 답하십시오.

> 　요즘 '이야기 콘서트'가 많이 열립니다. '이야기 콘서트'는 처음부터 끝까지 사람들과 같이 대화하는 콘서트입니다. 중간에 노래도 하고 춤도 추지만 대화가 더 많습니다. 콘서트에서 사람들은 같이 이야기하면서 웃고 울며 (　　ㄱ　　) 갑니다. 그래서 사람들은 점점 더 이 콘서트를 찾고 있습니다.

53.　(　ㄱ　)에 들어갈 알맞은 말을 고르십시오. (2점)

　① 대화하지 않고　　　　　　　② 스트레스를 풀고

　③ 스트레스를 주고　　　　　　④ 선물을 주고받고

54.　이 글의 내용과 같은 것을 고르십시오. (3점)

　① 이야기 콘서트는 유명하지 않습니다.

　② 이야기 콘서트는 대화보다 노래가 더 많습니다.

　③ 이야기 콘서트를 찾은 사람은 다음에 또 찾습니다.

　④ 이야기 콘서트는 중간부터 끝까지 이야기를 합니다.

> 수잔 씨', 오늘 저녁에 친구들과 함께 영화를 볼 거예요. 수잔 씨도 시간이 있
> 으면 오세요. 영화 표는 제가 예매할 거예요. (   ) 음료수는 아직 안 샀
> 어요. 올 수 있는지 오후까지 알려 주세요. 제가 수업 때문에 전화를 못 받을 수
> 있어요. 그럼, 문자로 남겨 주세요.
>
> - 준수 -

55. (   )에 들어갈 알맞은 말을 고르십시오. (2점)

① 그리고   ② 그래서   ③ 그러면   ④ 그러니까

56. 이 글의 내용과 같은 것을 고르십시오. (3점)

① 수잔은 이미 음료수를 샀습니다.

② 수잔은 영화 표를 예매할 겁니다.

③ 준수는 오늘 저녁 영화를 볼 겁니다.

④ 준수는 수업 때문에 문자를 받을 수 없습니다.

57. (2점)

> (가) 저는 수영을 좋아해서 일요일마다 수영장에 갑니다.
>
> (나) 주말에 늦잠을 안 자니까 생활이 규칙적입니다.
>
> (다) 또 시간이 많아 일요일에 많은 일을 할 수 있습니다.
>
> (라) 하지만 주말에는 사람들이 많아서 꼭 아침에 갑니다.

① (가)-(나)-(다)-(라)　　　② (가)-(나)-(라)-(다)
③ (가)-(다)-(라)-(나)　　　④ (가)-(라)-(나)-(다)

58. (3점)

> (가) 왜냐하면 10분쯤 걸었을 때 아들 집을 찾는 할머니를 만났습니다.
>
> (나) 저는 매일 회사까지 걸어서 출근합니다.
>
> (다) 길을 잘 모르는 할머니를 아들 집까지 모시고 갔습니다.
>
> (라) 집에서 회사까지 20분 걸리는데 오늘은 40분이 걸렸습니다.

① (나)-(다)-(라)-(가)　　　② (나)-(라)-(다)-(가)
③ (나)-(라)-(가)-(다)　　　④ (나)-(가)-(라)-(다)

※　[59~60] 다음을 읽고 물음에 답하십시오.

> 지난 크리스마스에 우리 가족은 서울로 여행을 갔습니다. (　　㉠　　) 서울에서 시티투어 버스를 탔습니다. (　　㉡　　) 이 버스는 일반 버스와 달랐습니다. (　　㉢　　) 그리고 차에서 내려 구경도 했습니다. (　　㉣　　) 실제로 보기 전에 차에서 여러 가지 설명을 듣고 구경할 수 있어 참 좋았습니다.

59. 다음 문장이 들어갈 곳을 고르십시오. (2점)

> 대형 텔레비전이 있어서 유명한 장소를 지날 때마다 안내 설명을 해 줬습니다.

① ㉠　　　　　　② ㉡　　　　　　③ ㉢　　　　　　④ ㉣

60. 이 글의 내용과 같은 것을 고르십시오. (3점)
① 시티투어 버스를 타고 서울에 갔습니다.
② 시티투어 버스에서 유명한 장소를 먼저 봤습니다.
③ 시티투어 버스에서 내리지 않고 구경을 했습니다.
④ 시티투어 버스에는 큰 텔레비전이 여러 대 있었습니다.

> 　　여름 바다로 부산 해운대가 아주 유명합니다. 많은 사람이 여름에 시원한 바닷가에서 휴가를 보내려고 부산으로 갑니다. 한국 사람뿐만 아니라 외국 사람도 많이 옵니다. 또 매년 10월에는 '부산국제영화제'가 (　　　　　) 세계적으로 유명한 영화배우와 감독을 볼 수 있습니다.

61.　(　　　)에 들어갈 알맞은 말을 고르십시오.

　　① 열려서　　　　　　　　　　② 넓어서

　　③ 많아서　　　　　　　　　　④ 높아서

62.　이 글의 내용과 같은 것을 고르십시오.

　　① 부산 해운대는 여름 휴가 장소로 유명합니다.

　　② 여름 휴가철에 부산 해운대에는 사람들이 적습니다.

　　③ 부산 해운대는 외국 사람들이 많이 가지 않는 곳입니다.

　　④ 여름에 부산 해운대에 가면 국제영화제를 볼 수 있습니다.

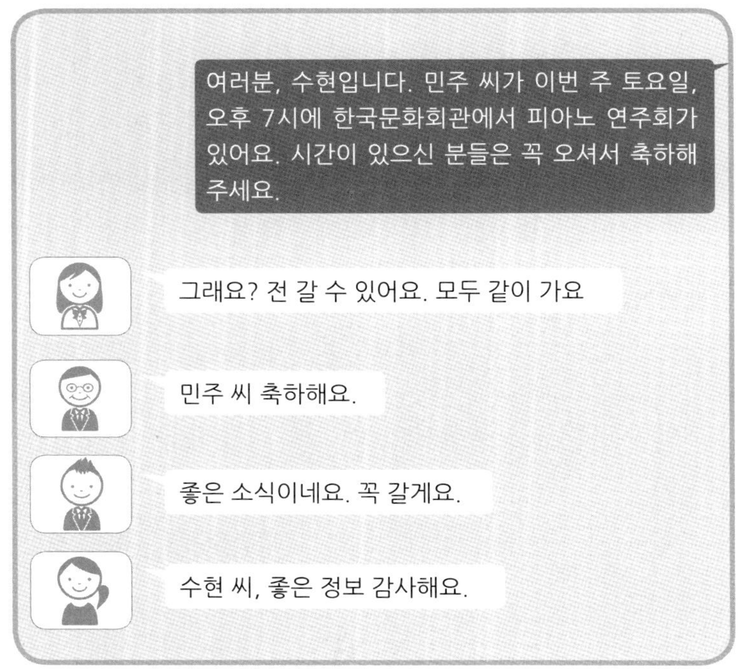

63.　수현 씨는 왜 이 글을 썼습니까? (2점)

①　연주회에 대해 알고 싶어서

②　연주회에 오신 분들에게 감사해서

③　민주 씨를 연주회에 초대하고 싶어서

④　사람들에게 연주회 소식을 알리기 위해서

64.　이 글의 내용과 같은 것을 고르십시오. (3점)

①　민주 씨는 이번 주에 연주회를 잘 했습니다.

②　수현 씨는 연주회 소식을 알리고 싶었습니다.

③　민주 씨는 연주회 전에 사람들을 만났습니다.

④　수현 씨는 연주회에서 직접 피아노를 연주했습니다.

우리 얼굴에서 눈 위에 털을 눈썹이라고 한다. 눈썹은 우리의 눈을 보호해 준다. 하지만 요즈음은 사람들의 인상을 (　　㉠　　) 역할도 한다. 사람들은 외출하기 전에 긴 시간 눈썹 화장에 시간을 들인다. 또 어떤 사람은 강한 인상을 주기 위해 성형 수술까지 한다. 그래서 사람들은 눈썹을 보호의 기능보다는 미용으로 더 많은 관심을 가진다.

65.　(　㉠　)에 들어갈 알맞은 말을 고르십시오. (2점)

① 쓰는　　　　　　　　　　　② 읽는

③ 부르는　　　　　　　　　　④ 결정짓는

66.　이 글의 내용과 같은 것을 고르십시오. (3점)

① 눈썹은 우리의 얼굴을 보호합니다.

② 사람들은 짧은 시간에 눈썹 화장을 합니다.

③ 사람들은 외출한 후 눈썹 화장을 꼭 합니다.

④ 눈썹은 미용의 기능으로 더 중요하게 되었습니다.

요즘 버스나 지하철에서 휴대전화를 들고 있는 사람들을 (　　　㉠　　　) 볼 수 있습니다. 휴대전화가 있는 사람들은 지하철이나 버스를 타면 대부분 스마트폰을 꺼냅니다. 그리고 뉴스나 드라마를 보거나 게임을 합니다. 또 문자를 보내고 SNS에 글을 남기기도 합니다. 하지만 20년 전 대부분 사람들은 버스 안에서 책이나 신문을 (　　㉡　　).

67.　㉠에 알맞은 것을 고르십시오.

① 많이　　　　　　　　　　　　② 먼저

③ 거의　　　　　　　　　　　　④ 조금

68.　㉡에 알맞은 것을 고르십시오.

① 들고 있습니다.　　　　　　　② 들고 있겠습니다.

③ 들고 있었습니다.　　　　　　④ 들고 있을 겁니다.

※　[69~70] 다음을 읽고 물음에 답하십시오. (각 3점)

영희의 블로그에는 여러 가지 사진이 많이 있습니다. 하지만 영희가 직접 찍은 사진은 거의 없습니다. 인터넷에서 사진을 모아 그림 프로그램을 이용해 조금씩 사진을 바꿉니다. 그리고 블로그에 다시 (　　ㄱ　　) 것들이 대부분입니다. 때로는 사람들의 얼굴을 재미있게 바꾸기드 합니다. 그래서 좋아하는 배우의 사진에 친구의 얼굴을 재미있게 만들어 친구에게 보내 주기도 합니다.

69.　(　ㄱ　)에 들어갈 알맞은 말을 고르십시오.
①　올린　　　　　　　　　　　②　보낸
③　바뀐　　　　　　　　　　　④　읽은

70.　이 글의 내용으로 알 수 있는 것은 무엇입니까?
①　블로그 사진은 직접 찍지 않아야 합니다.
②　인터넷에서는 필요한 사진을 찾을 수 없습니다.
③　사진을 직접 찍지 않아도 블로그를 할 수 있습니다.
④　사람들은 인터넷 사진을 다른 사진으로 타꾸지 않습니다.

제3회
실전모의고사

한국어능력시험 I
(초급)

듣기, 읽기

수험번호(Applicaton No.)		
이름 (Name)	한국어(Korean)	
	영 어(English)	

유 의 사 항
Information

1. 시험 시작 지시가 있을 때까지 문제를 풀지 마십시오.
   Do not open the booklet until you are allowed to start.

2. 접수번호와 이름은 정확하게 적어 주십시오.
   Write your name and application number on the answer sheet.

3. 답안지를 구기거나 훼손하지 마십시오.
   Do not fold the answer sheet; keep it clean.

4. 답안지의 이름, 접수번호 및 정답의 기입은 컴퓨터용 펜을 사용하여 주십시오.
   Use the optical mark reader(OMR) pen only.

5. 정답은 답안지에 정확하게 표시하여 주십시오.
   Mark your answer accurately and clearly on the answer sheet.

   marking example　　① ● ③ ④

6. 문제를 읽을 때에는 소리가 나지 않도록 하십시오.
   Keep quiet while answering the questions.

7. 질문이 있을 때에는 손을 들고 감독관이 올 때까지 기다려 주십시오.
   When you have any questions, please raise your hand.

듣기 (1번 ~ 30번)

※ [1~4] 다음을 듣고 〈보기〉와 같이 물음에 맞는 대답을 고르십시오. (각 3점)

보기

가 : 공부를 해요.

나 : _________________

❶ 네, 공부를 해요.　　　　② 아니요, 공부예요.

③ 네, 공부가 아니에요.　　④ 아니요, 공부를 좋아해요.

1.　① 네, 건물이에요.　　　　② 네, 도서관이 없어요.
　　③ 아니요, 도서관이 커요.　　④ 아니요, 도서관이 아니에요.

2.　① 네, 문제예요.　　　　② 네, 문제가 있어요.
　　③ 아니요, 문제가 좋아요.　　④ 아니요, 문제가 어려워요.

3.　① 작년에 왔어요.　　　　② 동생하고 왔어요.
　　③ 비행기로 왔어요.　　　　④ 미국에서 왔어요.

4.　① 아주 맛있어요.　　　　② 삼천 원이에요.
　　③ 사과를 좋아해요.　　　　④ 슈퍼마켓에서 샀어요.

※　[5~6] 다음을 듣고 〈보기〉와 같이 다음 말에 이어지는 것을 고르십시오. (각 3점)

보기

가 : 맛있게 드세요.

나 : ______________________

① 좋겠습니다.　　　　　　② 모르겠습니다.

③ 잘 지냈습니다.　　　　　❹ 잘 먹겠습니다.

5.　① 잘 부탁합니다.　　　　② 안녕히 계세요.

　　③ 다음에 만납시다.　　　④ 잠시만 기다리세요.

6.　① 천만에요.　　　　　　② 감사합니다.

　　③ 반갑습니다.　　　　　④ 오랜만입니다.

※　[7~10] 여기는 어디입니까? 〈보기〉와 같이 알맞은 것을 고르십시오. (각 3점)

보기

가 : 어디가 아프세요?

나 : 배가 아파요.

① 가게　　　　② 빵집　　　　❸ 병원　　　　④ 시장

7.　① 식당　　　　② 꽃집　　　　③ 도서관　　　　④ 백화점

8.　① 약국　　　　② 빵집　　　　③ 미용실　　　　④ 우체국

| 9. | ① 회사 | ② 교실 | ③ 영화관 | ④ 주차장 |

| 10. | ① 공항 | ② 극장 | ③ 운동장 | ④ 문구점 |

※ [11~14] 다음은 무엇에 대해 말하고 있습니까? 〈보기〉와 같이 알맞은 것을 고르십시오.
(각 3점)

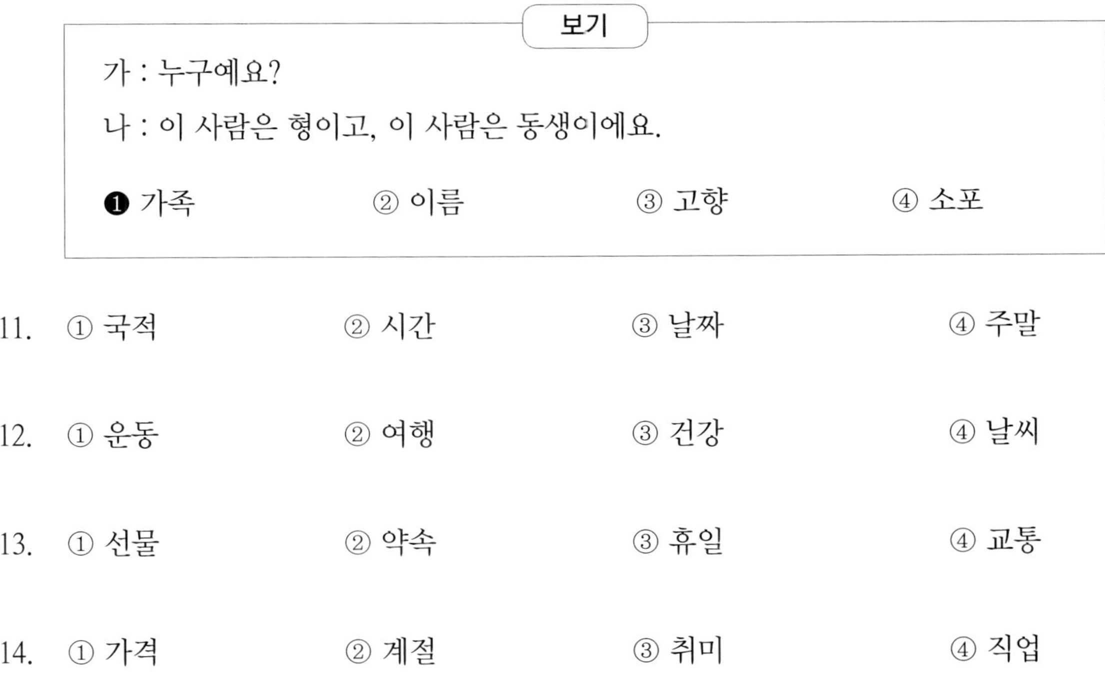

| 11. | ① 국적 | ② 시간 | ③ 날짜 | ④ 주말 |

| 12. | ① 운동 | ② 여행 | ③ 건강 | ④ 날씨 |

| 13. | ① 선물 | ② 약속 | ③ 휴일 | ④ 교통 |

| 14. | ① 가격 | ② 계절 | ③ 취미 | ④ 직업 |

15. ①  ② 

③  ④ 

16. ①  ② 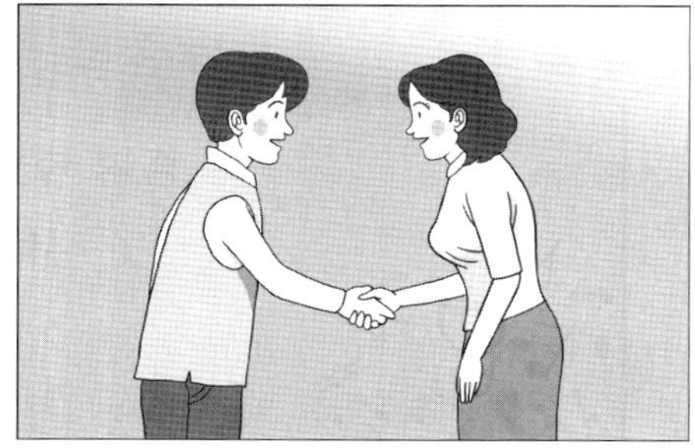

③  ④ 

※   [17~21] 다음을 듣고 〈보기〉와 같이 대화 내용과 같은 것을 고르십시오.

남자 : 요즘 한국어를 공부해요?

여자 : 네, 한국 친구한테서 한국어를 배워요.

① 남자는 학생입니다.　　　　　② 여자는 학교에 다닙니다.

③ 남자는 한국어를 가르칩니다.　❹ 여자는 한국어를 공부합니다.

17.　(3점)

① 남자는 일찍 도착했습니다.

② 여자는 오래 기다렸습니다.

③ 여자는 차가 많이 막혔습니다.

④ 남자는 약속 시간에 늦었습니다.

18.　(3점)

① 남자는 지금 버스를 탔습니다.

② 여자는 세 정거장 뒤에 내립니다.

③ 남자는 한국 대학교역을 모릅니다.

④ 여자는 한국 대학교역을 지났습니다.

19.　(3점)

① 남자는 전화로 예약하고 있습니다.

② 남자는 성북 레스토랑에 있습니다.

③ 여자는 남자에게 전화를 걸었습니다.

④ 여자는 오늘 저녁에 레스토랑에 갑니다.

20. (3점)

① 여자는 부산에 갈 겁니다.

② 여자는 8월 25일에 돌아옵니다.

③ 남자는 어른 표 두 장을 샀습니다.

④ 남자는 기차표를 예매하러 왔습니다.

21. (4점)

① 남자는 머리를 자르러 왔습니다.

② 여자는 염색 대회에 다녀왔습니다.

③ 남자는 한 시간 후에 염색이 끝납니다.

④ 여자는 지난주 목요일에 문을 열지 않았습니다.

※ **[22~24] 다음을 듣고 대화 내용과 같은 것을 고르십시오. (각 4점)**

22. ① 여자는 지금 남자를 만나러 갈 겁니다.

② 여자는 민수 씨에게 전화를 할 겁니다.

③ 남자는 두 시에 시외로 출장을 갈 겁니다.

④ 남자는 여자를 조금 일찍 만나려고 합니다.

23. ① 여자의 컴퓨터는 고장이 났습니다.

② 여자는 비밀번호를 바꾸러 갈 겁니다.

③ 영업부에서 비밀번호를 바꿀 수 있습니다.

④ 기술부는 삼 층 영업부 맞은편에 있습니다.

24. ① 남자는 불고기를 사러 왔습니다.

② 여자는 지금 불고기를 먹고 있습니다.

③ 여자는 불고기를 포장해 가려고 합니다.

④ 남자는 모두 이만 오천 원을 내야 합니다.

※　[25~26] 다음을 듣고 물음에 답하십시오. (각 4점)

25.　어떤 이야기를 하고 있는지 고르십시오.
　　① 소개　　　　　② 초대　　　　　③ 인사　　　　　④ 주문

26.　들은 내용과 같은 것을 고르십시오.
　　① 한 달에 한 번 댄스 대회에 참가합니다.
　　② 춤을 못 추는 사람은 가입할 수 없습니다.
　　③ 육 개월에 한 번씩 모여서 춤을 연습합니다.
　　④ 가입하고 싶은 사람은 회장에게 전화를 하면 됩니다.

※　[27~28] 다음을 듣고 물음에 답하십시오. (각 4점)

27.　두 사람이 무엇에 대해 이야기하고 있는지 고르십시오.
　　① 방학 계획
　　② 좋아하는 운동
　　③ 취직하는 이유
　　④ 외국어를 공부하는 방법

28.　들은 내용과 같은 것을 고르십시오.
　　① 여자는 수영장에 다니고 있습니다.
　　② 여자는 중국어를 배우고 싶지 않습니다.
　　③ 남자는 외국어를 배우는 것이 어렵습니다.
　　④ 남자는 회사에 취직하려고 준비하고 있습니다.

※   [29~30] 다음을 듣고 물음에 답하십시오. (각 4점)

29.   남자는 지금 왜 여기에 왔습니까?
      ① 가방을 찾으려고
      ② 가방을 빌리려고
      ③ 가방을 만들려고
      ④ 가방을 구매하려고

30.   들은 내용과 같은 것을 고르십시오.
      ① 남자는 가방을 분실했습니다.
      ② 여자는 남자의 가방을 찾았습니다.
      ③ 남자는 수화물 카드를 가지고 있지 않습니다.
      ④ 여자는 검은색 큰 가방을 가지고 있었습니다.

읽기 (31번 ~ 70번)

※　[31~33] 다음은 무엇에 대한 이야기입니까? 〈보기〉와 같이 알맞은 것을 고르십시오.

31.　(2점)

> 이곳은 아침 9시입니다. 서울은 지금 밤 8시입니다.

① 날씨　　② 나이　　③ 시간　　④ 날짜

32.　(2점)

> 친구는 서울에서 왔습니다. 저는 제주도에서 살았습니다.

① 고향　　② 약속　　③ 국적　　④ 계절

33.　(3점)

> 민호 씨는 조용합니다. 그래서 사람들이 많지 않은 커피숍에 자주 갑니다.

① 성격　　② 이름　　③ 취미　　④ 색깔

34. (2점)

은행(   ) 돈을 찾아요.

① 에   ② 에서   ③ 에게   ④ 으로

35. (2점)

책을 삽니다. (   )에 갑니다.

① 서점   ② 약국   ③ 시장   ④ 병원

36. (2점)

지난주에 여자 친구와 크게 싸웠습니다. 그 친구와 (   ).

① 봤습니다   ② 놀았습니다   ③ 웃었습니다   ④ 헤어졌습니다

37. (3점)

교실이 (   ). 그래서 창문을 닫았습니다.

① 좁습니다   ② 덥습니다   ③ 춥습니다   ④ 어둡습니다

38. (3점)

> 비행기 출발 시간이 10분 남았습니다. (   ) 갑시다.

① 벌써　　　　　② 빨리　　　　　③ 천천히　　　　　④ 나중에

39. (2점)

> 우산을 샀어요. 그런데 갑자기 비가 (   ).

① 봤어요　　　　　② 터졌어요　　　　　③ 그쳤어요　　　　　④ 터뜨렸어요

※　[40~42] 다음을 읽고 맞지 <u>않는</u> 것을 고르십시오.

40. (3점)

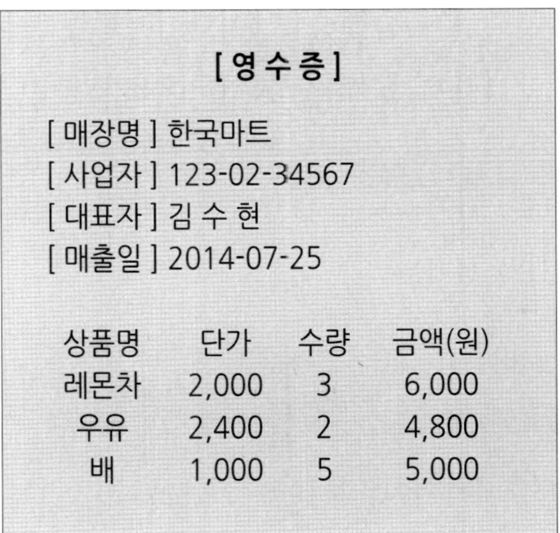

① 배는 한 개에 천 원입니다.
② 칠 월 이십오 일에 샀습니다.
③ 레몬차는 한 개에 육천 원입니다.
④ 우유는 한 개에 이천사백 원입니다.

41. (3점)

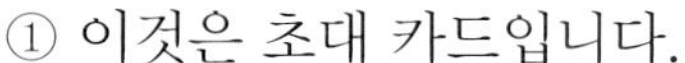

서로를 바라보며

함께 만든 사랑을

이제 함께 한 곳을 바라보며

걸어갈 수 있는

큰 사랑으로 키우려고 합니다.

저희 두 사람의 사랑

봐 주시고

축하해 주십시오.

권○○ · 이○○의 장남 권 율

김○○ · 박○○의 차녀 김유신

♥ 일시 : 2014년 2월 16일(일요일) 14시

♥ 장소 : 한국대학교 동문회관 3층 강당

① 이것은 초대 카드입니다.　　② 결혼하는 남자는 권율입니다.

③ 결혼식은 오후 두 시에 시작합니다.　　④ 결혼식은 삼 층 동문회관에서 합니다.

42. (2점)

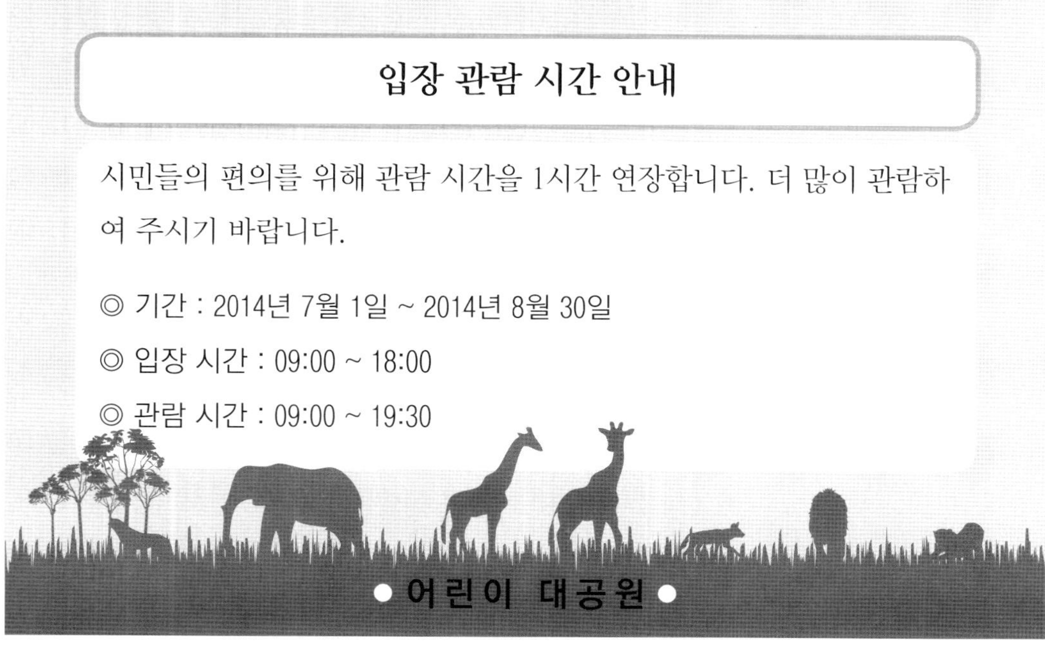

① 관람 시간을 한 시간 늘립니다.

② 대공원은 두 달 간 연장합니다.

③ 직원들을 위해 시간을 바꿉니다.

④ 오후 여섯 시에 대공원에 들어갈 수 있습니다.

43.

> 오늘 저녁을 먹고 엄마와 같이 마트에 갔습니다. 나는 바나나를 먹고 싶었습니다. 엄마는 나를 위해 싱싱한 바나나와 생선을 샀습니다.

① 오늘 저녁에 마트에 갈 겁니다.
② 마트에 가서 저녁을 먹었습니다.
③ 엄마는 마트에서 과일을 샀습니다.
④ 엄마는 바나나를 먹고 싶어 했습니다.

44.

> 다음 주가 할머니 60세 생신입니다. 선물을 드릴 수도 있지만 노래를 불러 드리고 싶습니다. 저는 노래방에서 노래를 열심히 연습해서 생신 때 멋있게 부를 겁니다.

① 할머니께 선물을 드립니다.
② 다음 주에 노래방에 갑니다.
③ 할머니는 지금 예순 살입니다.
④ 저는 노래 연습을 열심히 합니다.

45.

> 저는 매주 수요일에 기타 모임에 갑니다. 수요일마다 기타 연습을 하고 두 달에 한 번 카페에서 작은 공연을 합니다. 이번 주 토요일에는 누구나 볼 수 있는 콘서트를 할 겁니다.

① 이번 수요일에 카페에 갑니다.
② 매주 모임에 나가서 기타 연습을 합니다.
③ 두 달에 한 번 카페에서 콘서트가 있습니다.
④ 토요일마다 기타를 연습하러 모임에 갑니다.

※　[46~48] 다음을 읽고 중심 생각을 고르십시오.

46. (3점)

> 저는 걱정이 많으면 혼자 산으로 갑니다. 오르기 힘든 산을 올라가면서 아무 생각을 하지 않습니다. 그러면 마음이 편안합니다.

① 산에 오르면 마음이 편안합니다.
② 저는 산에 가는 것을 좋아합니다.
③ 산은 혼자 갈 때 마음이 편안합니다.
④ 저는 오르기 힘든 산에 가는 것을 좋아합니다.

47. (3점)

> 우리 아버지는 보통 출장을 자주 가십니다. 지난달에도 한 달 동안 해외에 갔다 오셨습니다. 저는 아버지와 함께 시간을 보내고 싶습니다.

① 바쁜 아버지와 시간을 같이 보내고 싶습니다.
② 우리 아버지는 해외에 자주 가고 싶어 합니다.
③ 저는 아버지와 한 달 동안 해외에 가고 싶습니다.
④ 우리 아버지는 한 달 동안 출장을 가고 싶어 합니다.

48. (2점)

> 저는 어제 소포를 받았습니다. 어제는 바빠서 오늘 그 소포를 뜯었는데 다른 사람의 물건이었습니다. 그래서 오늘 우체국에 갈 겁니다.

① 저는 소포받는 것을 좋아합니다.
② 소포가 잘못 와서 우체국에 갈 겁니다.
③ 바빠서 소포를 받으러 직접 우체국에 갈 겁니다.
④ 다른 사람 물건을 대신 받으러 우체국에 갈 겁니다.

※　[49~50] 다음을 읽고 물음에 답하십시오. (각 2점)

> 정동진은 기차역에서 내리면 바로 바다가 보입니다. 바다 옆에는 연인들이 (㉠) 산책길이 있습니다. 그래서 많은 사람이 사랑하는 사람과 함께 이 곳을 걷습니다. 또 그 길 끝에는 움직이지 않는 큰 기차가 있는데 이곳에는 옛날에 만든 것과 요즘 만든 시계가 많이 있습니다. 사람들은 이곳을 '시계 박물관'이라고 부릅니다.

49. (㉠)에 들어갈 알맞은 말을 고르십시오.
　① 기차를 타는　　　　　　　　② 시계를 만드는
　③ 가장 많이 먹는　　　　　　　④ 가장 많이 찾는

50. 이 글의 내용과 같은 것을 고르십시오.
　① 시계 박물관은 움직이는 큰 기차입니다.
　② 기차역에서 내리면 바로 산책길이 보입니다.
　③ 정동진에는 연인들이 많이 걷는 길이 있습니다.
　④ 정동진에는 여러 가지 시계를 파는 가게가 있습니다.

※　[51~52] 다음을 읽고 물음에 답하십시오. (각 2점)

> 저는 아침에 바나나와 사과를 매일 먹습니다. 아침에 과일을 먹으면 몸에 좋습니다. 사람의 몸에 필요한 것이 (　　　㉠　　　) 때문입니다. 또 비타민 약보다 신선한 과일을 먹는 것이 좋기 때문입니다. 그래서 건강을 위해 아침에 과일을 먹는 것은 꼭 필요합니다.

51.　(　㉠　)에 들어갈 알맞은 말을 고르십시오.

①　없기　　　　　　　　　　　　　②　들어 있기

③　부족하기　　　　　　　　　　　④　낭비하기

52.　무엇에 대한 이야기입니까? 알맞은 것을 고르십시오.

①　아침에 과일을 먹는 곳

②　아침에 과일을 먹는 이유

③　아침에 과일을 먹는 방법

④　아침에 과일을 만드는 방법

※　[53~54] 다음을 읽고 물음에 답하십시오.

> 　　요즘 아이들은 손에서 휴대전화를 놓지 않습니다. 차를 탈 때, 밥을 먹을 때, 걸어갈 때도 휴대전화를 봅니다. 그러면 눈에도 나쁘고 위험도 하지만 무엇보다 사람 사이의 대화가 없습니다. 집에 가면 부모님과도 대화가 거의 없습니다. 그래서 요즘, 사람과의 대화를 위해 휴대전화를 잠시 손에서 (　ㄱ　) 필요합니다.

53.　(　ㄱ　)에 들어갈 알맞은 말을 고르십시오. (2점)

　　① 보는 것이　　　　　　　　② 만드는 것이

　　③ 내려놓는 것이　　　　　　④ 가까이하는 것이

54.　이 글의 내용과 같은 것을 고르십시오. (3점)

　　① 요즘 아이들은 휴대전화를 좋아하지 않습니다.

　　② 요즘 아이들은 부모님과 대화하고 싶어 합니다.

　　③ 휴대전화를 많이 사용하면 눈에 나쁘고 위험합니다.

　　④ 요즘 아이들은 밥을 먹을 때 휴대전화를 사용하지 않습니다.

※ [55~56] 다음을 읽고 물음에 답하십시오.

수현 씨! 제가 경주에 가서 맛있는 빵을 샀어요. 수현 씨 주려고 수현 씨 방에
왔어요. (   ) 방에 아무도 없었어요. 그래서 방 앞에 두고 가요. 경주에
서 유명한 빵이니까 한번 먹어 보세요.

- 성희 -

55. (   )에 들어갈 알맞은 말을 고르십시오. (2점)
① 그래서   ② 그리고   ③ 그러나   ④ 그런데

56. 이 글의 내용과 같은 것을 고르십시오. (3점)
① 성희는 수현을 못 만났습니다.
② 성희는 빵을 만들어서 주려고 합니다.
③ 수현은 방에서 빵을 먹고 있었습니다.
④ 수현은 빵을 친구와 함께 나눠 먹었습니다.

57.　(2점)

> (가) 하지만 최근에는 힘든 일이 생겨서 자주 못 갔습니다.
>
> (나) 특히 배낭여행은 돈이 적게 들어서 더 많이 갔습니다.
>
> (다) 저는 여행을 좋아해서 자주 여행을 갑니다.
>
> (라) 아버지께서 많이 편찮으셔서 주로 병원에 있었습니다.

① (다)-(나)-(가)-(라)　　　　② (다)-(나)-(라)-(가)

③ (다)-(가)-(라)-(나)　　　　④ (다)-(라)-(나)-(가)

58.　(3점)

> (가) 어느 날 엘리베이터가 고장이 났습니다.
>
> (나) 저는 아파트 15층에 살고 있습니다.
>
> (다) 다리가 많이 아팠지만 운동이 돼서 기분은 좋았습니다.
>
> (라) 15층까지 계단으로 걸어서 올라갔습니다.

① (나)-(다)-(라)-(가)　　　　② (나)-(라)-(다)-(가)

③ (나)-(라)-(가)-(다)　　　　④ (나)-(가)-(라)-(다)

※　[59~60] 다음을 읽고 물음에 답하십시오.

　　지난 주말에 여자 친구와 같이 강원도 평창에 갔습니다.
(　ㄱ　) 스키를 타러 갔습니다. (　ㄴ　) 그런데 2018년 겨울에 한국에서 올림픽을 해서 이곳저곳이 작년보다 많이 달랐습니다. (　ㄷ　) 건물이 새 건물이 되었고 깨끗했습니다. (　ㄹ　) 내년에 가족과 함께 또 올 겁니다.

59.　다음 문장이 들어갈 곳을 고르십시오. (2점)

　　버스 정류장에서 숙소까지 바로 가는 셔틀 버스도 생겨서 편리했습니다.

① ㄱ　　　　　② ㄴ　　　　　③ ㄷ　　　　　④ ㄹ

60.　이 글의 내용과 같은 것을 고르십시오. (3점)
① 작년에 평창에 갔습니다.
② 평창에서 올림픽 경기가 있을 겁니다.
③ 올림픽 경기를 보러 평창에 갔습니다.
④ 내년에 여자 친구와 함께 평창에 갈 겁니다.

※　[61~62] 다음을 읽고 물음에 답하십시오.　(각 2점)

> 　　눈으로 옷을 입은 산의 경치는 아름답습니다. 하지만 동물들에게는 눈이 반 갑지 않습니다. 눈 때문에 길과 먹이 찾기가 어렵습니다. 최근 강원도에 갑자기 많은 눈이 내려 눈 속에서 (　　　　　) 동물이 있었습니다. 또 어떤 동물은 먹을 것이 없어서 굶어 죽기도 했습니다.

61.　(　　)에 들어갈 알맞은 말을 고르십시오.
　　① 잠을 자는　　　　　　　　　② 나오지 못하는
　　③ 놀고 있는　　　　　　　　　④ 들어가지 못하는

62.　이 글의 내용과 같은 것을 고르십시오.
　　① 동물들은 눈을 좋아합니다.
　　② 옷을 입은 동물들은 예쁩니다.
　　③ 눈 때문에 죽는 동물들이 있습니다.
　　④ 눈 때문에 길과 먹이를 쉽게 찾을 수 있습니다.

※ [63~64] 다음을 읽고 물음에 답하십시오.

63. 왜 이 글을 썼습니까? (2점)

① 독서 모임에 참석이 어려워서

② 독서 모임에 오신 회원들에게 감사해서

③ 동건 씨를 독서 모임에 초대하고 싶어서

④ 회원들에게 독서 모임 소식을 알리기 위해서

64. 이 글의 내용과 같은 것을 고르십시오. (3점)

① 동건 씨는 이번 독서 모임에 참석할 수 없습니다.

② 동건 씨는 이번 주 토요일에 가족 모임이 있습니다.

③ 민호 씨는 회원들에게 독서 모임을 알리고 싶어 합니다.

④ 민호 씨는 이번 독서 모임을 하는 날 가족 모임이 있습니다.

※ [65~66] 다음을 읽고 물음에 답하십시오.

화는 왜 나는 것일까요? 스트레스를 받을 때, 말로 공격을 받았을 때 (㉠) 화가 날 수 있습니다. 즉 잠깐 동안 나타납니다. 또는 하고 싶은 일이 잘 되지 않았을 때는 길게 화를 낼 수 있습니다. 날씨가 더울 때도 화가 납니다. 이렇게 화가 나는 이유는 여러 가지가 있습니다.

65. (㉠   )에 들어갈 알맞은 말을 고르십시오. (2점)
　　① 아주 많게　　　　　　　② 아주 길게
　　③ 아주 적게　　　　　　　④ 아주 짧게

66. 이 글의 내용과 같은 것을 고르십시오. (2점)
　　① 일이 재미있으면 화가 많이 납니다.
　　② 배가 고프면 사람은 화를 내지 않습니다.
　　③ 날씨가 더우면 사람들은 기분이 좋습니다.
　　④ 하고 싶은 일이 안 되면 오랫동안 화를 냅니다.

> 　　요즘 물건을 다시 사용하는 재활용이 유행입니다. 물건을 다시 사용하면 돈을 절약할 수 있습니다. 고무장갑은 (　　㉠　　) 사용하면 구멍이 생겨서 못 쓰게 됩니다. 이럴 때 버리지 말고 고무줄처럼 사용할 수 있습니다. 최근에도 아들과 함께 다 마신 음료수병으로 꽃병을 (　　㉡　　). 우리 가족은 필요한 물건이 있으면 함께 만들어서 다시 사용할 때가 많습니다.

67.　㉠에 알맞은 것을 고르십시오.
　　① 가끔　　　　　　　　　　② 거의
　　③ 오랫동안　　　　　　　　④ 잠깐 동안

68.　㉡에 알맞은 것을 고르십시오.
　　① 만들어도 됩니다.　　　　② 만들어야 합니다.
　　③ 만들기로 했습니다.　　　④ 만든 적이 있습니다.

> 지난 여름방학 때 시골 할머니댁에 놀러 갔습니다. 시골은 공기도 좋고 조용해서 좋았습니다. 그런데 어느 날, 집 앞에서 놀고 있는데 큰 벌레에게 다리를 물렸습니다. 시골이라 약국도 없었고 병원도 너무 멀어서 갈 수 없었습니다. 그때 할머니께서 내 다리에 된장을 바르셨습니다. 그리고 한참 동안 시간이 지나니까 아프지 않았습니다. 된장은 우리 몸을 (㉠) 약도 됩니다.

69. (㉠)에 들어갈 알맞은 말을 고르십시오.

① 내는 　　　　　　　② 바르는

③ 만드는 　　　　　　④ 치료하는

70. 이 글의 내용으로 알 수 있는 것은 무엇입니까?

① 나는 조용한 시골이 싫습니다.

② 할머니는 큰 벌레를 좋아하십니다.

③ 된장은 약으로도 사용할 수 있습니다.

④ 병원이 너무 멀어서 약국에 갔습니다.

제4회
실전모의고사

한국어능력시험 I
(초급)

듣기, 읽기

수험번호(Applicaton No.)		
이름 (Name)	한국어(Korean)	
	영 어(English)	

유 의 사 항
Information

1. 시험 시작 지시가 있을 때까지 문제를 풀지 마십시오.
   Do not open the booklet until you are allowed to start.

2. 접수번호와 이름은 정확하게 적어 주십시오.
   Write your name and application number on the answer sheet.

3. 답안지를 구기거나 훼손하지 마십시오.
   Do not fold the answer sheet; keep it clean.

4. 답안지의 이름, 접수번호 및 정답의 기입은 컴퓨터용 펜을 사용하여 주십시오.
   Use the optical mark reader(OMR) pen only.

5. 정답은 답안지에 정확하게 표시하여 주십시오.
   Mark your answer accurately and clearly on the answer sheet.

   marking example | ① ● ③ ④

6. 문제를 읽을 때에는 소리가 나지 않도록 하십시오.
   Keep quiet while answering the questions.

7. 질문이 있을 때에는 손을 들고 감독관이 올 때까지 기다려 주십시오.
   When you have any questions, please raise your hand.

※　[1~4] 다음을 듣고 〈보기〉와 같이 물음에 맞는 대답을 고르십시오. (각 3점)

보기

가 : 공부를 해요.

나 : ___________________________

❶ 네, 공부를 해요.　　　　　② 아니요, 공부예요.

③ 네, 공부가 아니에요.　　　④ 아니요, 공부를 좋아해요.

1.　① 네, 한국은행이에요.　　　② 네, 은행이 없어요.

　　③ 아니요, 은행에 가요.　　　④ 아니요, 은행에서 일해요.

2.　① 네, 방이에요.　　　　　　② 네, 방이 많아요.

　　③ 아니요, 방이 좁아요.　　　④ 아니요, 방이 깨끗해요.

3.　① 어제 줬어요.　　　　　　② 동생이 줬어요.

　　③ 인형을 줬어요.　　　　　④ 생일이라서 줬어요.

4.　① 밥을 먹어요.　　　　　　② 친구와 먹어요.

　　③ 삼 층에 있어요.　　　　　④ 도서관 옆에 있어요.

※　[5~6] 다음을 듣고 〈보기〉와 같이 다음 말에 이어지는 것을 고르십시오. (각 3점)

보기

가 : 맛있게 드세요.

나 : ________________________

① 좋겠습니다.　　　　　　　　② 모르겠습니다.

③ 잘 지냈습니다.　　　　　　　❹ 잘 먹겠습니다.

5.　① 친구와 갔습니다.　　　　　　② 늦게 일어났습니다.

　　③ 차를 타고 갔습니다.　　　　　④ 지금 가고 있습니다.

6.　① 네, 안녕하세요.　　　　　　② 네, 반갑습니다.

　　③ 네, 잘 다녀오세요.　　　　　④ 네, 잘 지냈습니다.

※　[7~10] 여기는 어디입니까? 〈보기〉와 같이 알맞은 것을 고르십시오. (각 3점)

보기

가 : 어디가 아프세요?

나 : 배가 아파요.

① 가게　　　　　② 빵집　　　　　❸ 병원　　　　　④ 시장

7.　① 꽃집　　　　　② 은행　　　　　③ 우체국　　　　　④ 도서관

8.　① 교실　　　　　② 약국　　　　　③ 편의점　　　　　④ 커피숍

9.   ① 학교   ② 공원   ③ 박물관   ④ 여행사

10.   ① 서점   ② 식당   ③ 백화점   ④ 운동장

※   [11~14] 다음은 무엇에 대해 말하고 있습니까? 〈보기〉와 같이 알맞은 것을 고르십시오.
(각 3점)

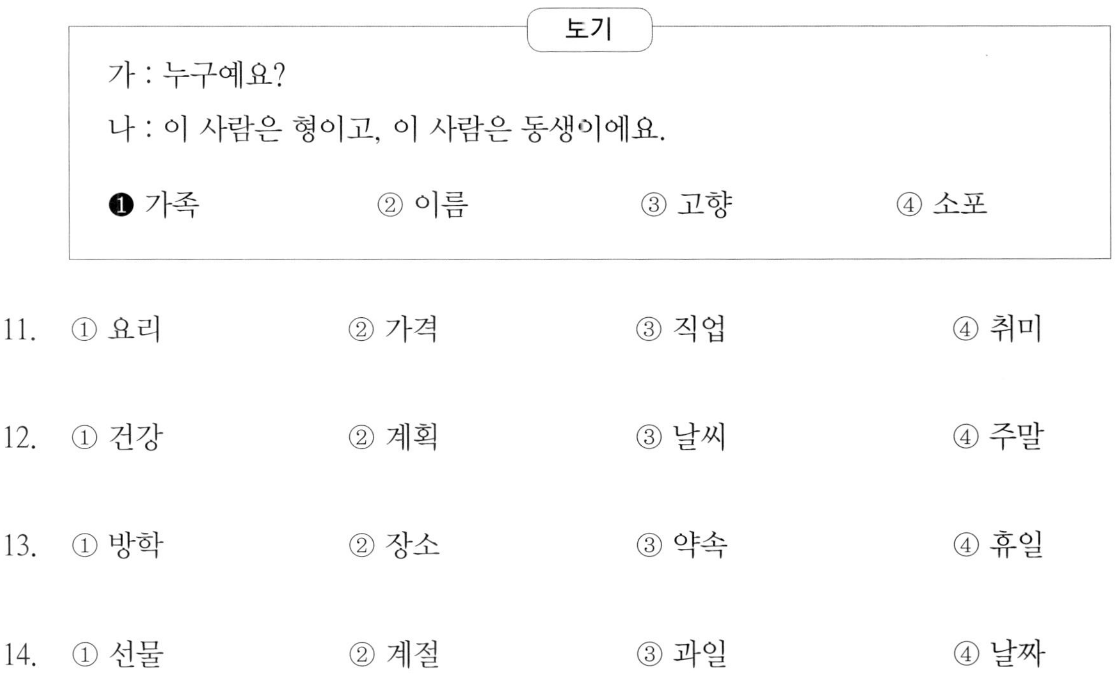

11.   ① 요리   ② 가격   ③ 직업   ④ 취미

12.   ① 건강   ② 계획   ③ 날씨   ④ 주말

13.   ① 방학   ② 장소   ③ 약속   ④ 휴일

14.   ① 선물   ② 계절   ③ 과일   ④ 날짜

15. ①

②

③

④

16. ①

②

③

④

※　[17~21] 다음을 듣고 〈보기〉와 같이 대화 내용과 같은 것을 고르십시오.

보기

> 남자 : 요즘 한국어를 공부해요?
>
> 여자 : 네, 한국 친구한테서 한국어를 배워요.
>
> ① 남자는 학생입니다.　　　　　② 여자는 학교에 다닙니다.
>
> ③ 남자는 한국어를 가르칩니다.　❹ 여자는 한국어를 공부합니다.

17.　(3점)

　① 여자는 오늘 저녁을 살 겁니다.

　② 여자는 한국 회사에 다닐 겁니다.

　③ 남자는 한국 회사에 취직했습니다.

　④ 남자는 여자의 취직을 축하하지 않습니다.

18.　(3점)

　① 남자는 서울은행에 가려고 합니다.

　② 남자는 길을 몰라서 물어보고 있습니다.

　③ 여자는 한국병원 가는 길을 알지 못합니다.

　④ 여자는 지금 한국병원에 가고 싶어 합니다.

19.　(3점)

　① 여자는 영화관에 있습니다.

　② 남자는 25열에 앉아야 합니다.

　③ 남자는 좌석을 잘못 앉았습니다.

　④ 여자는 남자의 자리에 앉아 있습니다.

20.　(3점)

　① 여자는 어제 바지를 샀습니다.

　② 여자는 바지를 바꾸러 왔습니다.

　③ 남자는 산 바지가 마음에 듭니다.

　④ 남자는 바지를 환불하고 싶어 합니다.

21.　(4점)

　① 남자는 지금 공항에 있습니다.

　② 여자는 창가 쪽 자리를 원합니다.

　③ 여자는 밤 9시에 미국에서 출발합니다.

　④ 남자는 7시까지 비행기에 타야 합니다.

※　[22~24] 다음을 듣고 대화 내용과 같은 것을 고르십시오. (각 4점)

22.　① 여자는 통신 회사에서 일합니다.

　② 남자는 국제전화를 세 번 했습니다.

　③ 남자가 여자의 전화를 받았습니다.

　④ 남자는 핸드폰 요금이 많이 나왔습니다.

23.　① 남자는 한국대역에서 내렸습니다.

　② 여자는 서류 봉투를 찾지 못했습니다.

　③ 여자는 지하철 유실물센터에 있습니다.

　④ 남자는 중요한 서류를 잃어버렸습니다.

24.　① 여자는 이만 원을 내야 합니다.

　② 남자는 선물을 받을 수 있습니다.

　③ 남자는 지금 표를 사고 있습니다.

　④ 여자는 어린이 요금은 내지 않아도 됩니다.

※   [25~26] 다음을 듣고 물음에 답하십시오. (각 4점)

25.   어떤 이야기를 하고 있는지 고르십시오.
　　① 초대　　　　　② 경고　　　　　③ 소개　　　　　④ 안내

26.   들은 내용과 같은 것을 고르십시오.
　　① 사고가 나서 차가 많이 막힙니다.
　　② 여의도 방향은 빨리 갈 수 있습니다.
　　③ 서울역 근처는 길이 막히지 않습니다.
　　④ 오후의 교통 정보를 알려 주고 있습니다.

※   [27~28] 다음을 듣고 물음에 답하십시오. (각 4점)

27.   두 사람이 무엇에 대해 이야기하고 있는지 고르십시오.
　　① 방학 계획
　　② 주말에 한 일
　　③ 좋아하는 축제
　　④ 보고 싶은 전시회

28.   들은 내용과 같은 것을 고르십시오.
　　① 여자는 예쁜 컵과 접시를 샀습니다.
　　② 여자는 꽃 전시회에 갔다 왔습니다.
　　③ 남자는 도자기 축제에 다녀왔습니다.
　　④ 남자는 주말을 가족과 함께 보냈습니다.

※　　[29~30] 다음을 듣고 물음에 답하십시오. (각 4점)

29.　여자는 지금 왜 여기에 왔습니까?
　　① 지갑을 맡겨서
　　② 지갑을 습득해서
　　③ 지갑이 바뀌어서
　　④ 지갑을 분실해서

30.　들은 내용과 같은 것을 고르십시오.
　　① 남자는 지갑을 잃어버렸습니다.
　　② 여자는 지금 경찰서에 있습니다.
　　③ 남자는 어제 지갑을 주웠습니다.
　　④ 여자는 내일 지갑을 찾으러 올 겁니다.

읽기 (31번 ~ 70번)

※　[31~33] 다음은 무엇에 대한 이야기입니까? 〈보기〉와 같이 알맞은 것을 고르십시오.

<보기>

덥습니다. 바다에서 수영합니다.

❶ 여름　　　　② 날씨　　　　③ 나이　　　　④ 나라

31.　(2점)

서울은 너무 덥습니다. 부산은 따뜻합니다.

① 날짜　　　　② 고향　　　　③ 가족　　　　④ 날씨

32.　(2점)

아버지는 쉰 두 살입니다. 저는 스물 네 살입니다.

① 나이　　　　② 요일　　　　③ 나라　　　　④ 식사

33.　(3점)

민호 씨와 유키 씨는 아주 친합니다. 그래서 서로 잘 압니다.

① 휴가　　　　② 운동　　　　③ 친구　　　　④ 수업

※　[34~39] 〈보기〉와 같이 빈칸에 제일 알맞은 것을 고르십시오.

날씨가 좋습니다. (　　　　)이 맑습니다.

① 눈　　　　　② 밤　　　　　❸ 하늘　　　　　④ 구름

34. (2점)

밥(　　　) 김치를 먹어요.

① 로　　　　　② 를　　　　　③ 과　　　　　④ 의

35. (2점)

염색을 할 겁니다. (　　　　　)에 갑니다.

① 영화관　　　② 미용실　　　③ 커피숍　　　④ 노래방

36. (2점)

어제 우리 아이의 학교에서 일일 교사로 일했습니다. 학생들에게 베트남 어를 (　　　　　).

① 만들었습니다　　　　　　　② 가르쳤습니다
③ 요리했습니다　　　　　　　④ 노래했습니다

37. (3점)

회사가 (　　　　　). 그래서 매일 걸어서 갑니다.

① 가볍습니다　　　　　　　② 더럽습니다
③ 가깝습니다　　　　　　　④ 어둡습니다

38. (3점)

> 지금 가도 사장님을 만날 수 없습니다. 10분만 쉬고 (   ) 갑시다.

① 주로　　　　　② 아까　　　　　③ 다행히　　　　　④ 천천히

39. (2점)

> 몸이 너무 뚱뚱해요. 그래서 태권도 동아리에 (   ).

① 뛰었어요　　　　　　　　② 신고했어요
③ 등록했어요　　　　　　　　④ 운동했어요

※　[40~42] 다음을 읽고 맞지 <u>않는</u> 것을 고르십시오.

40. (3점)

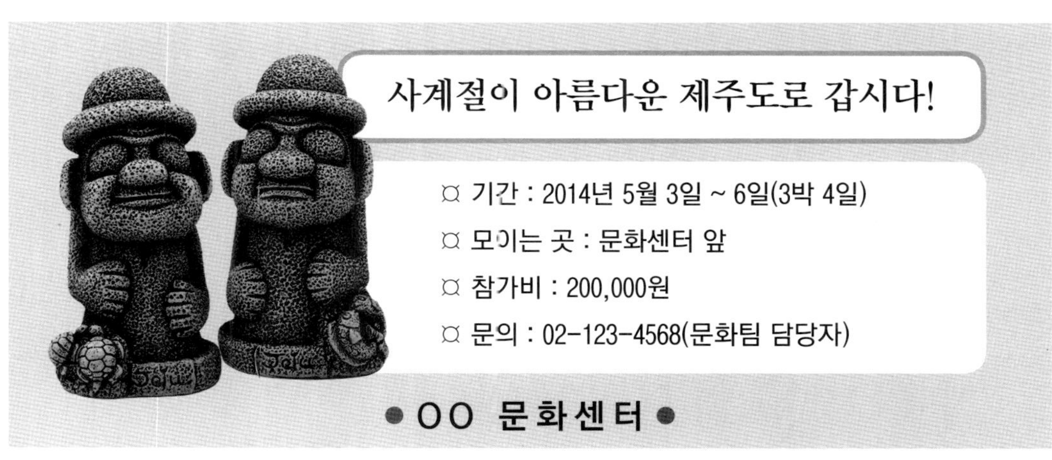

① 여행 기간은 모두 사 일입니다.
② 사람들은 문화센터 앞에서 만납니다.
③ 여행을 가려면 이십만 원이 필요합니다.
④ 궁금한 것이 있을 때 여행팀에 전화합니다.

41. (3점)

한국대학 도서관	
4층	휴게실
3층	신문 열람실, 잡지 열람실
2층	노트북, 컴퓨터 사용
1층	대출, 안내
지하 1	주차장

① 책을 빌리려면 이 층에 갑니다.

② 쉬고 싶으면 사 층으로 갑니다.

③ 삼 층에서 신문을 볼 수 있습니다.

④ 주차하려면 지하 일 층으로 갑니다.

42. (2점)

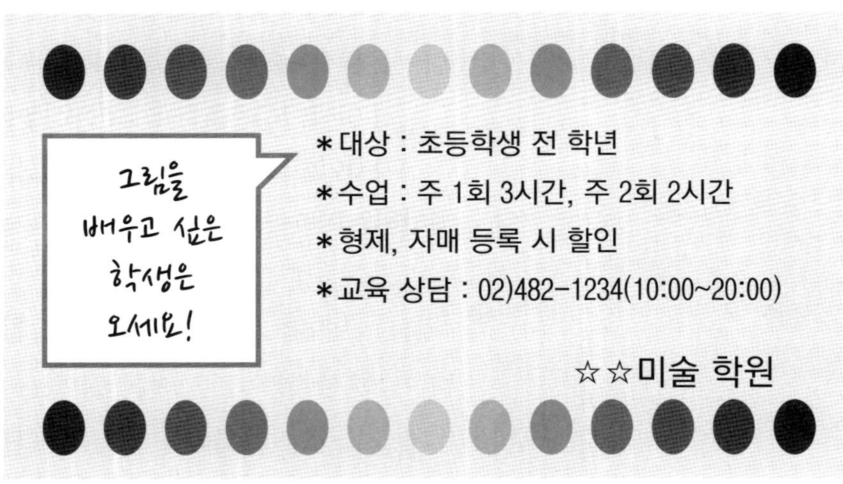

① 오후 6시에도 상담을 받을 수 있습니다.

② 형제가 같이 등록하면 할인을 받습니다.

③ 미술학원 수업 시간을 선택할 수 있습니다.

④ 6학년 학생은 미술학원에 등록할 수 없습니다.

※ [43~45] 다음의 내용과 같은 것을 고르십시오. (각 3점)

43.

> 오늘 저녁을 먹고 남편과 함께 문화센터에 갔습니다. 남편은 건강을 위해 요가 수업에 등록했습니다. 저는 신나는 노래 수업을 신청했습니다.

① 저는 노래 수업을 등록했습니다.
② 오늘 점심 때 문화센터에 갔습니다.
③ 문화센터에 등록하고 저녁을 먹었습니다.
④ 남편은 건강 때문에 노래 수업을 신청했습니다.

44.

> 어제는 여자 친구의 생일이었습니다. 기타를 못 치지만 여자 친구를 위해 치고 싶었습니다. 한 달 동안 매일 기타를 연습해서 생일날 기타를 쳤습니다.

① 저는 기타 치는 것을 좋아합니다.
② 저는 어제 생일 축하를 받았습니다.
③ 저는 매일 연습해서 기타를 잘 칩니다.
④ 저는 여자 친구 생일에 기타를 연주했습니다.

45.

> 매주 월요일 영화 동아리 모임이 있습니다. 동아리에서는 영화 한 편을 보고 그 영화에 대해 이야기를 합니다. 다음 주 토요일에는 특강으로 유명한 감독님을 초대해서 영화 만드는 이야기를 들을 겁니다.

① 매주 토요일에 모여서 영화를 봅니다.
② 매주 동아리에서 영화를 보고 이야기를 합니다.
③ 다음 주 토요일에는 유명한 감독님의 영화를 봅니다.
④ 매주 영화를 보기 전에 그 영화에 대해 이야기합니다.

46. (3점)

> 　록 콘서트에 가면 스트레스를 풀 수 있습니다. 가수가 부르는 노래를 따라 부르면서 소리도 지릅니다. 그러면 쌓였던 스트레스가 날아가는 것 같습니다.

① 가수가 되고 싶으면 콘서트에 가야 합니다.
② 저는 가수가 노래 부르는 것을 보고 싶습니다.
③ 노래를 크게 따라 부르면서 스트레스를 풉니다.
④ 가수가 부르는 노래를 같이 해야 잊어버리지 않습니다.

47. (3점)

> 　우리 누나는 승무원이어서 비행기를 자주 탑니다. 지난주에는 제주도에 갔고 이번 주는 해외에 갑니다. 누나 덕분에 우리 가족도 비행기를 탈 때 조금 싼 가격에 표를 살 수 있습니다.

① 저는 누나가 승무원인 것이 좋습니다.
② 저는 누나와 이야기하고 싶습니다.
③ 승무원은 비행기를 자주 타야 합니다.
④ 우리 누나는 비행기를 많이 타고 싶어 합니다.

48. (2점)

> 　아침에 시장에서 사과 한 상자를 샀습니다. 저녁에 가족과 함께 사과를 먹으려고 상자를 열었는데 썩은 사과가 많았습니다. 그래서 내일 다시 시장에 가서 다른 사과로 교환할 겁니다.

① 저는 시장에 가는 것이 좋습니다.
② 저는 사과를 바꾸러 시장에 갈 겁니다.
③ 저는 사과를 먹으러 시장에 갈 겁니다.
④ 저는 가족과 함께 사과를 먹는 것이 좋습니다.

※　[49~50] 다음을 읽고 물음에 답하십시오. (각 2점)

> 　새 책이 아닌 다른 사람들이 읽은 책을 (　　ㄱ　　) 할 수 있습니다. 필요 없는 책을 버리지 않고 중고 책방에 팔면 필요한 사람이 싼 가격으로 사 갑니다.

49. (ㄱ)에 들어갈 알맞은 말을 고르십시오.
　① 사고팔고　　　　　　　② 듣고 읽고
　③ 보고 듣고　　　　　　　④ 사고 버리고

50. 이 글의 내용과 같은 것을 고르십시오.
　① 필요 없는 책은 꼭 버려야 한다.
　② 이미 읽은 책을 싸게 살 수 있다.
　③ 이미 읽은 책은 다시 팔 수 없다.
　④ 중고 책방은 새 책을 파는 곳이다.

※　[51~52] 다음을 읽고 물음에 답하십시오. (각 2점)

　우리 동네에 오래된 작은 빵집이 있습니다. 그곳은 작지만 큰 빵집과는 다릅니다. 빵을 살 때 모든 빵을 직접 (　　㉠　　) 살 수 있습니다. 보기에 너무 예뻐서 먹기 아까운 빵도 있습니다. 그래서 이 빵집은 눈도 입도 즐겁게 해 줍니다.

51.　(㉠)에 들어갈 알맞은 말을 고르십시오.
　　① 물어보고　　　　　　　　② 만져 보고
　　③ 먹어 보고　　　　　　　　④ 만들어 보고

52.　무엇에 대한 이야기입니까? 알맞은 것을 고르십시오.
　　① 동네 빵집에 자주 가는 이유
　　② 동네 빵집에 자주 가는 방법
　　③ 빵을 직접 먹을 수 있는 방법
　　④ 큰 빵집이 작은 빵집보다 좋은 이유

※ [53~54] 다음을 읽고 물음에 답하십시오.

> 글을 읽지 못하는 아이에게 엄마는 책을 읽어 줍니다. 아이는 이야기를 (㉠) 책의 그림을 보며 생각하게 됩니다. 가장 친근하고 편안한 엄마의 목소리를 자주 들려 주면 아이의 성격에도 좋은 영향을 줄 수 있습니다.

53. (㉠)에 들어갈 알맞은 말을 고르십시오. (2점)

① 자면서　　　　　　　　　　　② 들으면서

③ 먹으면서　　　　　　　　　　④ 만들면서

54. 이 글의 내용과 같은 것을 고르십시오. (3점)

① 엄마는 글을 읽지 못합니다.

② 아이는 그림책을 좋아합니다.

③ 아이는 엄마의 목소리를 싫어합니다.

④ 편안한 엄마의 목소리는 아이들에게 좋습니다.

※　[55~56] 다음을 읽고 물음에 답하십시오.

　　아빠! 오늘은 엄마의 생신이에요. 오늘 저녁에 엄마 모르게 깜짝 파티를 할 거예요. 선물과 케이크는 오빠와 제가 준비할게요. 아빠는 회사 끝나고 일찍 와 주세요. 오실 때 버스 정류장에 내려서 전화해 주세요. (　　　　) 저희들이 파티 준비를 시작할게요.

– 사랑하는 딸이 –

55.　(　　　)에 들어갈 알맞은 말을 고르십시오. (2점)

① 그러면　　　　　　　　　　　② 그리고

③ 그러나　　　　　　　　　　　④ 그래서

56.　이 글의 내용과 같은 것을 고르십시오. (3점)

① 우리 가족은 모두 세 명입니다.

② 엄마는 생일 파티를 알지 못합니다.

③ 아빠는 오빠와 함께 케이크를 살 겁니다.

④ 딸은 아빠와 함께 생일 선물을 살 겁니다.

57. (2점)

> (가) 시내 곳곳에 자전거 길이 있어서 안전합니다.
>
> (나) 그런데 요즘에는 자전거를 공원에서만 타지 않습니다.
>
> (다) 저는 지난주 토요일에 공원에 가서 자전거를 탔습니다.
>
> (라) 아버지도 출근하실 때 그 길로 자전거를 타고 가십니다.

① (다)-(나)-(가)-(라)　　　　② (다)-(나)-(라)-(가)

③ (다)-(가)-(라)-(나)　　　　④ (다)-(라)-(나)-(가)

58. (3점)

> (가) 점심때가 되어 맛있는 칼국수를 먹고 집으로 돌아왔습니다.
>
> (나) 오늘은 우리 아파트 알뜰 시장이 열리는 날입니다.
>
> (다) 시장은 매주 금요일 아침 901동 앞에서 열립니다.
>
> (라) 엄마와 저는 시장에 가서 구경도 하고 과일도 샀습니다.

① (나)-(다)-(라)-(가)　　　　② (나)-(라)-(다)-(가)

③ (나)-(라)-(가)-(다)　　　　④ (나)-(가)-(라)-(다)

※   [59~60] 다음을 읽고 물음에 답하십시오.

지난주 목요일에 우리 가족은 서울 근처 경기도에 있는 성지 리조트에 갔습니다. (㉠) 성지 리조트는 스키장으로 유명합니다. (㉡) 우리가 갔을 때는 주말이 아니라 빈 방이 많았습니다. (㉢) 그래서 우리는 예약한 방보다 더 큰 방을 얻었습니다. (㉣) 방은 스키장 바로 앞에 있어서 전망이 아주 좋았습니다.

59.   다음 문장이 들어갈 곳을 고르십시오. (2점)

사람들도 별로 많지 않았습니다.

① ㉠   ② ㉡   ③ ㉢   ④ ㉣

60.   이 글의 내용과 같은 것을 고르십시오. (3점)
① 성지 리조트는 서울에 있습니다.
② 성지 리조트는 예약이 많은 것으로 유명합니다.
③ 성지 리조트는 주말에는 사람들이 많지 않습니다.
④ 우리 가족은 예약한 방보다 더 큰 방에서 지냈습니다.

※　[61~62] 다음을 읽고 물음에 답하십시오. (각 2점)

> 　겨울이 되면 태화강에는 따뜻한 겨울을 (　　　) 새들이 찾아옵니다. 올해는 작년보다 더 많은 새들이 이곳을 찾아 왔습니다. 수많은 새 중에서 5만 마리쯤이 태화강에서 겨울을 보냅니다. 이렇게 많은 새가 찾아오는 이유는 날씨도 좋고 먹이를 구하기 쉽기 때문입니다.

61.　(　　)에 들어갈 알맞은 말을 고르십시오.
　① 찾기 위해　　　　　　　　② 지내기 위해
　③ 구하기 위해　　　　　　　④ 날아가기 위해

62.　이 글의 내용과 같은 것을 고르십시오.
　① 태화강은 겨울에 아주 춥습니다.
　② 태화강은 먹이를 구하기 쉬운 곳입니다.
　③ 새들은 태화강에서 가을과 겨울을 보냅니다.
　④ 올해는 태화강에 사백 마리의 새들이 찾아왔습니다.

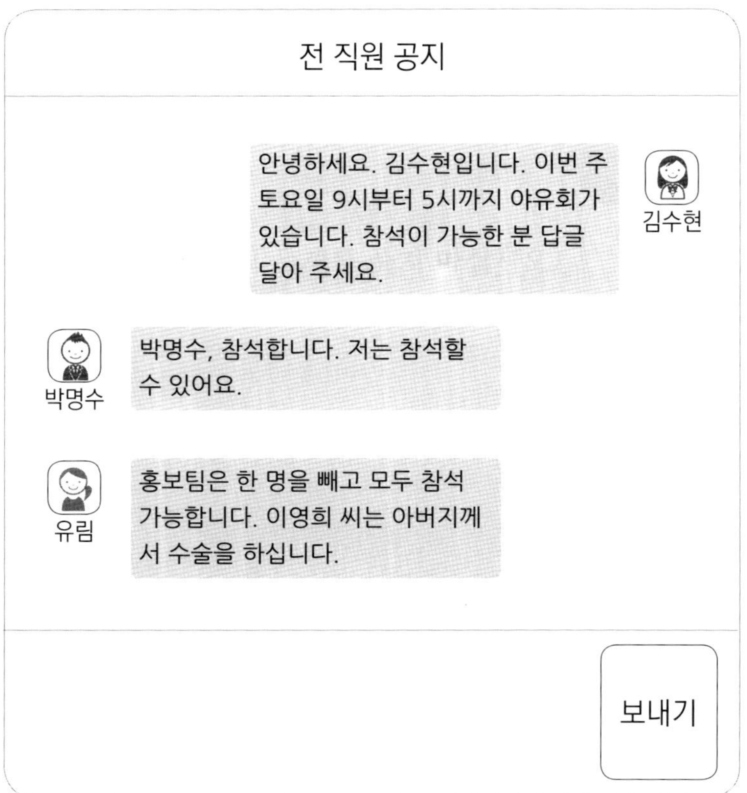

63. 수현 씨는 왜 이 글을 썼습니까? (2점)

① 야유회에 대해 설명하기 위해서

② 야유회의 참석을 알아보기 위해서

③ 야유회의 장소를 알려 주기 위해서

④ 야유회에 가는 방법을 알려 주기 위해서

64. 이 글의 내용과 같은 것을 고르십시오. (3점)

① 박명수 씨는 야유회에 갑니다.

② 홍보팀은 모두 야유회에 갑니다.

③ 야유회는 주말 아침부터 밤까지 합니다.

④ 이영희 씨의 수술은 야유회 날에 있습니다.

> （　　㉠　　） 사람들의 운동 방법이 다릅니다. 날씨가 따뜻한 봄에는 밖에서 하는 운동을 많이 합니다. 자전거 타기, 걷기, 배드민턴 등 햇빛과 바람을 맞으며 움직임이 큰 운동을 합니다. 반대로 겨울에는 날씨가 추워서 실내에서 운동을 합니다. 그래서 사람들은 헬스클럽에 많이 등록합니다.

65.　（　㉠　）에 들어갈 알맞은 말을 고르십시오. (2점)
　　① 이름에 따라　　　　　　　② 기구에 따라
　　③ 운동량에 따라　　　　　　④ 계절에 따라

66.　이 글의 내용과 같은 것을 고르십시오. (3점)
　　① 사람들은 봄에 자전거를 많이 탑니다.
　　② 배드민턴은 움직임이 작은 운동입니다.
　　③ 사람들은 봄에 헬스클럽에 많이 갑니다.
　　④ 사람들은 겨울에 밖에서 운동을 합니다.

※ [67~68] 다음을 읽고 물음에 답하십시오. (각 3점)

> 　　요즘 학교에서는 선배들이 입은 교복을 후배들에게 물려주는 전통이 생겼습니다. 후배들은 교복을 (　　㉠　　) 사지 않고 물려 입어서 교복비를 절약할 수 있습니다. 또 선배는 후배에게 줄 생각으로 교복을 함부로 입지 않아서 마음가짐도 달라집니다. 우리 아들도 이번에 고등학교에 입학해서, 졸업하는 학교 선배에게 교복을 부탁했습니다. 이번 주 일요일에 교복을 (　　㉡　　).

67. ㉠에 알맞은 것을 고르십시오.
　① 금방　　　　　　　　　　② 가끔
　③ 새로　　　　　　　　　　④ 벌써

68. ㉡에 알맞은 것을 고르십시오.
　① 받기로 했습니다.　　　　② 받을지 모릅니다.
　③ 받을 모양입니다.　　　　④ 받은 적이 있습니다.

> 　작년 설날에 고향에 (　　㉠　　) 부모님을 뵈러 갔습니다. 오랜만에 부모님 집에 와서 그런지 평소에 건강한 내가 목감기에 걸려 많이 아팠습니다. 설날이라서 병원이나 약국이 문을 열지 않았습니다. 그때 아버지께서 소금물을 가져오셨습니다. 소금물로 여러 번 입 안에 넣고 뱉는 것을 반복하니 신기하게도 좋아졌습니다. 약을 전혀 먹지 않았는데 다음 날 목이 아프지 않았습니다.

69. (　㉠　)에 들어갈 알맞은 말을 고르십시오.

　　① 계시는　　　　　　　　② 가시는
　　③ 내려가시는　　　　　　④ 돌아오시는

70. 이 글의 내용으로 알 수 있는 것은 무엇입니까?

　　① 부모님은 설날에 병원에 갈 겁니다.
　　② 아버지께서는 약국에서 일하십니다.
　　③ 소금물은 감기를 낫게 할 수 있습니다.
　　④ 저는 설날에 약국이나 병원에 가는 것이 싫습니다.

제5회
실전모의고사

한국어능력시험 I
(초급)

듣기, 읽기

수험번호(Applicaton No.)	
이름 (Name)	한국어(Korean)	
	영 어(English)	

유 의 사 항
Information

1. 시험 시작 지시가 있을 때까지 문제를 풀지 마십시오.
   Do not open the booklet until you are allowed to start.

2. 접수번호와 이름은 정확하게 적어 주십시오.
   Write your name and application number on the answer sheet.

3. 답안지를 구기거나 훼손하지 마십시오.
   Do not fold the answer sheet; keep it clean.

4. 답안지의 이름, 접수번호 및 정답의 기입은 컴퓨터용 펜을 사용하여 주십시오.
   Use the optical mark reader(OMR) pen only.

5. 정답은 답안지에 정확하게 표시하여 주십시오.
   Mark your answer accurately and clearly on the answer sheet.

marking example | ① ● ③ ④

6. 문제를 읽을 때에는 소리가 나지 않도록 하십시오.
   Keep quiet while answering the questions.

7. 질문이 있을 때에는 손을 들고 감독관이 올 때까지 기다려 주십시오.
   When you have any questions, please raise your hand.

듣기 (1번 ~ 30번)

※　[1~4] 다음을 듣고 〈보기〉와 같이 물음에 맞는 대답을 고르십시오. (각 3점)

보기

가 : 공부를 해요.

나 : _______________________

❶ 네, 공부를 해요.　　　　　② 아니요, 공부예요.

③ 네, 공부가 아니에요.　　　④ 아니요, 공부를 좋아해요.

1.　① 네, 책상이에요.　　　　　② 네, 책상이 없어요.

　　③ 아니요, 책상이 커요.　　　④ 아니요, 책상이 많아요.

2.　① 네, 영화예요.　　　　　　② 네, 영화가 재미있어요.

　　③ 아니요, 영화를 봐요.　　　④ 아니요, 영화를 좋아해요.

3.　① 선물을 받았어요.　　　　　② 시계를 받았어요.

　　③ 친구한테서 받았어요.　　　④ 지난 주말에 받았어요.

4.　① 다섯 시요.　　　　　　　　② 오 층에 있어요.

　　③ 다섯 시간 걸려요.　　　　④ 오 분 후에 끝나요.

※　[5~6] 다음을 듣고 〈보기〉와 같이 다음 말에 이어지는 것을 고르십시오. (각 3점)

보기

가 : 맛있게 드세요.

나 : ＿＿＿＿＿＿＿＿＿

① 좋겠습니다.　　　　　　　　② 모르겠습니다.

③ 잘 지냈습니다.　　　　　　　❹ 잘 먹겠습니다.

5.　① 네, 여기 있습니다.　　　　　② 네, 전화를 합니다.

　　③ 네, 휴대전화가 있습니다.　　④ 네, 여기에서 빌릴 수 있습니다.

6.　① 네, 반갑습니다.　　　　　　② 네, 안녕하세요.

　　③ 네, 잘 지냈어요.　　　　　　④ 네, 안녕히 주무세요.

※　[7~10] 여기는 어디입니까? 〈보기〉와 같이 알맞은 것을 고르십시오. (각 3점)

보기

가 : 어디가 아프세요?

나 : 배가 아파요.

① 가게　　　　② 빵집　　　　❸ 병원　　　　④ 시장

7.　① 식당　　　　② 극장　　　　③ 미용실　　　　④ 커피숍

8.　① 병원　　　　② 공원　　　　③ 도서관　　　　④ 백화점

9. ① 서점   ② 꽃집   ③ 영화관   ④ 경찰서

10. ① 학교   ② 약국   ③ 기차역   ④ 편의점

※ [11~14] 다음은 무엇에 대해 말하고 있습니까? 〈보기〉와 같이 알맞은 것을 고르십시오.
    (각 3점)

11. ① 나라   ② 시간   ③ 여행   ④ 방학

12. ① 날씨   ② 직업   ③ 주말   ④ 약속

13. ① 가족   ② 장소   ③ 주소   ④ 소개

14. ① 선물   ② 취미   ③ 가격   ④ 계획

※ [15~16] 다음 대화를 듣고 알맞은 그림을 고르십시오. (각 3점)

15.
① 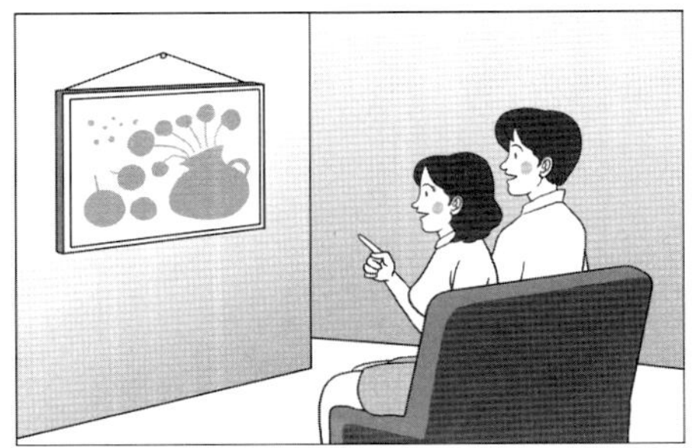 ② 

③  ④ 

16.
①  ② 

③ 

④ 

※ [17~21] 다음을 듣고 〈보기〉와 같이 대화 내용과 같은 것을 고르십시오.

남자 : 요즘 한국어를 공부해요?

여자 : 네, 한국 친구한테서 한국어를 버워요.

① 남자는 학생입니다.　　　　② 여자는 학교에 다닙니다.

③ 남자는 한국어를 가르칩니다.　❹ 여자는 한국어를 공부합니다.

17.　(3점)

① 남자는 지금 바쁩니다.

② 여자는 지금 차 안에 있습니다.

③ 남자는 극장 앞에서 내릴 겁니다.

④ 여자는 남자에게 부탁하고 있습니다.

18.　(3점)

① 남자는 집들이에 가지 못합니다.

② 여자는 집들이 선물을 안 살 겁니다.

③ 여자는 남자와 같이 꽃집에 갈 겁니다.

④ 남자는 여자와 다른 선물을 사려고 합니다.

19.　(3점)

① 남자는 셔츠를 포장했습니다.

② 남자는 지금 옷 가게에 있습니다.

③ 여자는 신용 카드로 결제했습니다.

④ 여자는 세일 중인 셔츠를 샀습니다.

20. (3점)

① 남자는 혼자 방을 쓸 겁니다.

② 여자는 9월 3일에 호텔에 올 겁니다.

③ 남자는 요청한 날짜에 예약을 하지 못합니다.

④ 여자는 남자에게 이름과 전화번호를 물었습니다.

21. (4점)

① 남자는 노트북을 사러 왔습니다.

② 여자는 디자인이 예쁜 노트북을 찾고 있습니다.

③ 남자는 휴대하기 편리한 노트북을 추천했습니다.

④ 여자는 남자가 추천한 노트북이 마음에 안 듭니다.

※ [22~24] 다음을 듣고 대화 내용과 같은 것을 고르십시오. (각 4점)

22. ① 여자는 할인 카드를 만들려고 합니다.

② 여자는 오늘 십만 원 이상 구매했습니다.

③ 남자는 물건을 구매한 영수증이 없습니다.

④ 남자는 5% 할인 쿠폰을 받을 수 있습니다.

23. ① 여자는 영어 강좌를 등록했습니다.

② 여자는 영어 수업을 들을 예정입니다.

③ 남자는 퇴근 후에 바로 집으로 갈 겁니다.

④ 남자는 이번 주 금요일까지 신청서를 작성해야 합니다.

24. ① 여자는 큰 잔으로 주문했습니다.

② 여자는 커피숍에서 마시고 갈 겁니다.

③ 남자는 모두 만 오천 원을 내야 합니다.

④ 남자는 커피와 녹차, 케이크를 주문했습니다.

※ [25~26] 다음을 듣고 물음에 답하십시오. (각 4점)

25. 어떤 이야기를 하고 있는지 고르십시오.
① 경고　　　　　② 예보　　　　　③ 감사　　　　　④ 초대

26. 들은 내용과 같은 것을 고르십시오.
① 내일은 토요일입니다.
② 내일 오전에는 맑겠습니다.
③ 모레까지 비가 내리고 춥겠습니다.
④ 이번 주 주말까지 따뜻하겠습니다.

※ [27~28] 다음을 듣고 물음에 답하십시오. (각 4점)

27. 두 사람이 무엇에 대해 이야기하고 있는지 고르십시오.
① 보고 싶은 영화
② 액션 영화의 장점
③ 좋은 영화 만드는 방법
④ 영화를 보고 난 후 느낌

28. 들은 내용과 같은 것을 고르십시오.
① 여자는 영화가 너무 지루했습니다.
② 남자는 이 영화가 별로 좋지 않았습니다.
③ 남자는 더 좋은 시나리오가 필요하다고 생각합니다.
④ 여자는 액션과 특수 효과가 나오는 영화를 좋아합니다.

29. 여자는 지금 왜 여기에 왔습니까?
　　① 휴대전화를 사려고
　　② 휴대전화를 고치려고
　　③ 휴대전화를 바꾸려고
　　④ 휴대전화를 찾아가려고

30. 들은 내용과 같은 것을 고르십시오.
　　① 여자는 휴대전화가 고장이 났습니다.
　　② 남자는 한 달 전에 휴대전화를 샀습니다.
　　③ 남자는 휴대전화를 교환하고 싶어 합니다.
　　④ 여자는 내일 휴대전화를 찾으러 올 겁니다.

읽기 (31번 ~ 70번)

※　[31~33] 다음은 무엇에 대한 이야기입니까? 〈보기〉와 같이 알맞은 것을 고르십시오.

보기

덥습니다. 바다에서 수영합니다.

❶ 여름　　　　② 날씨　　　　③ 나이　　　　④ 나라

31.　(2점)

3월, 봄이 왔습니다. 두 달 전은 추운 겨울이었습니다.

① 날짜　　　　② 계절　　　　③ 약속　　　　④ 날씨

32.　(2점)

저는 아침은 꼭 먹습니다. 항상 빵과 우유를 먹습니다.

① 이름　　　　② 요일　　　　③ 식사　　　　④ 가족

33.　(3점)

민호 씨는 우표 모으는 것을 좋아합니다. 모나카 씨는 동전 모으는 것을 좋아합니다.

① 취미　　　　② 장소　　　　③ 운동　　　　④ 음식

※　　[34~39] 〈보기〉와 같이 빈칸에 제일 알맞은 것을 고르십시오.

보기

날씨가 좋습니다. (　　　　)이 맑습니다.

① 눈　　　　　　② 밤　　　　　❸ 하늘　　　　　④ 구름

34.　(2점)

> 요리 수업은 오후 2시(　　　) 있어요.

① 로　　　　　　② 를　　　　　　③ 에　　　　　　④ 에서

35.　(2점)

> 한국어 책을 사고 싶습니다. (　　　　)에 갑니다.

① 식당　　　　　② 극장　　　　　③ 공항　　　　　④ 서점

36.　(2점)

> 지난 주말에 친구들과 여행을 갔습니다. 게임을 하며 재미있게 (　　　　).

① 놀았습니다　　　　　　　　　② 먹었습니다
③ 요리했습니다　　　　　　　　④ 헤어졌습니다

37.　(3점)

> 내일 기숙사로 들어갑니다. 책이 많아 짐이 아주 (　　　　).

① 가볍습니다　　　　　　　　　② 더럽습니다
③ 무겁습니다　　　　　　　　　④ 어둡습니다

38. (3점)

> 산에 불이 났습니다. (   ) 119에 전화합시다.

① 가끔 　　　　　 ② 아까 　　　　　 ③ 거의 　　　　　 ④ 빨리

39. (2점)

> 다음달에 한국으로 유학을 갑니다. 준비를 위해 회사를 (   ).

① 세웠어요 　　　　　　　　　 ② 만들었어요
③ 그만뒀어요 　　　　　　　　 ④ 들어갔어요

※ [40~42] 다음을 읽고 맞지 <u>않는</u> 것을 고르십시오.

40. (3점)

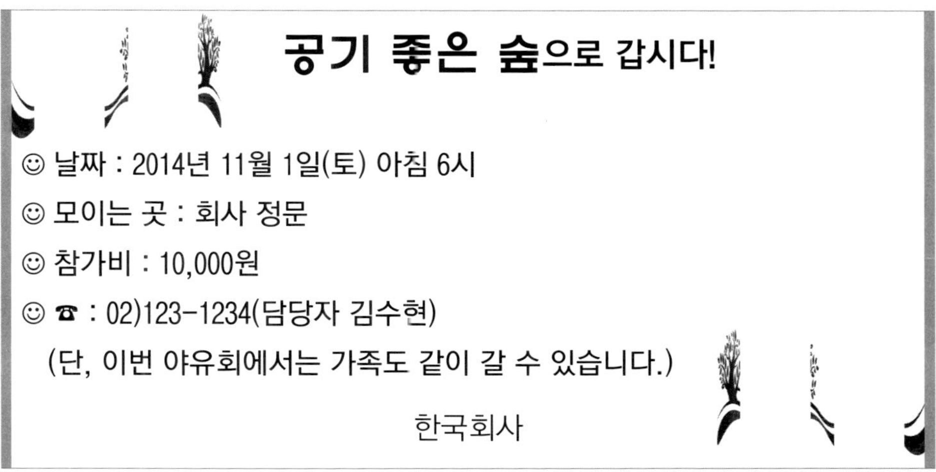

① 회사 앞에서 모입니다.
② 토요일 아침에 출발합니다.
③ 아이들은 같이 갈 수 없습니다.
④ 야유회에 가려면 만 원을 내야 합니다.

41. (3점)

① 점심시간은 한 시간입니다.

② 오후 한 시 삼십 분에 상담이 가능합니다.

③ 매주 토요일에는 상담을 받을 수 없습니다.

④ 오후 여섯 시 이후에는 상담을 받을 수 없습니다.

42. (2점)

① 어른들은 교육을 받을 수 없습니다.

② 오후 아홉 시에 상담 받을 수 있습니다.

③ 일주일에 두 번 교육을 받을 수 있습니다.

④ 수업을 신청할 때 시간은 바꿀 수 있습니다.

※ [43~45] 다음의 내용과 같은 것을 고르십시오. (각 3점)

43.

> 지난 주말 야구장에 갔습니다. 저는 좋아하는 팀의 유니폼을 입고 갔습니다. 형은 좋아하는 선수의 사인공을 받았습니다.

① 지난 주말 야구를 보러 갔습니다.
② 저는 좋아하는 야구장에 갔습니다.
③ 저는 유니폼 입는 것을 좋아합니다.
④ 형은 좋아하는 야구팀의 공을 샀습니다.

44.

> 토요일에 학교 운동회가 있었습니다. 저는 반 대표로 달리기 경기에 나갔습니다. 무척 떨렸지만 열심히 달렸습니다.

① 저는 우리 반 반장입니다.
② 저는 가끔 운동회에 참석합니다.
③ 저는 운동회 날 달리기를 했습니다.
④ 저는 떨려서 잘 달리지 못했습니다.

45.

> 매달 둘째 주 토요일에 한강 공원에 갑니다. 산책하시는 할아버지, 자전거를 타는 아빠와 아들이 있습니다. 또 한강에서는 배를 타는 연인도 있습니다.

① 할아버지는 자전거를 타십니다.
② 아빠와 아들은 배 위에 있습니다.
③ 연인들은 공원에서 산책을 합니다.
④ 한 달에 한 번 토요일에 공원에 갑니다.

※ [46~48] 다음을 읽고 중심 생각을 고르십시오.

46. (3점)

> 저는 날씨가 좋으면 공원에 갑니다. 공원에 가서 산책합니다. 친구들과 대화하는 것보다 더 기분이 좋습니다.

① 저는 산책하는 것이 더 좋습니다.
② 저는 대화하는 것이 더 좋습니다.
③ 저는 공원에 가는 것을 좋아합니다.
④ 친구들은 공원에 가는 것을 좋아합니다.

47. (3점)

> 아버지는 부산에 직장이 있으셔서 월요일부터 금요일까지는 부산에 계십니다. 주말에만 집에 오십니다. 매일매일 아버지 얼굴을 봤으면 좋겠습니다.

① 저는 부산에 가고 싶습니다.
② 저는 아버지와 같이 살고 싶습니다.
③ 아버지는 주말에 부산에 갈 겁니다.
④ 아버지는 부산 직장에 있고 싶어 합니다.

48. (2점)

> 저는 지난주에 운전학원에 등록했습니다. 오늘 처음 운전을 배우러 갔는데 무척 떨려서 실수를 많이 했습니다. 그래서 내일은 좀 더 집중해서 운전할 겁니다.

① 저는 운전을 잘하고 싶습니다.
② 저는 운전이 무서워서 떨립니다.
③ 저는 내일 운전을 배우러 갈 겁니다.
④ 저는 운전학원에 첫 번째로 등록하고 싶습니다.

※　[49~50] 다음을 읽고 물음에 답하십시오. (각 2점)

> 　요즘 (　　　㉠　　　) 케이크가 인기가 있습니다. 케이크를 만드는 가게에서는 먼저 생일인 손님의 얼굴 사진을 받습니다. 그리고 그 사진을 케이크 맨 위에 놓고 케이크를 만듭니다. 이 케이크를 받은 사람은 정말 특별한 선물이 될 것입니다.

49.　(　㉠　)에 들어갈 알맞은 말을 고르십시오.
　① 모양이 큰　　　　　　　　② 사진과 다른
　③ 사진이 들어간　　　　　　④ 그림과 비슷한

50.　이 글의 내용과 같은 것을 고르십시오.
　① 여기는 사진을 찍는 곳입니다.
　② 케이크를 만든 후에 사진을 받습니다.
　③ 케이크 안에 사진을 넣고 케이크를 만듭니다.
　④ 요즘 사람들은 자기 사진이 들어간 케이크를 좋아합니다.

> 　저는 소나무 향기가 나는 보리밥을 좋아합니다. 보리밥을 먹을 때 입으로만 먹는 것이 아닙니다. 코로도 먹을 수 있습니다. 맛도 좋고 (　　㉠　　) 때문에 건강에도 좋습니다.　그래서 소나무 향기를 맡으면서 보리밥을 먹을 때 기분이 더 좋습니다.

51.　(　㉠　)에 들어갈 알맞은 말을 고르십시오.
　　① 깨끗하기　　　　　　　　② 잘 들리기
　　③ 소화도 잘 되기　　　　　④ 좋은 냄새가 나기

52.　무엇에 대한 이야기입니까? 알맞은 것을 고르십시오.
　　① 보리밥을 자주 먹는 이유
　　② 보리밥을 자주 먹는 방법
　　③ 소나무 향기를 맡는 방법
　　④ 소나무 향기가 나는 이유

※　[53~54] 다음을 읽고 물음에 답하십시오.

> 대부분의 도시에는 어린이 도서관이 있습니다. 그런데 요즘 아이들은 게임을 좋아해서 책을 잘 읽지 않습니다. 그래서 부모들은 주말마다 아이들과 함께 어린이 도서관에 갑니다. 그곳에서 다른 아이들과 함께 책을 읽게 합니다. 그러면 저절로 책과 (㉠) 놀게 됩니다.

53.　(㉠)에 들어갈 알맞은 말을 고르십시오. (2점)

① 자면서　　　　　　　　　　② 게임하면서

③ 친해지면서　　　　　　　　④ 이야기하면서

54.　이 글의 내용과 같은 것을 고르십시오. (3점)

① 요즘 아이들은 책을 자주 읽습니다.

② 부모들은 아이들과 함께 게임을 합니다.

③ 요즘 어린이 도서관은 모든 도시에 있습니다.

④ 부모들은 매주 주말에 어린이 도서관에 갑니다.

※　[55~56] 다음을 읽고 물음에 답하십시오.

　사랑하는 우리 딸! 요즘 아빠가 회사 일이 바빠서 우리 딸 얼굴을 못 보고 나와서 많이 슬퍼. 우리 딸도 고등학교 3학년이 되어 많이 힘들지? 힘들고 어렵지만 엄마 · 아빠가 항상 응원하고 있다. 알고 있지. 오늘 밤은 아빠가 일찍 퇴근해서 우리 딸 얼굴 보고 같이 밥 먹자. (　　　　　) 우리 딸 좋아하는 치킨 꼭 사 가지고 갈게. 오늘도 파이팅!

– 사랑하는 아빠가 –

55.　(　　　　)에 들어갈 알맞은 말을 고르십시오.(2점)

　　① 그런데　　　　　　　　　　② 그리고

　　③ 그러나　　　　　　　　　　④ 그러면

56.　이 글의 내용과 같은 것을 고르십시오. (3점)

　　① 아빠는 저녁에 치킨을 살 겁니다.

　　② 아빠는 바빠서 늦게 퇴근할 겁니다.

　　③ 딸은 아빠가 퇴근할 때 자고 있었습니다.

　　④ 딸은 너무 바빠서 아빠 얼굴을 못 봅니다.

※   [57~58] 다음을 순서대로 맞게 나열한 것을 고르십시오.

57.   (2점)

(가) 그런데 요즘은 휴대전화로 모르는 길도 찾을 수 있습니다.

(나) 여행 도중에 가끔 모르는 곳에 가면 길을 몰라서 힘듭니다.

(다) 저는 여행을 좋아해서 일 년에 한두 번은 여행을 갑니다.

(라) 또 근처에 무엇이 있는지 알 수 있어서 여행하기 편합니다.

① (다)-(나)-(가)-(라)　　　　② (다)-(나)-(라)-(가)
③ (다)-(가)-(라)-(나)　　　　④ (다)-(라)-(나)-(가)

58.   (3점)

(가) 아침을 일찍 먹고 여행 가방을 챙겨 버스를 탔습니다.

(나) 오늘은 우리 가족 모두 해외여행을 가는 날입니다.

(다) 그리고 출국 심사를 받고 비행기에 탑승했습니다.

(라) 공항에 도착해서 비행기 표의 좌석을 확인했습니다.

① (나)-(다)-(라)-(가)　　　　② (나)-(라)-(다)-(가)
③ (나)-(라)-(가)-(다)　　　　④ (나)-(가)-(라)-(다)

> 지난 여름 방학에 제주도 옆에 있는 우도로 여행을 갔습니다. (　　㉠　　)
> 우도에서 바닷속을 볼 수 있는 잠수함인 배를 탔습니다. (　　㉡　　) 그 배는
> 창문이 모든 방향으로 되어 있었습니다. (　　㉢　　) 그리고 창문의 크기도
> 크고 넓었습니다. (　　㉣　　) 그래서 여러 가지 색의 아름다운 물고기를 잘
> 구경할 수 있었습니다.

59. 다음 문장이 들어갈 곳을 고르십시오. (2점)

> 왼쪽으로 가면 왼쪽을, 오른쪽으로 가면 오른쪽을 볼 수 있었습니다.

① ㉠　　　　　② ㉡　　　　　③ ㉢　　　　　④ ㉣

60. 이 글의 내용과 같은 것을 고르십시오. (3점)
① 우도는 제주도에 있습니다.
② 잠수함에서 바닷속을 잘 볼 수 있습니다.
③ 잠수함을 타고 우도 옆 제주도로 갔습니다.
④ 잠수함의 창문은 한 방향으로 만들었습니다.

> 가을이 되면 사람들은 아름다운 단풍을 보려고 산에 갑니다. 숲 속 나무에 작은 다람쥐가 있는데 이들은 도토리나무 열매를 먹고 삽니다. 가끔 등산하는 사람들이 먹을 것을 가지고 다가가면 다람쥐들은 (   ) 가까이 옵니다. 사람들은 가끔 나무에서 떨어진 도토리를 줍는데 겨울이 되면 다람쥐들의 먹이가 부족하기 때문에 많이 가져오지 말아야 합니다.

61. (   )에 들어갈 알맞은 말을 고르십시오.

① 자면서 ② 다쳐서

③ 먹지 않고 ④ 놀라지 않고

62. 이 글의 내용과 같은 것을 고르십시오.

① 사람들은 다람쥐를 보러 산에 갑니다.

② 등산하는 사람들은 다람쥐를 좋아합니다.

③ 다람쥐들은 사람들이 주는 것을 먹고 삽니다.

④ 다람쥐들을 위해 도토리를 많이 가져오면 안 됩니다.

※　[63~64] 다음을 읽고 물음에 답하십시오.

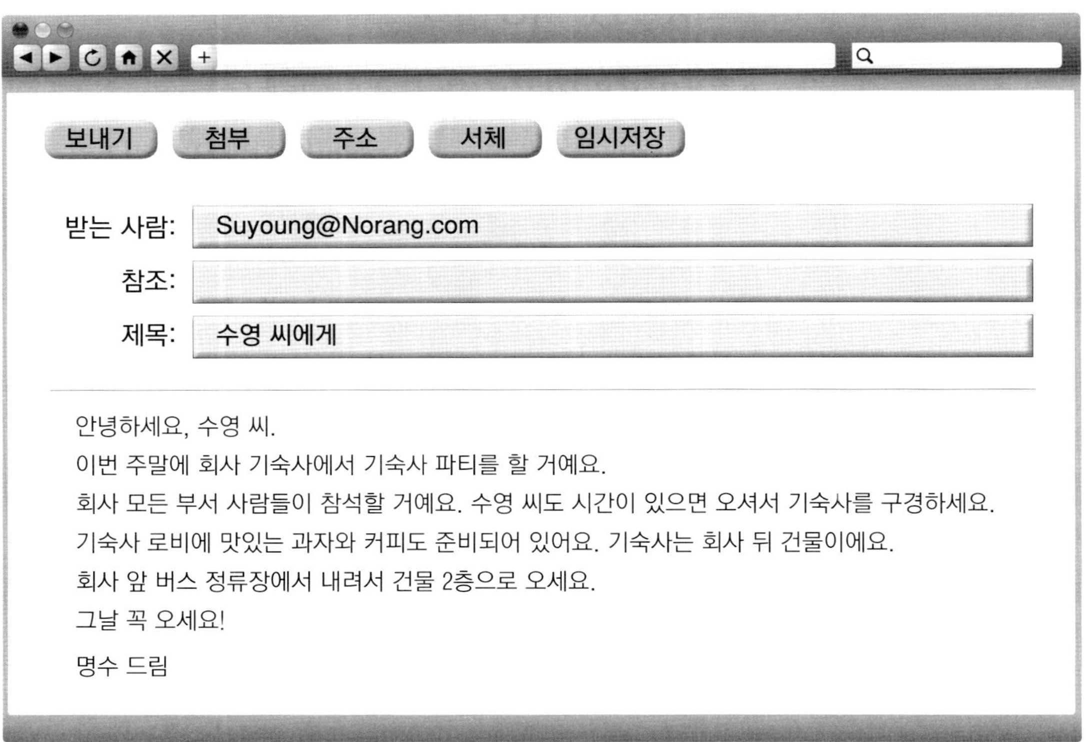

63.　왜 이 글을 썼습니까? (2점)

　① 기숙사 파티에 초대하기 위해서

　② 기숙사 파티에 온 친구에게 감사해서

　③ 기숙사 건물을 친구에게 알려 주기 위해서

　④ 기숙사 파티를 하는 장소를 알려 주기 위해서

64.　이 글의 내용과 같은 것을 고르십시오. (3점)

　① 기숙사는 회사 앞에 있는 건물입니다.

　② 이번 주말에 기숙사를 볼 수 있습니다.

　③ 기숙사에 가려면 지하철을 타야 합니다.

　④ 마시고 싶은 커피는 직접 가져와야 합니다.

※　[65~66] 다음을 읽고 물음에 답하십시오.

> 　　손과 몸은 어떤 관계일까요? 손이 뜨거우면 몸도 뜨겁고 손이 차가우면 몸도
> 차갑습니다. 이렇듯 손과 몸은 같이 느낄 수 있습니다. 또 손으로 하는 것은 여
> 러 가지 뜻이 있습니다. 서로 손을 잡고 인사를 하는 것은 서로 친하다는 의미
> 이고 새끼손가락을 걸면 약속을 의미합니다. 박수를 치는 것은 칭찬의 의미입
> 니다. 그래서 친구가 잘했을 때 (　　　㉠　　　)도 합니다.

65.　(　㉠　)에 들어갈 알맞은 말을 고르십시오. (2점)
　　① 손을 잡기　　　　　　　　② 손을 걸기
　　③ 손이 차갑기　　　　　　　④ 박수를 치기

66.　이 글의 내용과 같은 것을 고르십시오. (3점)
　　① 손을 잡으면 약속하는 것입니다.
　　② 손이 뜨거우면 몸은 차갑습니다.
　　③ 손과 몸이 느끼는 것은 같습니다.
　　④ 칭찬하고 싶을 때 서로 손을 잡습니다.

> 　　요즘 가구의 위치를 바꾸는 사람들이 많습니다. (　　　㉠　　　) 가구를　사지
> 않고 사용하고 있는 가구를 위치만 바꿔도 방의 분위기를 바꿀 수 있습니다. 방
> 석이나 쿠션으로도 변화를 줄 수 있습니다. 여러분도 이번 봄에 거실에 있는 가
> 구를 한번 (　　　㉡　　　).

67.　㉠에 알맞은 것을 고르십시오.

① 먼저　　　　　　　　　　　　　② 주로

③ 새로　　　　　　　　　　　　　④ 계속

68.　㉡에 알맞은 것을 고르십시오.

① 바꿔 보세요.　　　　　　　　　② 바꿀 수 있어요.

③ 바꾸고 싶어요.　　　　　　　　④ 바꾸기로 했어요.

작년 크리스마스에 부모님과 함께 스키장에 놀러 갔습니다. 그런데 스키를 타다가 실수를 해서 넘어졌습니다. 나는 너무 아파서 (　　　㉠　　　) 힘들었습니다. 그때 스키장 직원이 한의원에 가서 침을 맞으면 빨리 나을 수 있다고 했습니다. 그래서 부모님과 함께 스키장 근처에 있는 한의원에 가서 침을 맞으니까 신기하게도 약을 먹은 것보다도 더 아프지 않았습니다.

69.　(　㉠　)에 들어갈 알맞은 말을 고르십시오.
　① 침을 맞기도　　　　　　　　② 혼자 걷기도
　③ 놀러 가기도　　　　　　　　④ 직원을 만나기도

70.　이 글의 내용으로 알 수 있는 것은 무엇입니까?
　① 나는 침 맞는 것을 아주 싫어합니다.
　② 스키장 직원은 침 맞는 것을 좋아합니다.
　③ 침은 약보다 더 빨리 치료할 수 있습니다.
　④ 사람들은 스키를 타다가 자주 넘어집니다.

HOT 토픽 I Actual Test 한 권으로 합격하기 for Janpanese

초판발행	2014년 6월 9일
초판 2쇄	2015년 5월 22일
저자	한국어 평가 연구소
회장	엄호열
펴낸이	엄태상
펴낸곳	한글파크
등록일자	2000년 8월 17일
등록번호	1-2718호
주소	서울시 종로구 자하문로 300 시사빌딩
전화	내용문의 (02) 764-1009
	주문문의 (02) 3671-0555
팩스	(02) 3671-0500
홈페이지	http://www.langpl.com
이메일	info@langpl.com

ISBN   978-89-5518-268-2   18710
        978-89-5518-194-4   (set)

[Actual Test] 한 권으로 합격하기

HOT TOPIK

For Japanese

編著
Korean Proficiency Test R&D Center

HOT 토픽 I Actual Test 한 권으로 합격하기 for Janpanese

초판발행	2014년 6월 9일
초판 2쇄	2015년 5월 22일
저자	한국어 평가 연구소
회장	엄호열
펴낸이	엄태상
펴낸곳	한글파크
등록일자	2000년 8월 17일
등록번호	1-2718호
주소	서울시 종로구 자하문로 300 시사빌딩
전화	내용문의 (02) 764-1009
	주문문의 (02) 3671-0555
팩스	(02) 3671-0500
홈페이지	http://www.langpl.com
이메일	info@langpl.com

ISBN   978-89-5518-268-2   18710
        978-89-5518-194-4 (set)

차례 目次

물 한 모금이 갈증을 씻어 주고, 빵 한 조각이 배고픔을 달래 주듯, 한국어능력시험 I (TOPIK I)을 준비하면서 매우 혼란스럽고 어떻게 공부해야 할지 걱정이 앞설 수험자들에게 이 책이 조금이나마 도움이 되었으면 하는 바람입니다.

한국어능력시험(TOPIK)은 세계 곳곳에서 한국어를 독학으로 공부하고 있거나, 한국 대학에 입학하기 위해 그리고 한국 기업에 취업하기 위해 한국어를 공부하는 학습자에게 본인의 실력을 확인해 주는 중요한 척도가 되는 시험으로 그 중요성이 더욱 높아지고 있습니다.

이 책은 여러분이 걱정하고 궁금해하는 것을 풀어 주기 위해 현재 유형의 TOPIK I을 완전히 분석하여 수험자들이 시험에 쉽게 대비할 수 있게 만든 책입니다. 이 책은 크게 세 부분으로 되어 있습니다. 'TOPIK I의 소개'에서는 시험 체제와 유형을, '문항 분석 및 전략'에서는 준비 전략을 상세히 다루었고 또한 수험자들이 'TOPIK I'을 연습할 수 있게 '실전모의고사 5회' 분과 그에 따른 자세한 해설을 실었습니다.

또한 이전 TOPIK과 비교해 바뀐 TOPIK I을 설명했기 때문에 수험자가 현재 유형의 시험에 대비할 수 있게 해 줄 것입니다. 이 책이 아무쪼록 세계 곳곳에서 TOPIK을 응시하는 수험자와 TOPIK을 강의하는 선생님들에게 도움이 되기를 바랍니다.

책이 나오기까지 부족한 자료를 분석하고 시험 문항을 개발한 '한국어 평가 연구소'의 권미숙, 박명수, 전민주, 전유나, 신보라 연구원에게 심심한 감사의 뜻을 표합니다. 또한 이 책의 출간을 흔쾌히 허락해 주신 한글파크 엄호열 회장님과 이 책이 나오기까지 물심양면으로 많은 도움을 주신 한글파크 편집진 여러분께도 감사의 마음을 전합니다.

한국어 평가 연구소
(Korean Proficiency Test R&D Center)

　一滴の水が喉の渇きを潤し、一切れのパンが空腹を癒してくれるように、韓国語能力試験Ⅰ (TOPIK I)をどのように準備し、勉強したらいいのか心配している受験者の方達に、この本が少しでも役に立てばと思います。

　韓国語能力試験(TOPIK)は、世界中のいろいろな場面、例えば韓国語を独学で学んでいる人のためや、韓国の大学に入学するため、韓国企業に就職するためなど、韓国語を勉強する学習者達にとって、自分の実力を確認するための重要な基準となる試験としてその重要性がますます高まっています。

　この本は、みなさんが気になる部分を解決するため、TOPIK Iを分析し、受験者が新しい試験に備えることができよう大きく三つの分野に分かれています。「TOPIK Iの紹介」では、テストの体制と形式を。「試験問題分析と戦略」では、試験準備のための戦略を詳しく説明。そして最後に受験者が「TOPIK I」を練習できるよう「実戦模擬試験5回」とそれに対する詳しい解説を掲載しています。また、従来のTOPIKと比較しながら改定版TOPIK Iを説明しいるので、受験者のみなさんは現TOPIKの準備ができるでしょう。どうかこの本が、世界のいろいろな所で、TOPIKを受験する方々と、TOPIKを指導される先生方の役に立つことを願っております。

　本が出版されるまで、データの分析や試験問題を開発してくださった「韓国語評価研究所」のクォン・ミスク、パク・ミョンス、チョン・ミンジュ、チョン・ユナ、シン・ボラ研究者に心から感謝の意を表します。また、この本の出版を承諾してくださったハングルパーク、オム・ホヨル会長、そしてこの本が出版されるまで、物心両面で多くの支援をいただいたハングルパーク編集委員の皆様にも心より感謝申し上げます。

韓国語評価研究所
(Korea Proficiency Test R&D Center)

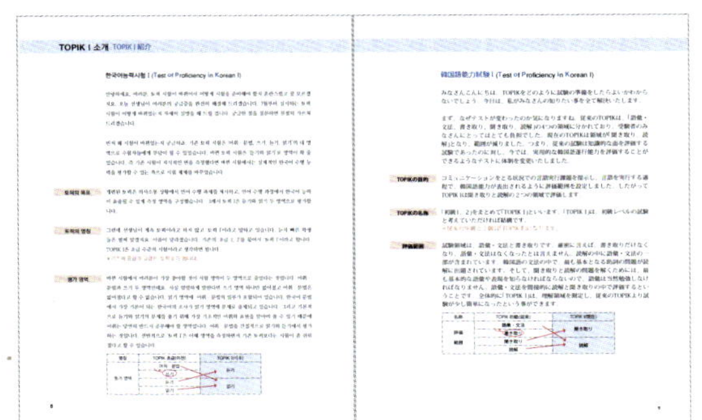

TOPIK I 소개

토픽 시험에 대해 자세히 설명하였다. 실제 수업 현장에서 강의하듯이 이전 토픽과 비교하면서 제시하였다. 또 궁금한 점을 Q&A식으로 설명하여 수험자에게 실제적인 도움을 주고자 하였다.

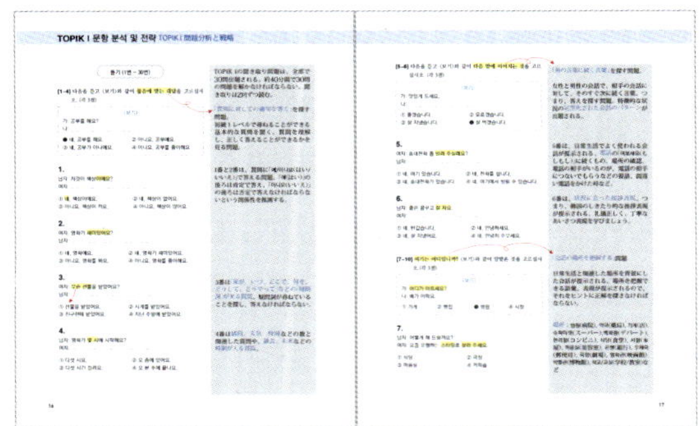

TOPIK I 문항 분석 및 전략

시험의 문항 유형을 설명하였고 이 문항을 준비하기 위한 시험 전략도 제시하였다.

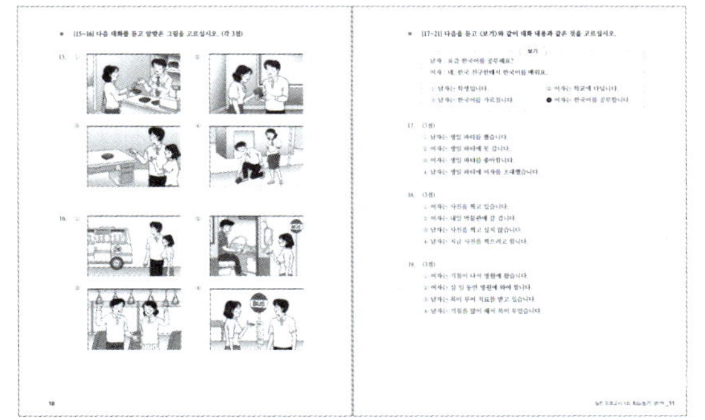

TOPIK I 실전모의고사

TOPIK I을 완벽하게 대비할 수 있도록 실전모의고사 5회분을 수록하였다. 정해진 시간에 문제를 풀면서 준비할 수 있게 하였고 자신만의 전략을 짤 수 있게 하였다.

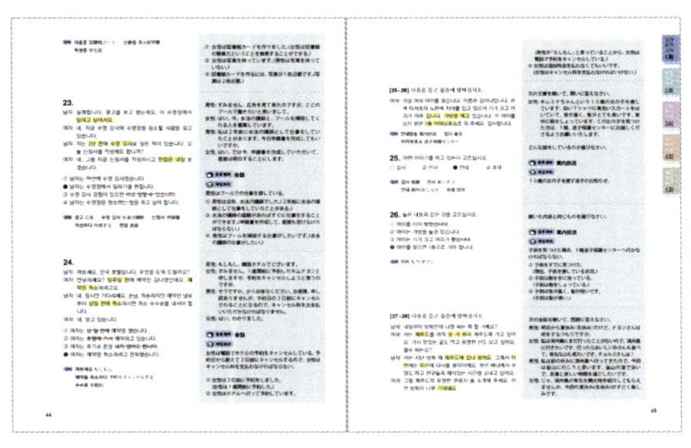

TOPIK I 실전모의고사 해설

실전모의고사 5회분에 대한 자세한 해설을 실제 수업 현장에서 강의하듯이 설명하였다. 문항의 유형을 표기하여 학습자가 문제를 정확하게 파악할 수 있게 하였다. 문법 항목의 경우 자세한 문법 설명과 예문을 추가하여 해설을 통해 문법을 정리할 수 있게 하였다. 읽기와 듣기 텍스트에 문항을 풀 수 있는 핵심 포인트를 표시하여 문제를 푸는 데 도움을 주고자 하였다. 맞는 답에 대한 설명뿐만 아니라 왜 그것이 오답인지 설명을 달았다.

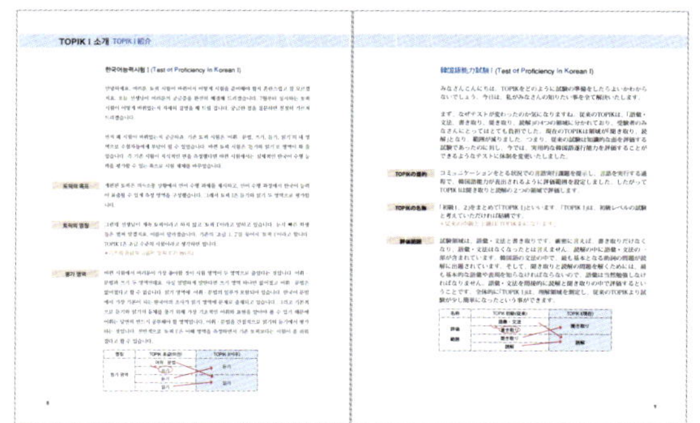

TOPIK I 紹介

TOPIKについて詳しく説明。実際の授業現場のように従来のTOPIKと比較しながら提示した。また、気になる点をQ&A方式で説明し、受験者達の手助けになるよう構成されている。

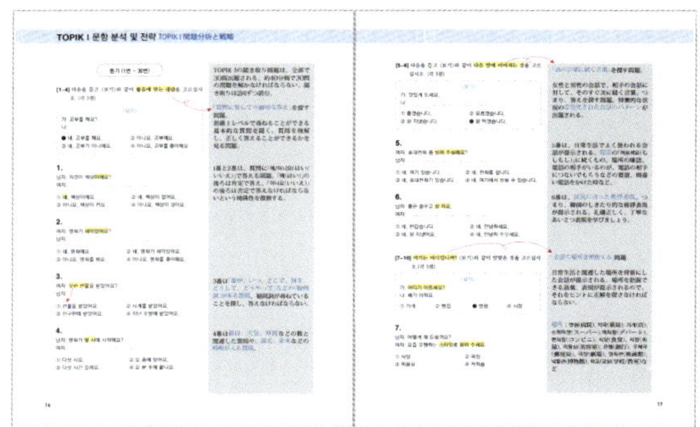

TOPIK I 問題分析と戦略

試験問題形式を説明しており、問題に備えるための戦略も提示した。

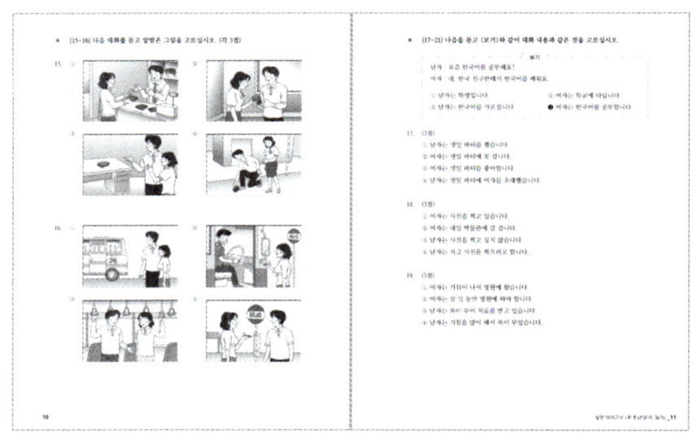

TOPIK I 実践模擬試験

TOPIK Iに完璧に備えることができるよう、実践模擬試験5回分を収録。決められた時間内に問題を解きながら準備ができるようになっており、自分自身だけの戦略方法を探すことができるようにした。

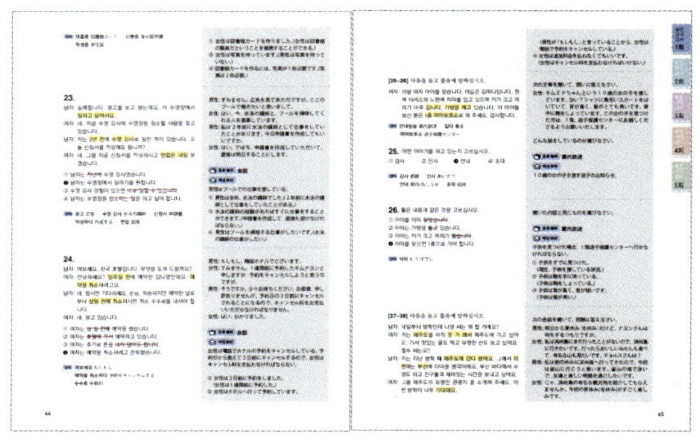

TOPIK I 実践模擬試験解説

実戦模擬試験5回分の詳しい解説を、実際の授業現場での講義と同様に説明。問題形式を表記し、学習者が問題を正確に把握できるようにした。文法項目は、詳しい文法説明と例文を追加し、解説を通し文法を整理できるようにした。読解と聞き取りのテキストには問題の重要ポイントを表示し、問題を解くためのヒントとなるようにした。正解の説明だけではなく、不正解についても説明をつけた。

한국어능력시험 I (**T**est **of P**roficiency **in K**orean I)

안녕하세요, 여러분. 토픽 시험을 어떻게 준비해야 할지 혼란스럽고 잘 모르겠지요. 오늘 선생님이 여러분의 궁금증을 완전히 해결해 드리겠습니다. 궁금한 점을 질문하면 친절히 가르쳐 드리겠습니다.

먼저 왜 시험이 바뀌었는지 궁금하죠. 이전 토픽 시험은 '어휘·문법, 쓰기, 듣기, 읽기'의 네 영역으로 수험자들에게 부담이 될 수 있었습니다. 현재 토픽 시험은 '듣기와 읽기'로 영역이 확 줄었습니다. 즉 이전 시험이 지식적인 면을 측정했다면 현재 시험에서는 실제적인 한국어 수행 능력을 평가할 수 있는 쪽으로 시험 체제를 바꾸었습니다.

토픽의 목표 의사소통 상황에서 언어 수행 과제를 제시하고, 언어 수행 과정에서 한국어 능력이 표출될 수 있게 측정 영역을 구성했습니다. 그래서 토픽 I은 듣기와 읽기 두 영역으로 평가합니다.

토픽의 명칭 '초급 1, 2'를 묶어서 '토픽 I'이라고 합니다. TOPIK I은 초급 수준의 시험이라고 생각하면 됩니다.
*중급과 고급은 '토픽 II'입니다.

평가 영역 현재 시험의 평가 영역은 어휘·문법과 쓰기 두 영역인데요. 사실 엄밀하게 말한다면 쓰기 영역 하나만 없어졌고 어휘·문법은 없어졌다고 할 수 없습니다. 읽기 영역에 어휘·문법의 일부가 포함되어 있습니다. 한국어 문법에서 가장 기본이 되는 한국어의 조사가 읽기 영역에 문제로 출제되고 있습니다. 그리고 기본적으로 듣기와 읽기의 문제를 풀기 위해 가장 기초적인 어휘와 표현을 알아야 풀 수 있기 때문에 어휘는 당연히 반드시 공부해야 할 영역입니다. 어휘·문법을 간접적으로 읽기와 듣기에서 평가하는 것입니다. 전반적으로 '토픽 I'은 이해 영역을 측정하면서 이전 토픽보다는 시험이 좀 쉬워졌다고 할 수 있습니다.

명칭	TOPIK 초급(이전)	TOPIK I(이후)
평가 영역	어휘·문법	듣기
	쓰기	
	듣기	읽기
	읽기	

韓国語能力試験Ⅰ (Test **of** **P**roficiency **in** **K**orean I)

みなさんこんにちは。TOPIKをどのように試験の準備をしたらよいかわからないでしょう。今日は、私がみなさんの知りたい事を全て解決いたします。

まず、なぜテストが変わったのか気になりますね。従来のTOPIKは、「語彙・文法、書き取り、聞き取り、読解」の4つの領域に分かれており、受験者のみなさんにとってはとても負担でした。現在のTOPIKは領域が「聞き取り、読解」となり、範囲が減りました。つまり、従来の試験は知識的な面を評価する試験であったのに対し、今では、実用的な韓国語遂行能力を評価することができるようなテストに体制を変更いたしました。

TOPIKの目的　コミュニケーションをとる状況での言語実行課題を提示し、言語を実行する過程で、韓国語能力が表出されるように評価範囲を設定しました。したがってTOPIK Iは聞き取りと読解の2つの領域で評価します。

TOPIKの名称　「初級1、2」をまとめて「TOPIK I」といいます。「TOPIK I」は、初級レベルの試験と考えていただければ結構です。
※従来の中級と上級は「TOPIK Ⅱ」になります。

評価範囲　試験領域は、語彙・文法と書き取りです。厳密に言えば、書き取りだけなくなり、語彙・文法はなくなったとは言えません。読解の中に語彙・文法の一部が含まれています。韓国語の文法の中で、最も基本となる助詞の問題が読解に出題されています。そして、聞き取りと読解の問題を解くためには、最も基本的な語彙や表現を知らなければならないので、語彙は当然勉強しなければなりません。語彙・文法を間接的に読解と聞き取りの中で評価するということです。全体的に「TOPIK I」は、理解領域を測定し、従来のTOPIKより試験が少し簡単になったという事ができます。

名称	TOPIK 初級(従来)	TOPIK I(現在)
評価	語彙・文法	聞き取り
	書き取り	
範囲	聞き取り	読解
	読解	

영역별 문항 수와 배점에 대해 설명하겠습니다.

듣기 30문항, 읽기 40문항으로 총 70문항이 출제됩니다. 이전 시험에는 듣기와 읽기 문항 수가 같았는데 현재 토픽에서는 읽기 영역의 시험 문항이 10문항 더 많습니다.

토픽 I의 듣기 30문항 중 초급 1과 초급 2 문제가 각각 15문항씩 출제됩니다. 초급 1의 15문항은 난이도에 따라 상 6, 중 6, 하 3개가 출제되고, 초급 2의 15문항은 난이도에 따라 상 3, 중 6, 하 6개가 출제됩니다. 문항 수준이 하인 문제는 3점(9X3=27점), 상 수준의 문제는 4점(9X4=36점), 중 수준의 문제는 3점인데 이 중에 중상에 해당하는 문제는 4점을 배점합니다.(2급 수준의 중 문제에서 중상에 해당되는 문제는 4점으로 배점합니다.)

TOPIK I 듣기			
문항 수준		문항 수	배점
1급	상	6	
	중	6	50
	하	3	
2급	상	3	
	중	6	50
	하	6	
합계		30	100

문항수준	배점	
중/하	3점	60점
상	4점	40점
		100점

토픽 I의 읽기 40문항은 초급 1과 초급 2가 각각 20문항씩 출제됩니다. 초급 1의 20문항은 난이도에 따라 상 8, 중 8, 하 4개가 출제되고, 초급 2의 20문항은 난이도에 따라 상 4, 중 8, 하 8개가 출제됩니다. 각 문항의 배점은 20문항은 2점, 나머지 20문항은 3점으로 총 100점이 됩니다. 초급 1과 초급2의 난이도 하에 해당하는 12문항과 초급1의 중 8문항이 2점짜리 문제가 되고 초급2의 중은 3점짜리 문항이 됩니다.

TOPIK I 읽기				
문항 수준		문항 수	배점	
1급	상	8	3점	
	중	8	2점	50
	하	4	2점	
2급	상	4	3점	
	중	8	3점	50
	하	8	2점	
합계		40	100	

問題数と配点　範囲別の問題数と配点について説明します。

聞き取り30問、読解40問の計70問が出題されます。従来の試験では聞き取りと読解の質問数が同じだったのに対し、現在のTOPIKでは、読解の試験問題が10問多くなりました。

「TOPIK I」の聞き取り30問のうち、初級1と初級2の問題がそれぞれ15問ずつ出題されます。初級1の15問は、難易度に応じて、上6問、中6問、下3問が出題され、初級2の15問は、難易度に応じて、上3問、中6問、下6問が出題されます。各問題の配点は、1〜20番までは各3点で計60点、21〜30番までは各4点で40点となっており、合計100点になります。

TOPIK I 聞き取り			
問題水準		問題数	配点
1級	上	6	
	中	6	50
	下	3	
2級	上	3	
	中	6	50
	下	6	
合計		30	100

問題水準	配点	
中/下	3点	60点
上	4点	40点
		100点

TOPIK Iの読解40問は、初級1と初級2が各20問ずつ出題されます。初級1の20問は、難易度に応じて、上8問、中8問、下4問が出題され、初級2の20問は難易度に応じて、上4問、中8問、下8問が出題されます。各問題の配点は、20問が2点、残り20問が3点の合計100点となります。初級1と初級2の難易度「下」に該当する12問と、初級1の難易度「中」に該当する8問が2点問題となり、残りの問題は3点問題となります。

TOPIK I 読解				
問題水準		問題数	配点	
1級	上	8	3点	
	中	8	2点	50
	下	4	2点	
2級	上	4	3点	
	中	8	3点	50
	下	8	2点	
合計		40	100	

시험 시간

토픽 I의 듣기와 읽기 시험 시간은 '총 100분'으로 1교시로 치러집니다. 듣기 시험을 40분 정도 소요해서 풀고, 읽기 시험을 60분 안에 완료해야 합니다. 아마 시간이 모자라지는 않을 겁니다. 기존 시험보다 시험 시간이 늘어나고 문항 수도 읽기 영역이 10문항이 많아졌기 때문에 집중력이 듣기에 비해 읽기에서 떨어질 수 있습니다. 시험 전에 100분 동안 집중력을 유지하면서 시험을 치를 수 있게 모의고사 문제로 꼭 연습을 해야 합니다. 읽기 시험에서 시간이 많이 걸리는 수험자들은 꼭 시간 배분 연습을 해야 합니다.

구분	교시	중국 등			한국, 일본			기타 국가			시간 (분)
		입실 시간	시작	종료	입실 시간	시작	종료	입실 시간	시작	종료	
토픽 I	1교시	8:40	09:00	10:40	09:40	10:00	11:40	09:10	09:30	11:10	100

※ 중국 등 : 중국(홍콩 포함), 몽골, 대만, 필리핀, 싱가포르, 브루나이
※ 시험 시간은 현지 시간 기준 / TOPIK I과 TOPIK II 복수 지원 가능

등급 판정

마지막으로 여러분이 토픽 I 시험을 본 후 초급 1인지 초급 2인지 등급 판정이 어떻게 되는지 궁금하시죠. 지금부터 설명해 드리겠습니다.

기존 시험에서는 한 영역의 점수가 낮으면 종합 점수가 높아도 과락이 되었는데 바뀐 시험에서는 종합 점수에 따라 등급이 결정됩니다. 즉 과락 제도가 없어졌습니다.

시험 등급은 획득한 종합 점수를 기준으로 판정되며, 등급별 분할 점수는 다음과 같습니다.

구분	TOPIK I		TOPIK II			
	1급	2급	3급	4급	5급	6급
등급 결정	80점 이상	140점 이상	120점 이상	150점 이상	190점 이상	230점 이상

자, 여기까지 새롭게 바뀌는 토픽에 대해 설명을 드렸습니다. 이제 질문을 받겠습니다. 궁금한 것이 있는 수험생들은 질문해 주세요.

試験時間

TOPIK Iの聞き取りと読解の試験時間は「合計100分」とします。

聞き取りを40分ほどで解き、読解を60分以内に終える必要があります。おそらく時間が足りないということはないと思いますが、以前の試験よりも試験時間が増え、問題数も読解で10問多くなっているため、集中力が聞き取りより読解で落ちる可能性があります。100分間、集中力を維持しながら試験を受けられるように、試験前の模擬テストで必ず練習をする必要があります。読解で時間がかかる学習者は、必ず時間配分の練習をする必要があります。

区分	時限	中国　など			韓国・日本			その他の国			時間（分）
		入室時間	開始	終了	入室時間	開始	終了	入室時間	開始	終了	
TOPIK I	1時限	8:40	09:00	10:40	09:40	10:00	11:40	09:10	09:30	11:10	100

※ 中国など：中国（香港を含む）、モンゴル、台湾、フィリピン、シンガポール、ブルネイ

※ 試験時間は現地時間基準　/　TOPIK I と TOPIK II 併願可能

評価判定

最後に、TOPIK Iを受験後、あなたが初級1なのか、初級2なのかを決める評価判定がどのようになっているのか気になりますね。今からご説明いたします。従来の試験では、ある1つの領域の点数が低いと、総合スコアが高くても、落第になりましたが、変更された試験では、総合点数にしたがって、等級が決定されます。つまり落第制度がなくなりました。

試験の等級は、獲得した総合点数を基準として判定されます。等級を分ける点数は次のようになります。

区分	TOPIK I		TOPIK II			
	1級	2級	3級	4級	5級	6級
等級判定	80点以上	140点以上	120点以上	150点以上	190点以上	230点以上

さて、ここまで新たに変わるTOPIKについて説明をいたしました。これからはみなさんからの質問をお受けします。ご不明な点がある方は、質問してください。

Q. 토픽 I의 유효 기간은 어떻게 되나요?

A. 토픽 I의 유효 기간은 이전 토픽과 같습니다. 결과 발표일로부터 2년 간 유효합니다.

Q. 어휘 · 문법 공부는 어떻게 하면 되나요? 하지 않아도 되나요?

A. 선생님이 앞에서도 설명했지만 어휘 · 문법 공부는 꼭 해야 합니다. 토픽 I의 듣기와 읽기 시험 점수를 잘 받기 위해서도 기본적인 어휘 · 문법을 알아야 풀 수 있습니다. 어휘 · 문법은 모든 외국어의 기본이라고 할 수 있습니다. 시험 영역에서 빠졌을 뿐이지 읽기 영역에 나온다고 했습니다. 꾸준히 어휘 · 문법을 공부하고 단어는 외워야 합니다. 그냥 단어를 많이 알아야지 생각하고 무작정 외우지 마시고 용법을 잘 공부해야 합니다.

단어의 의미와 형태 · 통사적 제약이 무엇인지, 다른 단어와의 관계는 어떻게 되는지를 알아야지 그 단어를 완전히 안다고 할 수 있습니다. 꼭 예문으로 만들어서 말해 보고 써 보세요.

Q. 읽기 시험 볼 때 시간이 부족해요. 어떻게 연습하면 되나요?

A. 읽기 시험을 볼 때 시간이 부족하다면 읽기 속도가 떨어진다고 할 수 있습니다. 초급은 글이 길지 않기 때문에 평소에 속도를 내서 읽기 연습을 해야 합니다. 모르는 단어가 나오더라고 사전을 찾지 말고 전체 글을 한 번에 쭉 읽어 보세요. 처음에는 한 번에 처음부터 끝까지 다 읽는다 생각하고 읽기 연습을 하세요. 소리 내어 읽어도 좋습니다. 그러다가 어느 정도 익숙해지면 묵독으로 넘어 가세요. 눈으로 읽으면 훨씬 집중이 잘됩니다. 모의고사 문제를 이용해서 연습해 보세요. 그리고 내가 한 텍스트를 읽을 때 시간이 얼마나 걸리는지 측정해 보는 것도 좋습니다.

자, 더 이상의 질문이 없습니까? 그럼, 마무리하겠습니다. 토픽 시험에 너무 두려워하지 마세요. 이전 토픽과 많이 바뀐 것은 없습니다. 시간과 문항 수가 달라졌을 뿐입니다.

여러분에게는 토픽 시험에 익숙해지는 것이 급선무입니다. 길어진 시간에 집중을 유지하는 것도 필요합니다. 이 책의 모의고사 5회분으로 시간과 문항에 익숙해지도록 연습해 보세요. 열심히 연습한다면 좋은 성적이 여러분을 기다리고 있을 거예요.

다들 쉽게 하는 말이지만, 포기하지 말고 최선을 다합시다. 파이팅!

토픽 척척 박사

Q. TOPIK I の有効期限はどうなっていますか。

A. TOPIK I の有効期限は従来のTOPIKと同じです。結果の発表日から2年間有効です。

Q. 語彙・文法はどうやって勉強すればいいですか。しなくてもいいですか。

A. ご説明したように語彙・文法の勉強は必ずしなければなりません。TOPIK Iの聞き取りと読解でよい点数を取るためには、基本的な語彙・文法を知らなければ問題を解くことができません。語彙・文法は、全ての外国語学習において基本だと言われています。試験範囲から外れただけであり、読解の範囲で出題されます。こつこつと語彙・文法を勉強し、単語を覚えなければなりません。ただ単に、多くの単語を知ろうとやみくもに覚えるのではなく、使い方を勉強しなければなりません。

単語の意味と形、そして文を作る時の制約が何か、他の単語との関係はどうなるのかを理解しなければ、その単語を完璧に覚えたとは言えません。必ず例文を作り、声に出したり、書いたりしてみてください。

Q. 読解の試験を受ける時に、時間が足りません。どうやって練習すればいいですか。

A. 読解の試験で時間が足りないのは、文を読む速さが遅いということが考えられます。初級は文章が長くないので、普段勉強するときに、早く読む練習をしなければなりません。わからない単語があっても、辞書を使わずに、全体を一度全部読んでみてください。最初は1度最初から最後まで読んでみようと決めて、読む練習をしてください。声に出して読んでみるのも良いです。ある程度慣れてくると、黙読をしてみてください。目で読むともっと集中力が上がります。模擬試験の問題を使って練習してみてください。そして自分がテキストを読む時にどのくらい時間がかかるか計ってみるのも良いです。

さあ、これ以上質問はありませんか。では、まとめに入りたいと思います。

TOPIKについて、あまり心配しないでください。従来のTOPIKと大きく変わったことはありません。時間と問題数が変わっただけです。

みなさんがまずすることは、TOPIKに慣れることです。長くなった試験時間の中で集中力を維持することも必要です。この本の模擬試験5回分で、時間と問題に慣れるよう練習してみてください。一生懸命練習すれば、良い成績が皆さんを待っています。

あきらめず、ベストを尽くしましょう！Fighting！

TOPIK物知り博士

듣기 (1번 ~ 30번)

[1~4] 다음을 듣고 〈보기〉와 같이 물음에 맞는 대답을 고르십시오. (각 3점)

〈보기〉

가: 공부를 해요?

나: ______________________

❶ 네, 공부를 해요.　　　② 아니요, 공부예요.

③ 네, 공부가 아니에요.　　④ 아니요, 공부를 좋아해요

1.

남자: 저것이 책상이에요?

여자: ______________________

① 네, 책상이에요.　　　② 네, 책상이 없어요.

③ 아니요, 책상이 커요.　　④ 아니요, 책상이 많아요.

2.

여자: 영화가 재미있어요?

남자: ______________________

① 네, 영화예요.　　　② 네, 영화가 재미있어요.

③ 아니요, 영화를 봐요.　　④ 아니요, 영화를 좋아해요.

3.

여자: 무슨 선물을 받았어요?

남자: ______________________

① 선물을 받았어요.　　　② 시계를 받았어요.

③ 친구한테 받았어요.　　④ 지난 주말에 받았어요.

4.

남자: 영화가 몇 시에 시작해요?

여자: ______________________

① 다섯 시요.　　　② 오 층에 있어요.

③ 다섯 시간 걸려요.　　④ 오 분 후에 끝나요.

TOPIK Ⅰの聞き取り問題は、全部で30問出題される。約40分間で30問の問題を解かなければならない。聞き取りは2回ずつ読む。

「質問に対しての適切な答え」を探す問題。
初級１レベルで尋ねることができる基本的な質問を聞く。質問を理解し、正しく答えることができるかを見る問題。

1番と2番は、質問に「예/아니요(はい/いいえ)」で答える問題。「예(はい)」の後ろは肯定で答え、「아니요(いいえ)」の後ろは否定で答えなければならないという関係性を推測する。

3番は「誰が、いつ、どこで、何を、どうして、どうやって」などの「疑問詞」が来る質問。疑問詞が尋ねていることを探し、答えなければならない。

4番は値段、天気、時間などの数と関連した質問や、過去、未来などの時制が入る質問。

[5~6] 다음을 듣고 〈보기〉와 같이 다음 말에 이어지는 것을 고르
십시오. (각 3점)

〈보기〉

가: 맛있게 드세요.

나: ______________________

① 좋겠습니다.　　　　　② 모르겠습니다.
③ 잘 지냈습니다.　　　　❹ 잘 먹겠습니다.

5.

여자: 휴대전화 좀 빌려 주실래요?

남자: ______________________

① 네, 여기 있습니다.　　　　② 네, 전화를 합니다.
③ 네, 휴대전화가 있습니다.　④ 네, 여기에서 빌릴 수 있습니다.

6.

남자: 좋은 꿈꾸고 잘 자요.

여자: ______________________

① 네, 반갑습니다.　　　　② 네, 안녕하세요.
③ 네, 잘 지냈어요.　　　④ 네, 안녕히 주무세요.

[7~10] 여기는 어디입니까? 〈보기〉와 같이 알맞은 것을 고르십시
오.(각 3점)

〈보기〉

가: 어디가 아프세요?

나: 배가 아파요.

① 가게　　　② 빵집　　　❸ 병원　　　④ 시장

7.

남자: 어떻게 해 드릴까요?

여자: 요즘 유행하는 스타일로 잘라 주세요.

① 식당　　　　　　　　② 극장
③ 미용실　　　　　　　④ 커피숍

8.

여자: 오랜만에 운동하니까 정말 힘드네요.
남자: 여기 의자에서 잠시 쉴까요?

① 병원   ② 공원   ③ 도서관   ④ 백화점

9.

여자: 조금 전에 지갑을 주웠어요.
남자: 어디에서 주웠습니까?

① 서점   ② 꽃집   ③ 영화관   ④ 경찰서

10.

여자: 서울역으로 가는 표 한 장 주세요.
남자: 네, 만 오천 원입니다.

① 학교   ② 약국   ③ 기차역   ④ 편의점

[11~14] 다음은 무엇에 대해 말하고 있습니까? 〈보기〉와 같이 알
맞은 것을 고르십시오. (각 3점)

〈보기〉

가: 누구예요?
나: 이 사람은 형이고, 이 사람은 동생이에요.

❶ 가족   ② 이름   ③ 고향   ④ 소포

11.

여자: 마이클 씨는 어디에서 왔습니까?
남자: 저는 미국에서 왔습니다.

① 나라   ② 시간   ③ 여행   ④ 방학

12.

남자: 일요일에 보통 무엇을 해요?
여자: 집안일도 하고 토요일에는 여행도 가끔 갑니다.

① 날씨   ② 직업   ③ 주말   ④ 약속

13.

남자: 처음 뵙겠습니다. 김민수입니다.
여자: 만나서 반갑습니다.

① 가족　　　② 장소　　　③ 주소　　　④ 소개

14.

여자: 내일 동생 생일이라서 전자사전을 샀어요.
남자: 동생이 정말 좋아하겠네요.

① 선물　　　② 취미　　　③ 가격　　　④ 계획

[15~16] 다음 대화를 듣고 알맞은 그림을 고르십시오. (각 3점)

15.

남자: 이 액자 어디에 둘까요?
여자: 저기 책꽂이 왼쪽에 놓아 주세요.

① 　　② 

③ 　　④ 

16.

여자: 바지가 좀 길어서요. 여기까지만 줄여 주세요.
남자: 네, 3일 후에 찾으러 오세요.

① 　　② 

③ 　　④ 

「会話に合う絵を把握する」問題

女性と男性の会話を聞いて、どこで何の話をしているのか、選択肢の絵の中から1つを探す。

会話の中でキーワードが提示されるので、よく聞いて該当する絵を探せばよい。

[17~21] 다음을 듣고 〈보기〉와 같이 대화 내용과 같은 것을 고르 십시오.

〈보기〉

남자 : 요즘 한국어를 공부해요?

여자 : 네. 한국 친구한테서 한국어를 배워요.

① 남자는 학생입니다.

② 여자는 학교에 다닙니다.

③ 남자는 한국어를 가르칩니다.

❹ 여자는 한국어를 공부합니다.

17. (3점)

여자: 바쁘지 않으면 극장 앞에서 내려 주시겠어요?

남자: 그럼요. 같은 방향이니까 어서 타세요.

① 남자는 지금 바쁩니다.

② 여자는 지금 차 안에 있습니다.

③ 남자는 극장 앞에서 내릴 겁니다.

④ 여자는 남자에게 부탁하고 있습니다.

18. (3점)

남자: 주말에 미나 씨 집들이에 가려고 하는데 무슨 선물이 좋을까요?

여자: 미나 씨는 꽃을 좋아하니까 꽃을 사 가는 게 어때요?

남자: 제 생각에도 그게 좋겠네요. 그럼 내일 5시에 집 앞으로 갈게요. 같이 꽃집에 가요.

① 남자는 집들이에 가지 못합니다.

② 여자는 집들이 선물을 안 살 겁니다.

③ 여자는 남자와 같이 꽃집에 갈 겁니다.

④ 남자는 여자와 다른 선물을 사려고 합니다.

19. (3점)

여자: 손님, 이만 오천 원입니다. 이 셔츠는 포장해 드릴까요?

남자: 아니요. 괜찮습니다. 제가 입을 거예요. 여기 카드로 결제해 주세요.

여자: 죄송하지만 이 셔츠는 세일 상품이라서 신용 카드로 결제하실 수 없습니다.

남자: 그럼 현금으로 낼게요. 여기 있습니다.

① 남자는 셔츠를 포장했습니다.

② 남자는 지금 옷가게에 있습니다.

③ 여자는 신용 카드로 결제했습니다.

④ 여자는 세일 중인 셔츠를 샀습니다.

20. (3점)

남자: 제주 호텔입니다. 무엇을 도와드릴까요?

여자: 안녕하세요. 방을 하나 예약하고 싶어서 왔는데요. 9월 3일부터 6일까지요.

남자: 네, 예약 가능한 방이 있습니다. 몇 분이 오십니까?

여자: 저 혼자 쓸 거예요.

남자: 성함하고 전화번호를 알려 주시면 손님께서 요청하신 날짜에 예약해 드리겠습니다.

여자: 제 이름은 김나영이고, 전화번호는 010-1234-5678입니다.

① 남자는 혼자 방을 쓸 겁니다.

② 여자는 9월 3일에 호텔에 올 겁니다.

③ 남자는 요청한 날짜에 예약을 하지 못합니다.

④ 여자는 남자에게 이름과 전화번호를 물었습니다.

21. (4점)

여자: 노트북을 사려고 왔는데요. 요즘 어떤 노트북이 잘 팔려요?

남자: 이 상품이 잘 나가요. 디자인도 예쁘고 색상도 다양해서 여성 분들에게 인기가 많아요.

여자: 그런데 좀 무겁네요. 전 휴대하기 편리한 노트북을 찾고 있어요.

남자: 가벼운 노트북은 가격이 좀 비싼데 괜찮으세요?

여자: 네, 괜찮아요.

남자: 그럼 잠시만 기다리세요. 보여 드릴게요.

① 남자는 노트북을 사러 왔습니다.

② 여자는 디자인이 예쁜 노트북을 찾고 있습니다.

③ 남자는 휴대하기 편리한 노트북을 추천했습니다.

④ 여자는 남자가 추천한 노트북이 마음에 안 듭니다.

[22~24] 다음을 듣고 대화 내용과 같은 것을 고르십시오.

   (각 4점)

22.

남자: 안녕하세요. 할인 카드를 만들러 왔습니다.

여자: 여기에 이름과 주소 그리고 전화번호를 적어 주세요. 일주일 안
　　　에 십만 원 이상 구매하신 영수증을 가져오시면 5% 할인 쿠폰을
　　　드립니다.

남자: 오늘 십만 원 이상 샀는데 오늘은 안 되나요? 지금 영수증 드릴
　　　게요.

여자: 가능합니다. 영수증을 주세요. 카드와 할인 쿠폰도 드리겠습니다.

① 여자는 할인 카드를 만들려고 합니다.
② 여자는 오늘 십만 원 이상 구매했습니다.
③ 남자는 물건을 구매한 영수증이 없습니다.
④ 남자는 5% 할인 쿠폰을 받을 수 있습니다.

23.

남자: 저녁에 시간이 좀 있어서 영어 강좌를 등록했어요.

여자: 그래요? 저도 관심이 있어 생각하고 있었어요. 아직 신청은 안
　　　했지만요.

남자: 수강하려면 서두르세요. 등록 마감일은 이번 주 금요일까지예요.

여자: 그럼 퇴근 후에 바로 집에 가서 신청서를 작성해야겠어요.

① 여자는 영어 강좌를 등록했습니다.
② 여자는 영어 수업을 들을 예정입니다.
③ 남자는 퇴근 후에 바로 집으로 갈 겁니다.
④ 남자는 이번 주 금요일까지 신청서를 작성해야 합니다.

24.

여자: 안녕하세요. 커피 한 잔하고 녹차 한 잔 주세요. 그리고 치즈 케
　　　이크도 하나 주세요.

남자: 커피와 녹차는 어떤 사이즈로 드릴까요? 작은 잔, 중간 잔 그리
　　　고 큰 잔이 있습니다.

여자: 중간 잔으로 주세요. 아니요, 잠깐만요. 큰 잔으로 주세요. 그리
　　　고 가져갈 거니까 포장해 주세요.

남자: 알겠습니다. 모두 만 오천 원입니다.

① 여자는 큰 잔으로 주문했습니다.
② 여자는 커피숍에서 마시고 갈 겁니다.
③ 남자는 모두 만 오천 원을 내야 합니다.
④ 남자는 커피와 녹차, 케이크를 주문했습니다.

[25~26] 다음을 듣고 물음에 답하십시오. (각 4점)

> 여자: 날씨입니다. 금요일인 내일은 오전부터 많은 비가 내리겠습니다. 밖에 나가실 때 우산을 꼭 준비하시기 바랍니다. 기온도 많이 내려가서 춥겠습니다. 따뜻한 옷으로 입고 나가시는 것이 좋겠습니다. 비는 모레까지 계속되고 이번 주 주말부터 점차 따뜻해지겠습니다.

25. 어떤 이야기를 하고 있는지 고르십시오.

① 경고 　　　② 예보 　　　③ 감사 　　　④ 초대

26. 들은 내용과 같은 것을 고르십시오.

① 내일은 토요일입니다.
② 내일 오전에는 맑겠습니다.
③ 모레까지 비가 내리고 춥겠습니다.
④ 이번 주 주말까지 따뜻하겠습니다.

[27~28] 다음을 듣고 물음에 답하십시오. (각 4점)

> 남자: 오늘 본 영화 어땠어요?
> 여자: 전 솔직히 말하면 별로였어요. 내용이 너무 예측 가능하고 보는 동안 지루해서 계속 졸았어요.
> 남자: 그래요? 저는 재미있었어요. 배우들의 액션 연기도 훌륭하고 특수 효과도 놀라웠어요.
> 여자: 글쎄요. 제 생각에는 특수 효과보다는 영화 시나리오에 좀 더 집중을 해서 만들었으면 더 좋은 영화가 만들어졌을 것 같아요.

27. 두 사람이 무엇에 대해 이야기하고 있는지 고르십시오.

① 보고 싶은 영화
② 액션 영화의 장점
③ 좋은 영화 만드는 방법
④ 영화를 보고 난 후 느낌

28. 들은 내용과 같은 것을 고르십시오.

① 여자는 영화가 너무 지루했습니다.
② 남자는 이 영화가 별로 좋지 않았습니다.
③ 남자는 더 좋은 시나리오가 필요하다고 생각합니다.
④ 여자는 액션과 특수 효과가 나오는 영화를 좋아합니다.

<hr>

「質問に対する適切な答え」を探す問題。

1つのテキストに2つの問題が出題される。各問題の質問が何か、まず把握するとよい。問題を読み、文章を聞きながら、問題を解かなければならない。テキストは会話ではなく、1人で話すモノローグ形式。

「話題選び」公共施設で流れる放送。「案内、お願い、あいさつ」などの内容が提示される。

「会話の内容と一致する内容」会話を聞きながら、内容と一致する選択肢を探さなければならない。

「質問に対する適切な答え」を探す問題。1つの会話文に、問題が2問出題される。前の問題と同じように各問題の質問が何か、まず把握するとよい。問題を読んで、会話を聞きながら問題に答えなければならない。会話のやりとりは男女2回ずつ。

「話題選び」

「会話の内容と一致する内容」

[29~30] 다음을 듣고 물음에 답하십시오. (각 4점)

여자: 얼마 전에 휴대전화를 샀는데 휴대전화가 자꾸 꺼져요. 새 것으로 교환하고 싶어요.

남자: 휴대전화를 언제 구매하셨습니까?

여자: 한 달 전에요.

남자: 잠시만 기다리세요. 휴대전화를 확인해 보고 문제가 있으면 새 것으로 교환해 드릴게요.

여자: 네, 알겠습니다.

　　(수리하는 소리)

남자: 고객님, 많이 기다리셨습니다. 새것으로 교환해 드리겠습니다. 여기 있습니다.

---

29. 여자는 지금 왜 여기에 왔습니까?

① 휴대전화를 사려고

② 휴대전화를 고치려고

③ 휴대전화를 바꾸려고

④ 휴대전화를 찾아가려고

30. 들은 내용과 같은 것을 고르십시오.

① 여자는 휴대전화가 고장이 났습니다.

② 남자는 한 달 전에 휴대전화를 샀습니다.

③ 남자는 휴대전화를 교환하고 싶어 합니다.

④ 여자는 내일 휴대전화를 찾으러 올 겁니다.

읽기 (31번 ~ 70번)

[31~33] 다음은 무엇에 대한 이야기입니까? 〈보기〉와 같이 달맞은 것을 고르십시오.

〈보기〉

덥습니다. 바다에서 수영합니다.

❶ 여름　　　　② 날씨　　　　③ 나이　　　　④ 나라

---

31. (2점)

3월, 봄이 왔습니다. 두 달 전은 추운 겨울이었습니다.

① 날짜　　　　② 계절　　　　③ 약속　　　　④ 날씨

32. (2점)

저는 아침은 꼭 먹습니다. 항상 빵과 우유를 먹습니다.

① 이름　　　　② 요일　　　　③ 식사　　　　④ 가족

33. (3점)

민호 씨는 우표 모으는 것을 좋아합니다. 모나카 씨는 동전 모으는 것을 좋아합니다.

① 취미　　　　② 장소　　　　③ 운동　　　　④ 음식

[34~39] 〈보기〉와 같이 빈칸에 제일 알맞은 것을 고르십시오.

〈보기〉

날씨가 좋습니다. (　　)이 맑습니다.

① 눈　　　　② 밤　　　　❸하늘　　　　④ 구름

---

34. (2점)

요리 수업은 오후 2시(　　) 있어요.

① 로　　　　② 를　　　　③ 에　　　　④ 에서

TOPIK Iの読解は全部で40問出題される。約60分間で40問を解かなければならない。

「主題を把握する」問題。

2つの文章が何についての話なのか選択肢から選ぶ問題。文章に提示された名詞、動詞を中心に意味関係を把握しなければならない。

「語彙・文法」問題。語彙・文法の領域は、読解に含まれる。文章に合う名詞、動詞、形容詞、副詞、連語を選ぶ語彙問題と、助詞を選ぶ文法問題が出題される。文法 - 助詞
韓国語の格助詞(主格、目的格、補格、副詞格、冠形格)と補助詞を勉強しよう！

語彙 - 名詞
前の文章の内容を把握し、その文章と意味の上で関係がある名詞を探す。

35. (2점)

한국어책을 사고 싶습니다. (   )에 갑니다.

① 식당　　　　② 극장　　　③ 공항　　　④ 서점

36. (2점)

지난 주말에 친구들과 여행을 갔습니다.
게임을 하며 재미있게 (　　　　　).

① 놀았습니다　　　　　② 먹었습니다
③ 요리했습니다　　　　④ 헤어졌습니다

37. (3점)

내일 기숙사로 들어갑니다. 책이 많아 짐이 아주 (　　　　　).

① 가볍습니다　　　　　② 더럽습니다
③ 무겁습니다　　　　　④ 어둡습니다

38. (3점)

산에 불이 났습니다. (   ) 119에 전화합시다.

① 가끔　　　　② 아까　　　③ 거의　　　④ 빨리

39. (2점)

다음달에 한국으로 유학을 갑니다. 준비를 위해 회사를 (　　　　　).

① 세웠어요　　　　　② 만들었어요
③ 그만뒀어요　　　　④ 들어갔어요

[40~42] 다음을 읽고 맞지 않는 것을 고르십시오.

40. (3점)

공기 좋은 숲으로 갑시다!

- 날짜: 2014년 11월 1일(토) 아침 6시
- 모이는 곳: 회사 정문
- 참가비: 10,000원
- ☎: 02)123-1234(담당자 김수현)
  (단, 이번 야유회에서는 가족도 같이 갈 수 있습니다.)

한국회사

① 회사 앞에서 모입니다.
② 토요일 아침에 출발합니다.
③ 아이들은 같이 갈 수 없습니다.
④ 야유회에 가려면 만 원을 내야 합니다.

41. (3점)

당신의 아름다움을 위해 언제든지 환영합니다!

사전 상담 필수

- 요일: 월요일 ~ 금요일
- 시간: 오전 9시 30분 ~ 18시(점심시간 13시 ~ 14시)
- 예약 전화: 02) 234-4567

(※ 예약하지 않으면 오래 기다릴 수 있습니다.)

① 점심시간은 한 시간입니다.
② 오후 한 시 삼십 분에 상담이 가능합니다.
③ 매주 토요일에는 상담을 받을 수 없습니다.
④ 오후 여섯 시 이후에는 상담을 받을 수 없습니다.

42. (2점)

리듬과 꿈을 만드는 학원

리듬과 꿈을 만드는 곳, 깨끗한 환경,
능력 있는 선생님이 함께 하는 곳!

- 대상: 초등학생 ~ 고등학생
- 수업: 주 2회 2시간 (시간은 조정 가능)
- 교육 상담: 02)867-4568(9:30~20:00)
- 친구와 함께 등록할 때는 할인해 줍니다.

베토벤 음악학원

① 어른들은 교육을 받을 수 없습니다.
② 오후 아홉 시에 상담 받을 수 있습니다.
③ 일주일에 두 번 교육을 받을 수 있습니다.
④ 수업을 신청할 때 시간은 바꿀 수 있습니다.

「内容を把握する」問題
テキストの内容が選択肢の内容と合わないものを選ぶ問題。広告、チラシ、案内文、情報文、メニューなどのテキストが提示される。日常生活でよく見かけるテキストであり、選択肢には重要な情報が縮約されている。テキストを読む前に、選択肢の内容をひとつずつテキストと比較しながら問題を解くと、時間が節約できる。

[43~45] 다음의 내용과 같은 것을 고르십시오. (각 3점)

43.

지난 주말 야구장에 갔습니다. 저는 좋아하는 팀의 유니폼을 입고 갔습니다. 형은 좋아하는 선수의 사인공을 받았습니다.

① 지난 주말 야구를 보러 갔습니다.
② 저는 좋아하는 야구장에 갔습니다.
③ 저는 유니폼 입는 것을 좋아합니다.
④ 형은 좋아하는 야구팀의 공을 샀습니다.

44.

토요일에 학교 운동회가 있었습니다. 저는 반 대표로 달리기 경기에 나갔습니다. 무척 떨렸지만 열심히 달렸습니다.

① 저는 우리 반 반장입니다.
② 저는 가끔 운동회에 참석합니다.
③ 저는 운동회 날 달리기를 했습니다.
④ 저는 떨려서 잘 달리지 못했습니다.

45.

매달 둘째 주 토요일에 한강 공원에 갑니다. 산책하시는 할아버지, 자전거를 타는 아빠와 아들이 있습니다. 또 한강에서는 배를 타는 연인도 있습니다.

① 할아버지는 자전거를 타십니다.
② 아빠와 아들은 배 위에 있습니다.
③ 연인들은 공원에서 산책을 합니다.
④ 한 달에 한 번 토요일에 공원에 갑니다.

[46~48] 다음을 읽고 중심 생각을 고르십시오.

46. (3점)

저는 날씨가 좋으면 공원에 갑니다. 공원에 가서 산책합니다. 친구들과 대화하는 것보다 더 기분이 좋습니다.

① 저는 산책하는 것이 더 좋습니다.
② 저는 대화하는 것이 더 좋습니다.
③ 저는 공원에 가는 것을 좋아합니다.
④ 친구들은 공원에 가는 것을 좋아합니다.

47. (3점)

아버지는 부산에 직장이 있으셔서 월요일부터 금요일까지는 부산에 계십니다. 주말에만 집에 오십니다. 매일매일 아버지 얼굴을 봤으면 좋겠습니다.

① 저는 부산에 가고 싶습니다.
② 저는 아버지와 같이 살고 싶습니다.
③ 아버지는 주말에 부산에 갈 겁니다.
④ 아버지는 부산 직장에 있고 싶어 합니다.

48. (2점)

저는 지난주에 운전학원에 등록했습니다. 오늘 처음 운전을 배우러 갔는데 무척 떨려서 실수를 많이 했습니다. 그래서 내일은 좀 더 집중해서 운전할 겁니다.

① 저는 운전을 잘 하고 싶습니다.
② 저는 운전이 무서워서 떨립니다.
③ 저는 내일 운전을 배우러 갈 겁니다.
④ 저는 운전학원에 첫 번째로 등록하고 싶습니다.

[49~50] 다음을 읽고 물음에 답하십시오. (각 2점)

요즘 (㉠) 케이크가 인기가 있습니다. 케이크를 만드는 가게에서는 먼저 생일인 손님의 얼굴 사진을 받습니다. 그리고 그 사진을 케이크 맨 위에 놓고 케이크를 만듭니다. 이 케이크를 받은 사람은 정말 특별한 선물이 될 것입니다.

49. (㉠)에 들어갈 알맞은 말을 고르십시오.

① 모양이 큰　　　　　　② 사진과 다른
③ 사진이 들어간　　　　④ 그림과 비슷한

50. 이 글의 내용과 같은 것을 고르십시오.

① 여기는 사진을 찍는 곳이다.
② 케이크를 만든 후에 사진을 받습니다.
③ 케이크 안에 사진을 넣고 케이크를 만듭니다.
④ 요즘 사람들은 자기 사진이 들어간 케이크를 좋아합니다.

「質問に対する適切な答え」を探す問題。
1段落の叙述文に、問題が2問出題される。まず、各問題の質問と選択肢が何かを読んだ後に、テキスト文を読みながら問題を解くことも良い方法。

「適切な言葉を選ぶ」
文章の意味と連結する適切な言葉を選ぶ問題。テキストの内容を把握すれば解くことができる。

「内容を把握する」

[51~52] 다음을 읽고 물음에 답하십시오. (각 2점)

저는 소나무 향기가 나는 보리밥을 좋아합니다. 보리밥을 먹을 때 입으로만 먹는 것이 아닙니다. 코로도 먹을 수 있습니다. 맛도 좋고 (㉠) 때문에 건강에도 좋습니다. 그래서 소나무 향기를 맡으면서 보리밥을 먹을 때 기분이 더 좋습니다.

51. (㉠)에 들어갈 알맞은 말을 고르십시오.

① 깨끗하기 　　　　　② 잘 들리기
③ 소화도 잘 되기 　　④ 좋은 냄새가 나기

52. 무엇에 대한 이야기입니까? 알맞은 것을 고르십시오.

① 보리밥을 자주 먹는 이유 　　② 보리밥을 자주 먹는 방법
③ 소나무 향기를 맡는 방법 　　④ 소나무 향기가 나는 이유

[53~54] 다음을 읽고 물음에 답하십시오.

대부분의 도시에는 어린이 도서관이 있습니다. 그런데 요즘 아이들은 게임을 좋아해서 책을 잘 읽지 않습니다. 그래서 부모들은 주말마다 아이들과 함께 어린이 도서관에 갑니다. 그곳에서 다른 아이들과 함께 책을 읽게 합니다. 그러면 저절로 책과 (㉠) 놀게 됩니다.

53. (㉠)에 알맞은 말을 고르십시오. (2점)

① 자면서 　　　　　② 게임하면서
③ 친해지면서 　　　④ 이야기하면서

54. 이 글의 내용과 같은 것을 고르십시오. (3점)

① 요즘 아이들은 책을 자주 읽습니다.
② 부모들은 아이들과 함께 게임을 합니다.
③ 요즘 어린이 도서관은 모든 도시에 있습니다.
④ 부모들은 매주 주말에 어린이 도서관에 갑니다.

[55~56] 다음을 읽고 물음에 답하십시오.

> 사랑하는 우리 딸! 요즘 아빠가 회사 일이 바빠서 우리 딸 얼굴을 못 보고 나와서 많이 슬퍼. 우리 딸도 고등학교 3학년이 되어 많이 힘들지. 힘들고 어렵지만 엄마·아빠가 항상 응원하고 있다. 알고 있지? 오늘 밤은 아빠가 일찍 퇴근해서 우리 딸 얼굴 보고 같이 밥 먹자. (   ) 우리 딸 좋아하는 치킨 꼭 사 가지고 갈게. 오늘도 파이팅!
>
> – 사랑하는 아빠가 –

「質問に対する適切な答え」を探す問題。
メモ、または手紙文が提示され、問題が2問出題される。

55. (   )에 들어갈 알맞은 말을 고르십시오. (2점)

① 그런데　　　② 그리고　　　③ 그러나　　　④ 그러면

「適切な言葉を選ぶ」
語彙‐接続副詞
接続副詞の機能を知っておこう！

56. 이 글의 내용과 같은 것을 고르십시오. (3점)

① 아빠는 저녁에 치킨을 살 것입니다.
② 아빠는 바빠서 늦게 퇴근할 겁니다.
③ 딸은 아빠가 퇴근할 때 자고 있었습니다.
④ 딸은 너무 바빠서 아빠 얼굴을 못 봅니다.

「内容を把握する」

[57~58] 다음을 순서대로 맞게 나열한 것을 고르십시오.

57. (2점)

「順番通りに文章を並べる」問題。

> (가) 그런데 요즘은 휴대전화로 모르는 길도 찾을 수 있습니다.
> (나) 여행 도중에 가끔 모르는 곳에 가면 길을 몰라서 힘듭니다.
> (다) 저는 여행을 좋아해서 일 년에 한 두 번은 여행을 갑니다.
> (라) 또 근처에 무엇이 있는지 알 수 있어서 여행하기 편합니다.

① (다)-(나)-(가)-(라)　　② (다)-(나)-(라)-(가)
③ (다)-(가)-(라)-(나)　　④ (다)-(라)-(나)-(가)

4つの文章を内容に合うよう順番通りに並べる問題。各文章の前に来る談話表示、接続副詞などがヒントとなる。選択肢の中で、1番目に来る文章は固定されているので、2番目の文章から順番通りに配列すればよい。

58. (2점)

> (가) 아침을 일찍 먹고 여행 가방을 챙겨 버스를 탔습니다.
> (나) 오늘은 우리 가족 모두 해외여행을 가는 날입니다.
> (다) 그리고 출국 심사를 받고 비행기에 탑승했습니다.
> (라) 공항에 도착해서 비행기 표의 좌석을 확인했습니다.

① (나)-(다)-(라)-(가)　　② (나)-(라)-(다)-(가)
③ (나)-(라)-(가)-(다)　　④ (나)-(가)-(라)-(다)

[59~60] 다음을 읽고 물음에 답하십시오.

> 지난 여름 방학에 제주도 옆에 있는 우도로 여행을 갔습니다.
> (㉠) 우도에서 바다 속을 볼 수 있는 잠수함인 배를 탔습니다.
> (㉡) 그 배는 창문이 모든 방향으로 되어 있었습니다. (㉢)
> 그리고 창문의 크기도 크고 넓었습니다. (㉣) 그래서 여러 가
> 지 색의 아름다운 물고기를 잘 구경할 수 있었습니다.

59. 다음 문장이 들어갈 곳을 고르십시오. (2점)

> 왼쪽으로 가면 왼쪽을, 오른쪽으로 가면 오른쪽을 볼 수 있었습
> 니다.

① ㉠　　　　② ㉡　　　　③ ㉢　　　　④ ㉣

60. 이 글의 내용과 같은 것을 고르십시오. (3점)

① 우도는 제주도에 있습니다.
② 잠수함에서 바다 속을 잘 볼 수 있습니다
③ 잠수함을 타고 우도 옆 제주도로 갔습니다.
④ 잠수함의 창문은 한 방향으로 만들었습니다.

[61~62] 다음을 읽고 물음에 답하십시오. (각 2점)

> 가을이 되면 사람들은 아름다운 단풍을 보려고 산에 갑니다. 숲
> 속 나무에 작은 다람쥐가 있는데 이들은 도토리나무 열매를 먹고
> 삽니다. 가끔 등산하는 사람들이 먹을 것을 가지고 다가가면 다
> 람쥐들은 (　　　) 가까이 옵니다. 사람들은 가끔 나무에서 떨어
> 진 도토리를 줍는데 겨울이 되면 다람쥐들의 먹이가 부족하기 때
> 문에 많이 가져오지 말아야 합니다.

61. (　　)에 들어갈 알맞은 말을 고르십시오.

① 자면서　　　② 다쳐서　　　③ 먹지 않고　　　④ 놀라지 않고

62. 이 글의 내용과 같은 것을 고르십시오.

① 사람들은 다람쥐를 보러 산에 갑니다.
② 등산하는 사람들은 다람쥐를 좋아합니다.
③ 다람쥐들은 사람들이 주는 것을 먹고 삽니다.
④ 다람쥐들을 위해 도토리를 많이 가져오면 안 됩니다.

[63~64] 다음을 읽고 물음에 답하십시오.

> 안녕하세요, 수영 씨.
> 이번 주말에 회사 기숙사에서 기숙사 파티를 할 거예요.
> 회사 모든 부서 사람들이 참석할 거예요. 수영 씨도 시간이 있으면 오셔서 기숙사를 구경하세요.
> 기숙사 로비에 맛있는 과자와 커피도 준비되어 있어요. 기숙사는 회사 뒤 건물에요. 회사 앞 버스 정류장에서 내려서 건물 2층으로 오세요. 그날 꼭 오세요!
>
> 명수 드림

「質問に対する適切な答え」を探す問題。
メール形式の手紙文であり、2問出題される。

63. 왜 이 글을 썼습니까? (2점)

① 기숙사 파티에 초대하기 위해서
② 기숙사 파티에 온 친구에게 감사해서
③ 기숙사 건물을 친구에게 알려 주기 위해서
④ 기숙사 파티를 하는 장소를 알려 주기 위해서

「文章の目的を把握する」
手紙をなぜ書いたのか、手紙の内容を把握し、文章の目的を探す問題。

64. 이 글의 내용과 같은 것을 고르십시오. (3점)

① 기숙사는 회사 앞에 있는 건물입니다.
② 이번 주말에 기숙사를 볼 수 있습니다.
③ 기숙사에 가려면 지하철을 타야 합니다.
④ 마시고 싶은 커피는 직접 가져와야 합니다.

「内容を把握する」

[65~66] 다음을 읽고 물음에 답하십시오.

> 손과 몸은 어떤 관계일까요? 손이 뜨거우면 몸도 뜨겁고 손이 차가우면 몸도 차갑습니다. 이렇듯 손과 몸은 같이 느낄 수 있습니다. 또 손으로 하는 것은 여러 가지 뜻이 있습니다. 서로 손을 잡고 인사를 하는 것은 서로 친하다는 의미이고 새끼손가락을 걸면 약속을 의미합니다. 박수를 치는 것은 칭찬의 의미입니다. 그래서 친구가 잘했을 때 (㉠)도 합니다.

「質問に対する適切な答え」を探す問題。

65. (㉠)에 들어갈 알맞은 말을 고르십시오. (2점)

① 손을 잡기　② 손을 걸기　③ 손이 차갑기　④ 박수를 치기

「適切な言葉を選ぶ」

66. 이 글의 내용과 같은 것을 고르십시오. (3점)

① 손을 잡으면 약속하는 것입니다.
② 손이 뜨거우면 몸은 차갑습니다.
③ 손과 몸이 느끼는 것은 같습니다.
④ 칭찬하고 싶을 때 서로 손을 잡습니다.

「内容を把握する」

[67~68] 다음을 읽고 물음에 답하십시오. (각 3점)

> 요즘 가구의 위치를 바꾸는 사람들이 많습니다. (㉠) 가구를 사지 않고 사용하고 있는 가구를 위치만 바꿔도 방의 분위기를 바꿀 수 있습니다. 방석이나 쿠션으로도 변화를 줄 수 있습니다. 여러분도 이번 봄에 거실에 있는 가구를 한번 (㉡).

67. ㉠에 알맞은 것을 고르십시오.

① 먼저   ② 주로   ③ 새로   ④ 계속

68. ㉡에 알맞은 것을 고르십시오.

① 바꿔 보세요.   ② 바꿀 수 있어요.
③ 바꾸고 싶어요.   ④ 바꾸기로 했어요.

[69~70] 다음을 읽고 물음에 답하십시오. (각 3점)

> 작년 크리스마스에 부모님과 함께 스키장에 놀러 갔습니다. 그런데 스키를 타다가 실수를 해서 넘어졌습니다. 나는 너무 아파서 (㉠) 힘들었습니다. 그때 스키장 직원이 한의원에 가서 침을 맞으면 빨리 나을 수 있다고 했습니다. 그래서 부모님과 함께 스키장 근처에 있는 한의원에 가서 침을 맞으니까 신기하게도 약을 먹은 것보다도 더 아프지 않았습니다.

69. (㉠)에 들어갈 알맞은 말을 고르십시오.

① 침을 맞기도   ② 혼자 걷기도
③ 놀러 가기도   ④ 직원을 만나기도

70. 이 글의 내용으로 알 수 있는 것은 무엇입니까?

① 나는 침 맞는 것을 아주 싫어합니다.
② 스키장 직원은 침 맞는 것을 좋아합니다.
③ 침은 약보다 더 빨리 치료할 수 있습니다.
④ 사람들은 스키를 타다가 자주 넘어집니다.

실전모의고사
제1회 해설

듣기 聞き取り

1. ①	**2.** ②	**3.** ④	**4.** ③	**5.** ①	**6.** ①	**7.** ③	**8.** ②	**9.** ①	**10.** ③
11. ②	**12.** ①	**13.** ②	**14.** ③	**15.** ③	**16.** ②	**17.** ④	**18.** ④	**19.** ①	**20.** ①
21. ②	**22.** ③	**23.** ②	**24.** ④	**25.** ③	**26.** ④	**27.** ②	**28.** ②	**29.** ①	**30.** ④

읽기 読解

31. ②	**32.** ③	**33.** ④	**34.** ③	**35.** ④	**36.** ③	**37.** ④	**38.** ①	**39.** ①	**40.** ②
41. ①	**42.** ①	**43.** ④	**44.** ②	**45.** ②	**46.** ③	**47.** ②	**48.** ①	**49.** ③	**50.** ②
51. ①	**52.** ②	**53.** ④	**54.** ③	**55.** ④	**56.** ②	**57.** ②	**58.** ②	**59.** ③	**60.** ④
61. ④	**62.** ③	**63.** ①	**64.** ①	**65.** ④	**66.** ②	**67.** ③	**68.** ②	**69.** ④	**70.** ①

해설 解説

듣기 (1번 ~ 30번)

[1~4] 다음을 듣고 〈보기〉와 같이 물음에 맞는 대답을 고르십시오.

1.

남자: 이것이 빵이에요?

❶ 네, 빵이에요.　　　　② 네, 빵이 없어요.
③ 아니요, 빵을 사요.　　④ 아니요, 빵이 좋아요.

단어 이것 これ　　없다 ない　　사다 買う　　좋다 好きだ/良い

次の会話を聞いて、例のように適切な答えを選びなさい。

男: これはパンですか。

종류 種類 会話

해설 解説

'N이/가 N이에요?'で質問する場合、答えが肯定なら'네, N이에요'、否定なら'아니요, N이/가 아니에요'で答える。
② '빵이 없어요?(パンがありますか。)'に対する答え。
③ '(빵이 아닌 다른 것을) 사요?[(パンではなく他の物を)買いますか。]'に対する答え。
④ '빵이 싫어요?(パンが嫌いですか。)'に対する答え。

2.

여자: 가방이 비싸요?

① 네, 가방이에요.　　　　❷ 네, 가방이 비싸요.
③ 아니요, 가방이 많아요.　④ 아니요, 가방이 있어요.

단어 비싸다 高い　　많다 多い

女: 鞄は高いですか。

종류 種類 会話

해설 解説

鞄が高いなら'네, 가방이 비싸요(はい、鞄は高いです。)'、もし、高くないなら'비싸요(高いです。)'の反対、'아니요, 가방이 싸요(いいえ、鞄は安いです。)'になる。
① '이것이 가방이에요?(これは鞄ですか。)'に対する答え。
③ '가방이 없어요? 또는 가방이 적어요?(鞄がありませんか。または、鞄が少ないですか。)'に対する答え。
④ '가방이 없어요?(鞄がありませんか。)'に対する答え。

3.

여자: 어디에서 공부했어요?

① 어제 공부했어요.　　　　② 한국어를 공부했어요.
③ 친구하고 공부했어요.　　❹ 도서관에서 공부했어요.

단어 공부하다 勉強する　　어제 昨日　　도서관 図書館

女: どこで勉強しましたか。

종류 種類 会話

해설 解説

'어디(どこ)'は場所を問う疑問詞なので、場所を示す答えを探せばよい。
① '언제 공부했어요?(いつ勉強しましたか。)'に対する答え。
② '무엇을 공부했어요?(何を勉強しましたか。)'に対する答え。
③ '누구하고 공부했어요?(誰と勉強しましたか。)'に対する答え。

4.

남자: 여동생이 몇 살이에요?

① 아주 예뻐요.   ② 제 여동생이에요.
❸ 열아홉 살이에요.   ④ 사진에서 봤어요.

단어 여동생 妹   예쁘다 かわいい   사진 写真   보다 見る

男: 妹は何歳ですか。

種類 会話

解説

年齢を尋ねる質問に答えるものを探せばよい。
① '여동생이 어때요?(妹はどうですか。)'に対する答え。
② '이 사람이 누구예요?(この人は誰ですか。)'に対する答え。
④ '(여동생을)어디에서 봤어요?(妹をどこで見ましたか。)'に対する答え。

[5~6] 다음을 듣고 〈보기〉와 같이 다음 말에 이어지는 것을 고르십시오.

5.

여자: 저기가 병원입니까?

❶ 네, 병원입니다.
② 네, 병원에 갑니다.
③ 아니요, 병원이 있습니다.
④ 아니요, 병원에서 일합니다.

단어 저기 あそこ   병원 病院   가다 行く
일하다 仕事をする

次の会話を聞いて、例のように次に続くものを選びなさい。

女: あそこが病院ですか。

種類 会話

解説

'N입니까?'で質問する場合、答えが肯定なら'네, N입니다', 否定なら'아니요, -이/가 아닙니다'で答える。
② '병원에 갑니까?(病院へ行きますか。)'に対する答え。
③ '(저기에) 병원이 없습니까?[(あそこに) 病院がありませんか。]'に対する答え。
④ '(병원이 아닌 다른 장소)에서 일합니까?[(病院ではなく違う場所) で仕事をしますか。]'に対する答え。

6.

남자: 미안합니다.

❶ 괜찮습니다.   ② 안녕하세요.
③ 고맙습니다.   ④ 반갑습니다.

단어 미안하다 ごめんなさい/すみません   괜찮다 大丈夫だ
고맙다 ありがとう   반갑다 嬉しい

男: ごめんなさい。

種類 会話

解説

謝罪の言葉に対する答えを選ぶ。
② '안녕하세요?(こんにちは。)'に対する答え。
③ 感謝の表現
④ '처음 뵙겠습니다.(はじめまして。)'に対する答え。

[7~10] 여기는 어디입니까? 〈보기〉와 같이 알맞은 것을 고르십시오.

7.

여자: 무슨 일로 오셨어요?
남자: 편지를 보내러 왔어요.

① 식당   ② 학교   ❸ 우체국   ④ 편의점

ここはどこですか。例のように適切なものを選びなさい。

女: どんなご用件ですか。
男: 手紙を出しに来ました。

種類 会話

解説

手紙を出せる場所は郵便局。

단어 편지 手紙　　식당 食堂　　학교 学校
우체국 郵便局　　편의점 コンビニ

- 편지 手紙
  [예] 우체국에서 <u>편지를</u> 보내요.
  郵便局で手紙を出します。

8.

남자: 통장을 만들고 싶어요.
여자: 여기에 이름과 주소를 쓰세요.

① 꽃집　　❷ 은행　　③ 박물관　　④ 영화관

단어 통장 通帳　　꽃집 花屋　　은행 銀行
박물관 博物館　　영화관 映画館

男: 通帳を作りたいです。
女: ここに名前と住所を書いてください。

종류 種類 会話

해설 解説

通帳を作れる場所は銀行。

- 통장 通帳
  [예] 은행에서 통장을 만들어요.
  銀行で通帳を作ります。

9.

여자: 요즘 어떤 책이 인기가 많아요?
남자: 이쪽으로 오세요.

❶ 서점　　② 극장　　③ 커피숍　　④ 미용실

단어 서점 本屋　　극장 劇場　　커피숍 カフェ　　미용실 美容院

女: 最近どんな本が人気がありますか。
男: こちらへどうぞ。

종류 種類 会話

해설 解說

女性が本屋で、店員に人気がある本は何かと尋ねている。

- 인기가 많다 人気がある
  [예] 외국 사람들에게 <u>인기가 많아요</u>.
  外国人に人気があります。

10.

남자: 이 옷 다른 색으로 바꾸고 싶어요.
여자: 네, 어떤 색으로 드릴까요?

① 공항　　② 약국　　❸ 백화점　　④ 도서관

단어 공항 空港　　약국 薬局　　백화점 デパート

男: この服、他の色に交換したいのですが。
女: いいですよ。何色になさいますか。

종류 種類 会話

해설 解說

男性は買った服を他の色の服に交換して欲しいとデパートの店員に話をしている。

- 바꾸다 換える/交換する
  [예] 다른 것으로 <u>바꿔</u> 주세요.
  他のものに換えてください。

[11~14] 다음은 무엇에 대해 말하고 있습니까? 〈보기〉
와 같이 알맞은 것을 고르십시오.

何について話をしていますか。例のように適切なものを選びなさい。

11.

여자: 실례합니다. 버스 정류장이 어디에 있습니까?
남자: 길 건너편에 있습니다.

女: すみません。バス停はどこにありますか。
男: 道の向こう側にありますよ。

종류 種類 会話

① 휴일　　　❷ 장소　　　③ 방학　　　④ 여행

[단어] 버스 정류장 バス停　　건너편 向こう側　　휴일 休日
　　　장소 場所　　방학 夏休み/冬休み　　여행 旅行

女性は男性にバス停がどこにあるのか尋ねている。

・건너편 向こう側
[예] 저쪽 건너편으로 가세요.
　　　向こう側へ行ってください。

12.

남자: 오늘 같이 테니스를 칠래요?
여자: 저도 테니스를 좋아해요. 같이 쳐요.

❶ 운동　　　② 물건　　　③ 과일　　　④ 교통

[단어] 테니스를 치다 テニスをする　　운동 運動　　물건 物
　　　과일 果物　　교통 交通

男: 今日、一緒にテニスをしませんか。
女: 私もテニスが好きです。一緒にしましょう。

男性は女性に今日一緒にテニスをしませんかと提案
している。テニスはスポーツの一つ。

・테니스를 치다 テニスをする
[예] 아침마다 운동으로 테니스를 쳐요.
　　　毎朝テニスをします。

13.

남자: 이사 언제 할 겁니까?
여자: 5월 17일에 할 겁니다.

① 요일　　　❷ 날짜　　　③ 직업　　　④ 주소

[단어] 이사하다 引っ越しする　　언제 いつ　　요일 曜日
　　　날짜 日にち　　직업 職業　　주소 住所

男: いつ引っ越しされるんですか。
女: ５月１７日にするつもりです。

女性は「５月１７日」、つまり日にちを言っている。

・이사하다 引っ越しする
[예] 새 집으로 이사해요. 新しい家に引っ越しする。

14.

남자: 이 지갑은 얼마입니까?
여자: 할인해서 이만 원입니다.

① 선물　　　② 취미　　　❸ 가격　　　④ 계획

[단어] 지갑 財布　　얼마 いくら
　　　할인하다 セール/値引き/割引する　　선물 プレゼント
　　　취미 趣味　　가격 値段　　계획 計画

男: この財布はいくらですか。
女: セールで２万ウォンです。

男性は財布の値段を聞いている。

・할인하다 セール/値引き/割引する
[예] 백화점에서 옷을 할인해요.
　　　デパートで洋服がセールしています。

[15~16] 다음 대화를 듣고 알맞은 그림을 고르십시오.

15.

여자: 제 지갑 봤어요?

次の会話を聞いて、適切な絵を選びなさい。

女: 私の財布見ましたか。
男: あそこの机の上にあります。

남자: 저기 책상 위에 있어요.

 ①
 ②
 ❸
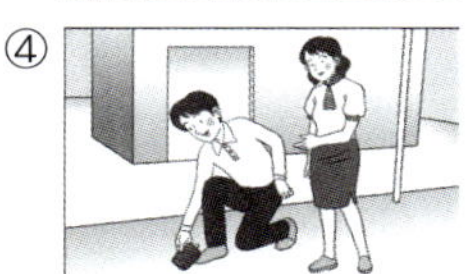 ④

단어 지갑 財布

종류 種類 会話

해설 解説

女性が財布を探している。男性に自分の財布を見たか
尋ねている。

16.

여자: 아저씨, 이 버스 한국대학교로 가요?
남자: 네. 갑니다. 빨리 타세요.

 ①
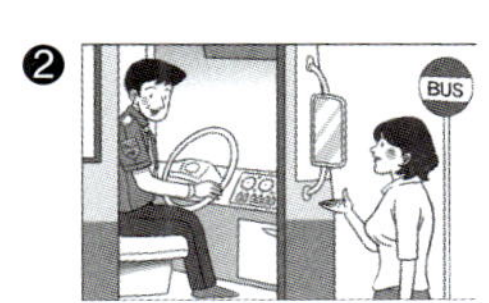 ❷
 ③
 ④

단어 타다 乗る

종류 種類 会話

해설 解説

女性がバスの運転手に韓国大学へ行くか尋ねている。

• 타다 乗る
[예] 버스를 <u>타요</u>. バスに乗る。

[17~21] 다음을 듣고 〈보기〉와 같이 대화 내용과 같은
　　　　 것을 고르십시오.

次の会話を聞いて、例のように会話の内容と同じも
のを選びなさい。

男性: 明日、私の誕生日パーティーに来られますか。
女性: もちろんです。招待してくれてありがとうござい
　　　ます。

17.

남자: 내일 제 생일 파티에 올 수 있어요?
여자: 그럼요. 생일 파티에 초대해 줘서 고마워요.

① 남자는 생일 파티를 ~~했습니다~~.
② 여자는 생일 파티에 ~~못 갑니다~~.
③ 여자는 생일 파티를 ~~좋아합니다~~.
❹ 남자는 생일 파티에 여자를 초대했습니다.

단어 생일 파티 誕生日パーティー　　초대하다 招待する

종류 種類 会話

해설 解説

男性が自分の誕生日パーティーに女性を招待している。
① 男性は誕生日パーティーをしました。(男性は今、女
　性を招待しているので誕生日パーティーはまだし
　ていない。)
② 女性は誕生日パーティーに行けません。(男性の問い
　に女性は肯定で答えている。)
③ 女性は誕生日パーティーが好きです。(男性と女性の
　会話で誕生日パーティーが好きだという内容はな
　い。)

18.

여자: 실례합니다. 박물관에서는 사진을 찍으실 수 없습니다.
남자: 아 그래요? 제가 잘 몰랐습니다. 죄송합니다.
여자: 눈으로만 봐 주세요.

① 여자는 사진을 찍고 있습니다.
② 여자는 내일 박물관에 갈 겁니다.
③ 남자는 사진을 찍고 싶지 않습니다.
❹ 남자는 지금 사진을 찍으려고 합니다.

단어 실례합니다 失礼します　　사진을 찍다 写真を撮る

女性: 失礼いたします。博物館での写真撮影はご遠慮
　　ください。
男性: あ、そうですか。知りませんでした。すみません。
女性: 目でお楽しみください。

종류 種類 会話

해설 解説

博物館での写真撮影はご遠慮くださいという女性の
言葉から、男性は今、博物館を観覧中に写真を撮ろう
としていると考えることができる。
① 女性は写真を撮っています。
　（男性が写真を撮っている。）
② 女性は明日、博物館に行くつもりです。
　（男性は今、博物館に来ている。）
③ 男性は写真を撮りたくありません。
　（男性は今、観覧中に写真を撮っている。）

19.

여자: 어제부터 열이 나고 기침이 심해서 잠을 잘 못 잤어요.
남자: 자, '아' 해 보세요. 목이 많이 부었군요.
여자: 기침을 많이 해서 그런 것 같아요.
남자: 우선 삼 일 동안 약을 먹고 계속 심하면 다시 오세요.

❶ 여자는 기침이 나서 병원에 왔습니다.
② 여자는 삼 일 동안 병원에 와야 합니다.
③ 남자는 목이 부어 치료를 받고 있습니다.
④ 남자는 기침을 많이 해서 목이 부었습니다.

단어 열이 나다 熱が出る　　기침이 심하다 咳がひどい
　　　 목이 붓다 喉が腫れる　　약을 먹다 薬を飲む

女性: 昨日から熱とひどい咳で寝られませんでした。
男性: では、「あー」と言ってみてください。喉がとて
　　も腫れていますね。
女性: 咳をたくさんしたからだと思います。
男性: では、3日間薬を飲んで、それでも良くならな
　　かったらもう一度来てください。

종류 種類 会話

해설 解説

咳がひどくてよく寝られなかったという女性の言葉
から、女性は咳が出て病院へ来た。
② 女性は3日間病院へ来なければなりません。
　（3日間薬を飲まなければならない。）
③ 男性は喉が腫れて治療を受けています。
　（女性が喉が腫れて病院で治療を受けている。）
④ 男性は咳をたくさんして、喉が腫れました。
　（女性が咳をたくさんして、喉が腫れた。）

20.

남자: 한국 여행사입니다. 어떻게 오셨습니까?
여자: 이번 주 토요일에 중국으로 가는 비행기 표를 예약하
　　려고 하는데요.
남자: 몇 장 예약해 드릴까요?
여자: 두 장이요. 혹시 창문 옆 자리로 가능할까요?
남자: 네. 잠시만요. 어 죄송하지만 창문 옆 자리는 한 자리
　　밖에 없습니다. 다른 자리로 예약해 드릴까요?
여자: 음, 아니요. 생각해 보고 다시 올게요.

男性: 韓国旅行社です。どのようなご用件ですか。
女性: 今週の土曜日に中国行きの航空券を予約しよ
　　うと思うのですが。
男性: 何枚予約いたしましょうか。
女性: 2枚です。窓側の席は可能ですか。
男性: 少々お待ちくださいませ。申し訳ございませ
　　ん。窓側の席は1席しかございません。他の席
　　で予約いたしましょうか。
女性: うーん、いいえ。もう一度考えて、また来ます。

종류 種類 会話

❶ 남자는 여행사 직원입니다.
② 여자는 비행기 표를 예약했습니다.
③ 남자는 창문 옆 자리를 예약하려고 합니다.
④ 여자는 전화로 비행기 표를 알아보고 있습니다.

단어 예약하다 予約する　장 枚　자리 席

女性は旅行社に航空券を予約しに来た。女性はお客様、男性は旅行社の社員だと考えることができる。

② 女性は航空券を予約しました。
　（予約はせず、もう一度考えてから来ることにした。）
③ 男性は窓側の席を予約しようとした。
　（女性が窓側の席を予約しようとした。）
④ 女性は電話で航空券を探しています。
　（男性が'어떻게 오셨습니까?'と言っていることから考えると、直接旅行社へ来た。）

21.

남자: 안녕하세요. 서비스센터입니다.
여자: 한 달 전에 라디오를 샀는데 소리가 안 나요.
남자: 죄송합니다. 언제부터 소리가 안 났습니까?
여자: 지난주요. 새것으로 바꾸고 싶어요.
남자: 고객님, 죄송합니다. 택배로 새 라디오를 보내 드리겠습니다.
여자: 네, 감사합니다.

① 여자는 두 달 전에 라디오를 샀습니다.
❷ 여자는 새 라디오를 다시 받을 겁니다.
③ 여자의 라디오는 어제 고장이 났습니다.
④ 여자는 직접 라디오를 찾으러 가야 합니다.

단어 서비스센터 サービスセンター　택배 宅配便
　　　바꾸다 換える/交換する　보내 드리다 お送りする

男性: サービスセンターでございます。
女性: 1か月前に買ったラジオの音が出ないんですが。
男性: 申し訳ございません。いつからですか。
女性: 先週からです。新しい物と交換したいのですが。
男性: 大変申し訳ございません。お客様、宅配便で新しいラジオをお送りいたします。
女性: ありがとうございます。

種類 会話

男性はサービスセンターの職員。女性は新しいラジオに交換したい。

① 女性は 2ヶ月前ラジオを買いました。
　（女性は 1ヶ月前ラジオを買いました。）
③ 女性のラジオは昨日壊れました。
　（先週から音が出ないという女性の言葉から、ラジオは先週壊れたと考えることができる。）
④ 女性は直接ラジオを受け取りに行かなければならない。
　（宅配便でラジオを送るという男性の言葉から、女性はラジオを受け取りに行かなくてもよい。）

[22~24] 다음을 듣고 대화 내용과 같은 것을 고르십시오.

22.

남자: 도서 대출증을 만들고 싶어서 왔는데요.
여자: 아, 그러세요? 대출증을 만들려면 사진이 있어야 하는데 혹시 사진 가지고 오셨어요?
남자: 아니요. 사진이 없는데, 그럼 지금 만들 수 없나요?
여자: 네. 다음에 오실 때 사진 두 장과 신분증 또는 학생증을 꼭 가지고 오세요.

① 여자는 대출증을 만들었습니다.
② 여자는 사진을 가지고 있습니다.
❸ 신분증이 없으면 대출증을 만들 수 없습니다.
④ 대출증을 만들려면 사진 한 장이 필요합니다.

次の会話を聞いて、会話の内容と同じものを選びなさい。
男性: 図書館カードを作ろうと思って来たんですが。
女性: そうですか。図書館カードを作るには写真が必要ですが、写真はお持ちですか。
男性: いいえ、ありません。では、今作れませんか。
女性: ええ。次回いらっしゃるときに写真2枚と身分証明書か学生証を必ずお持ちください。

種類 会話

男性は図書館カードを作ろうと図書館に来ましたが、写真がなくて作ることができないという状況。

단어 대출증 図書館カード 신분증 身分証明書
학생증 学生証

23.

남자: 실례합니다. 광고를 보고 왔는데요. 이 수영장에서 일하고 싶어서요.
여자: 네. 지금 수영 강사와 수영장을 청소할 사람을 찾고 있습니다.
남자: 저는 2년 전에 수영 강사로 일한 적이 있습니다. 오늘 신청서를 작성해도 됩니까?
여자: 네, 그럼 지금 신청서를 작성하시고 면접은 내일 보겠습니다.

① 남자는 작년에 수영 강사였습니다.
❷ 남자는 수영장에서 일하기를 원합니다.
③ 수영 강사 경험이 있으면 바로 일할 수 있습니다.
④ 남자는 수영장을 청소하는 일을 하고 싶어 합니다.

단어 광고 広告 수영 강사 水泳の講師 신청서 申請書
작성하다 作成する 면접 面接

男性: すみません。広告を見て来たのですが。ここのプールで働きたいと思いまして。
女性: はい。今、水泳の講師と、プールを掃除してくれる人を募集しています。
男性: 私は2年前に水泳の講師として仕事をしていたことがあります。今日申請書を作成してもいいですか。
女性: はい。では今、申請書を作成していただいて、面接は明日することにします。

種類 会話

解説

男性はプールでの仕事を探している。
① 男性は去年、水泳の講師でした。(2年前に水泳の講師として仕事をしていたことがある。)
③ 水泳の講師の経験があればすぐに仕事をすることができます。(申請書を作成して、面接も受けなければならない。)
④ 男性はプールを掃除する仕事がしたいです。(水泳の講師の仕事がしたい。)

24.

남자: 여보세요. 한국 호텔입니다. 무엇을 도와 드릴까요?
여자: 안녕하세요? 일주일 전에 예약한 김나영인데요. 예약을 취소하려고요.
남자: 네, 잠시만 기다리세요. 손님, 죄송하지만 예약한 날로부터 삼일 전에 취소하시면 취소 수수료를 내셔야 합니다.
여자: 네, 알고 있습니다.

① 여자는 삼 일 전에 예약을 했습니다.
② 여자는 호텔에 가서 예약하고 있습니다.
③ 여자는 추가로 돈을 내지 않아도 됩니다.
❹ 여자는 예약을 취소하려고 전화했습니다.

단어 여보세요 もしもし
예약을 취소하다 予約をキャンセルする
수수료 手数料

男性: もしもし。韓国ホテルでございます。
女性: すみません。1週間前に予約したキムナヨンと申しますが、予約をキャンセルしようと思うのですが。
男性: そうですか。少々お待ちください。お客様、申し訳ありませんが、予約日の3日前にキャンセルされることになるので、キャンセル料をお支払いいただかなければなりません。
女性: はい、わかりました。

種類 会話

解説

女性は電話でホテルの予約をキャンセルしている。予約日から数えて3日前にキャンセルするので、女性はキャンセル料を支払わなければならない。

① 女性は3日前に予約をしました。
　(女性は1週間前に予約した。)
② 女性はホテルへ行って予約しています。

（男性が「もしもし」と言っていることから、女性は電話で予約をキャンセルしている。）
④ 女性は追加料金を払わなくてもいいです。
（女性はキャンセル料を支払わなければいけない。）

[25~26] 다음을 듣고 물음에 답하십시오.

여자: 10살 여자 아이를 찾습니다. 이름은 김미나입니다. 흰색 티셔츠와 노란색 치마를 입고 있으며 키가 크고 머리가 아주 **깁니다. 가방을 메고** 있습니다. 이 아이를 보신 분은 **1층 미아보호소**로 와 주세요. 감사합니다.

단어 안내방송 案内放送　입다 着る
　　　미아보호소 迷子保護センター

次の文章を聞いて、問いに答えなさい。

女性: キムミナちゃんという１０歳の女の子を捜しています。白いＴシャツに黄色いスカートをはいていて、背が高く、髪がとても長いです。背中に鞄をしょっています。この女の子を見つけた方は、１階、迷子保護センターにお越しくださるようお願いいたします。

どんな話をしているのか選びなさい。

25. 어떤 이야기를 하고 있는지 고르십시오.

① 감사　　　② 인사　　　❸ 안내　　　④ 초대

단어 감사 感謝　인사 あいさつ
　　　안내 案内/おしらせ　초대 招待

種類 종류 案内放送

解説 해설
１０歳の女の子を捜す迷子のお知らせ。

---

26. 들은 내용과 같은 것을 고르십시오.

① 아이를 이미 ~~찾았습니다~~.
② 아이는 가방을 ~~들고~~ 있습니다.
③ 아이는 키가 크고 머리가 ~~짧습니다~~.
❹ 아이를 찾으면 1층으로 가야 합니다.

단어 이미 もう/すでに

聞いた内容と同じものを選びなさい。

種類 종류 案内放送

解説 해설
子供を見つけた場合、１階迷子保護センターへ行かなければならない。
① 子供をすでに見つけた。
　（現在、子供を捜している状況。）
② 子供は鞄を手に持っている。
　（子供は鞄をしょっている。）
③ 子供は背が高く、髪が短いです。
　（子供は髪が長い。）

[27~28] 다음을 듣고 물음에 답하십시오.

남자: 내일부터 방학인데 나영 씨는 뭐 할 거예요?
여자: 저는 **제주도**를 아직 **못 가 봐서** 제주도에 가고 싶어요. 가서 맛있는 귤도 먹고 유명한 산도 보고 싶어요. 철수 씨는요?
남자: 저는 지난 방학 때 **제주도에 갔다 왔어요**. 그래서 **이번**에는 **부산**에 다녀올 생각이에요. 부산 바다에서 수영도 하고 친구들과 재미있는 시간을 보내고 싶어요.
여자: 그럼 제주도의 유명한 관광지 좀 소개해 주세요. 이번 방학이 너무 **기대돼요**.

次の会話を聞いて、問題に答えなさい。

男性: 明日から夏休み（冬休み）だけど、ナヨンさんは何をするつもりですか。
女性: 私は済州島にまだ行ったことがないので、済州島に行きたいです。行ったらおいしいみかんも食べて、有名な山も見たいです。チョルスさんは？
男性: 私は前の休みに済州島へ行ってきたので、今回は釜山に行こうと思います。釜山の海で泳いで、友達と楽しい時間を過ごしたいです。
女性: じゃ、済州島の有名な観光地を紹介してもらえませんか。今回の夏休み（冬休み）がすごく楽しみです。

단어 제주도 済州島　귤 みかん　부산 釜山
관광지 観光地　기대되다 楽しみだ

27. 두 사람이 무엇에 대해 이야기하고 있는지 고르십시오.

① 방학에 한 일　　　　❷ 방학에 할 계획
③ 방학에 해야 하는 일　④ 방학을 잘 보내는 방법

단어 계획 計画　방학을 보내다 夏休み/冬休みを過ごす

2人が何について話しているのか選びなさい。

種類 会話

解説
男性と女性がお互いに夏休み(冬休み)に何をするのか、どこへ行きたいのか話している。

---

28. 들은 내용과 같은 것을 고르십시오.

① 남자는 ~~부산에~~ 갔다 왔습니다.
❷ 여자는 방학을 기대하고 있습니다.
③ 여자는 제주도에 ~~가 본 적이 있습니다~~.
④ 남자는 방학에 재미있는 ~~시간을 보냈습니다~~.

단어 기대하다 期待する

聞いた内容と同じものを選びなさい。

種類 会話

解説
女性は今回の休みがすごく楽しみだと話している。
① 男性は釜山に行ってきました。
　(男性は済州島に行ってきた。)
③ 女性は済州島に行ったことがあります。
　(女性はまだ済州島へは行ったことがないと言っている。)
④ 男性は夏休み(冬休み)中、楽しい時間を過ごしました。(今回の夏休み(冬休み)に楽しい時間を過ごすつもりだ。)

[29~30] 다음을 듣고 물음에 답하십시오.

남자: 이 소포를 미국으로 보내려고 하는데요.
여자: 네, 혹시 소포 안에 깨지는 물건이 들어 있나요?
남자: 아니요. 없습니다.
여자: 여기에 받으시는 분 주소와 성함을 정확하게 적어 주세요.
남자: 네, 알겠습니다. 소포는 언제쯤 도착할까요?
여자: 보통 일주일이면 도착하는데 추석 연휴라서 2~3일 정도 늦게 도착할 수 있습니다. 물건이 도착하면 문자로 확인하실 수 있습니다.

단어 소포 小包　깨지다 壊れる　성함 お名前　연휴 連休
문자로 확인하다 携帯メールで確認する

29. 남자는 지금 왜 여기에 왔습니까?

❶ 소포를 부치려고　　② 소포를 찾으려고
③ 소포를 바꾸려고　　④ 소포를 확인하려고

次の会話を聞いて、問いに答えなさい。
男性: この小包をアメリカに送りたいのですが。
女性: はい。小包の中に壊れ物はないですか。
男性: ありません。
女性: ここに受け取る方のご住所とお名前を正確に書いてください。
男性: はい、わかりました。いつ頃届きますか。
女性: 普通なら1週間くらいで到着しますが、秋夕の連休なので2、3日遅くなるかもしれません。荷物が到着したら携帯メールで確認することができます。

男性は今、なぜここに来ましたか。

種類 会話

解説
男性はこの小包をアメリカに送るために来た。'보내다'と'부치다'は同じ意味。

・부치다 送る/出す
　예 편지를 부쳐요(=편지를 보내요.)
　　手紙を送ります。(手紙を出します。)

30. 들은 내용과 같은 것을 고르십시오.

① 소포는 일주일 뒤에 도착합니다.
② 소포를 찾으려면 주소를 알아야 합니다.
③ 소포가 도착했는지 직접 확인해야 합니다.
❹ 소포에는 유리로 된 물건이 들어 있지 않습니다.

聞いた内容と同じものを選びなさい。

🗂 종류 種類 会話

💬 해설 解説

男性は小包の中に壊れ物はないと答えたので、小包の中にはガラスでできた物はない。

① 小包は1週間後に到着します。(女性が秋夕の連休で2~3日くらい遅くなるかもしれないと話している。)
② 小包を受け取るには、住所を知っていなければなりません。(小包を送る場合、住所を書かなければならない。)
③ 小包が到着したか直接確認しなければなりません。(携帯メールで確認することができる。)

읽기 (31번 ~ 70번)

[31~33] 다음은 무엇에 대한 이야기입니까? 〈보기〉와
　　　　 같이 알맞은 것을 고르십시오.

31.

오전에 요리를 배웁니다. 오후에 한국어를 배웁니다.

① 날씨　　❷ 수업　　③ 장소　　④ 날짜

단어 오전/오후 午前/午後　요리 料理　배우다 習う/学ぶ

何についての話ですか。例のように適切なものを選びなさい。

午前中、料理を習います。午後は韓国語を習います。

🗂 종류 種類 叙述文

💬 해설 解説

'수업'とは主に学校で学生が何かを学ぶことを言う。ここでは'배우다'が重要単語。

① 날씨 天気：맑다, 흐리다, 비가 오다(내리다), 눈이 오다(내리다)など
③ 장소 場所：공원, 공항, 도서관, 학교, 커피숍など
④ 날짜 日にち：0月0日。
　　예 오늘은 2월 7일입니다 今日は2月7日です。

32.

오늘은 동생이 졸업합니다. 저는 꽃을 줄 겁니다.

① 취미　　② 직업　　❸ 선물　　④ 시간

단어 동생 弟/妹　졸업하다 卒業する　꽃을 주다 花をあげる

今日、弟(妹)が卒業します。私は花をあげるつもりです。

🗂 종류 種類 叙述文

💬 해설 解説

卒業祝いに何かあげることを'졸업 선물'という。したがって'선물(プレゼント)'が正解。

① 취미 趣味 : 독서, 등산, 운동, 수영, 요리 など。
② 직업 職業 : 회사원, 요리사, 경찰관, 미용사 など。
④ 시간 時間 : 1시, 12시 5분, 10분, 2시 30분 など。

33.

오늘은 일요일입니다. 그래서 민호 씨는 회사에 안 갑니다.

① 운동　　　② 약속　　　③ 여행　　❹ 휴일

단어 요일/일요일 曜日/日曜日　　회사 会社

今日は日曜日なので、ミンホさんは会社へ行きません。

종류 種類 叙述文

해설 解説

日曜日には仕事をしない。今日は休みの日。休みの日を'휴일'と言う。

예 일요일, 명절(설날, 추석), 기념일(5.5-어린이날, 10.9-한글날, 12.25-크리스마스)

① 운동 運動 : 축구 サッカー, 농구 バスケットボール, 야구 野球
② 약속 約束 : 친구와 만날 시간과 장소를 정해요. 友達と会う時間と場所を決めます。 친구와 약속해요. 友達と約束します。
③ 여행 旅行 : 올여름에 친구들과 제주도로 여행을 갈 겁니다. 今年の夏、友達と済州島へ旅行に行くつもりです。

[34~39] 〈보기〉와 같이 빈칸에 제일 알맞은 것을 고르십시오.

34.

머리(　　) 좋아요.

① 와　　　　② 를　　　　❸ 가　　　　④ 에

단어 머리가 좋다(=똑똑하다) 頭がいい(かしこい)

어휘 · 문법
① 와/과 : 複数の物や人を並べて言うときに使う助詞。
　예 저는 빵과 과자를 좋아합니다.
　　　私はパンとお菓子が好きです。
　예 저는 사과와 배를 먹습니다.
　　　私はりんごと梨を食べます。
② 을/를 : 目的格助詞
　예 영철 씨는 한국 음악을 듣습니다.
　　　ヨンチョルさんは韓国の音楽を聴きます。
　예 오늘 저녁에 영화를 볼 겁니다.
　　　今晩、映画を見るつもりです。
④ 에 : 場所と位置、時間を表す副詞格助詞
　예 민수 씨가 학교에 갑니다.
　　　ミンスさんは学校へ行きます。
　예 저는 보통 아침 7시에 일어납니다.
　　　私は普通、朝7時に起きます。

例のように(　　)に最も適切なものを選びなさい。
頭(　　)いいです。

종류 種類 叙述文

해설 解説

(　　　)には文の主語が入らなければならない。したがって主格助詞 '이/가'が適切。

35.

편지를 보냅니다. (   )에 갑니다.

① 약국　　　　② 공항　　　　③ 소방서　　　❹ 우체국

 편지를 보내다 手紙を出す

① 약국 薬局
　예 약국에서 약을 삽니다. 薬局で薬を買います。
② 공항 空港
　예 비행기를 타러 공항에 갑니다.
　　 飛行機に乗るために空港へ行きます。
③ 소방서 消防署
　예 불이 나면 소방서에 전화를 해야 합니다.
　　 火事が発生したら消防署に電話をしなければなりません。

手紙を出します。(   )へ行きます。

종류 種類　叙述文

해설 解説

手紙と小包を送る場所は郵便局。

36.

어제 도서관에 가서 책을 빌렸습니다. 재미있게 (   ).

① 썼습니다　　　　　　② 갔습니다
❸ 읽었습니다　　　　　④ 지냈습니다

 도서관 図書館　　책을 빌리다 本を借りる

① 쓰다 書く
　예 어제 친구의 공책에 글을 썼습니다.
　　 昨日友達のノートに文を書きました。
② 가다 行く
　예 저는 지난주에 해외에 갔습니다.
　　 私は先週海外に行きました。
④ 지내다 過ごす
　예 주말에 친구와 함께 즐겁게 지냈습니다.
　　 週末、友達と一緒に楽しく過ごしました。

昨日図書館に行って、本を借りました。楽しく(   )。

종류 種類　叙述文

해설 解説

本は'읽다(読む)'という動詞と連結する。
本を借りて楽しく読んだ。

37.

방이 (   ). 그래서 불을 켰습니다.

① 좋습니다　　　　　　② 덥습니다
③ 넓습니다　　　　　　❹ 어둡습니다

 그래서 だから　　불을 켜다 電気をつける

① 좋다 好きだ/良い
　예 저는 한국이 좋습니다. 私は韓国が好きです。
② 덥다 暑い
　예 한국의 여름은 덥습니다. 韓国の夏は暑いです。

部屋が(   )。だから電気をつけました。

종류 種類　叙述文

해설 解説

電気をつける理由を選ぶ問題。

③ 넓다 広い
　　[예] 기숙사 방이 <u>넓습니다</u>. 寮の部屋は広いです。

38.

늦게 가면 제시간에 도착할 수 없습니다. (　　) 출발합시다.

❶ 일찍　　　② 천천히　　　③ 이따가　　　④ 나중에

[단어] 늦다 遅れる/遅い　　도착하다 到着する
　　출발하다 出発する

[어휘·문법]
② 천천히 ゆっくり
　　[예] 너무 빨라요. <u>천천히</u> 가세요.
　　　　速すぎます。ゆっくり行ってください。
③ 이따가 あとで
　　[예] 지금은 수업을 하고 있습니다. 조금 <u>이따가</u> 수업 후에 만납
　　　　시다. 今、授業中です。あとで授業が終わったら、会いま
　　　　しょう。
④ 나중에 あとで
　　[예] 지금 해외에 있습니다. <u>나중에</u> 한국에 가서 제가 전화하겠
　　　　습니다. 今、海外にいます。あとで韓国に帰ったら、私が
　　　　電話します。

遅くなると予定の時間に到着することができません。(　　　)出発しましょう。

[종류 種類] 叙述文

[해설 解説]

前文で遅くなると予定の時間に到着することができないと言っている。したがって、早く出発しましょうが正しい。

39.

물건이 안 팔려요. 그래서 가격을 (　　　).

❶ 내렸어요　　　　　　② 올렸어요
③ 높였어요　　　　　　④ 인상했어요

　　물건 物/品物　　팔리다 売れる　　가격 値段
[어휘·문법] 連語(collocation)
② 값을 올리다 値段を上げる
　　[예] 옷값을 올렸어요. 服の値段を上げました。
③ 가격을 높이다 値段を高くする
　　[예] 가격을 높였어요. 値段を高くしました。
④ 물가를 인상하다 物価があがる
　　[예] 물가를 인상했어요. 物価があがりました。

品物が売れません。だから値段を(　　　)

[종류 種類] 叙述文

[해설 解説]

なぜ値段を下げたのか、前文に理由が提示されている。品物は全然売れない。でも、値段が安かったら、お客様は品物を買う。それで値段を下げた。

[40~42] 다음을 읽고 맞지 <u>않는</u> 것을 고르십시오.

40.

2014년 한국대 가족 캠프 !
– 눈과 함께하는 가족 사랑 –

1. 기　　　간 : 2014년 2월 25일(화) ~ 2월 27일(목)(2박 3일)
2. 출발 장소 : 한국대학교 정문 앞

次の文章を読んで、合わないものを選びなさい。

2014年 韓国大学 家族キャンプ！
－家族の愛を雪と共に－

1. 期間 : 2014年 2月 25日(火) ~ 2月 27日(木)(2泊 3日)
2. 出発場所 : 韓国大学正門前
3. 対象者 : 韓国大学教授・職員とその家族
4. 参加費 : 1万ウォン

3. 대   상 : 한국대학교 교수 · 직원 가족
4. 참 가 비 : 만 원

① 가족 사랑 캠프는 겨울에 갑니다.
❷ 이번 캠프는 주말에 이틀 동안 합니다.
③ 캠프에 참가하려면 만 원이 필요합니다.
④ 한국대학교에서 일하는 사람은 참석할 수 있습니다.

단어 캠프 キャンプ　2박 3일 2泊 3日　정문 正門
　　　교수 教授　직원 職員

종류 種類 案内文

解説

このキャンプは火曜日から木曜日まで3日間行う。

① '눈과 함께'という部分から、冬だということがわかる。
③ 参加費が1万ウォンと記載されている。
④ 参加対象者に職員(직원)と記載されている。職員とは韓国大学で仕事をしている人。

41.

> 먹는 약
> 이지영(여, 7세) 님께
> 하루 3회 4일분
> 아침, 점심, 저녁 식사 후
>
> 한국병원

❶ 삼 일 동안 약을 먹습니다.
② 여자아이가 약을 먹습니다.
③ 하루에 세 번 약을 먹습니다.
④ 밥을 먹은 후에 약을 먹습니다.

단어 일분 日分　식사 후 食後

内服薬

イ・ジヨン(女, 7歳) 様
1日 3回 4日分
朝, 昼, 夕 食後

韓国病院

종류 種類 書式_薬袋

해설 解説

薬袋に記載されている'4일분'は'4日 동안(4日間)'の意味。したがって'삼일 동안(3日間)'が間違い。

② 女の子(○): イ・ジヨン(女, 7歳)
③ 1日に3回(○): 1日 3回
④ 食後(○): 朝, 昼, 夕 食後

42.

이번 주말 날씨

요일		토요일	일요일
날씨		☼	☁ / ☂
지역	서울	1℃	-5℃
	부산	10℃	1℃

❶ 일요일은 부산이 더 춥습니다.
② 토요일은 서울이 더 춥습니다.
③ 이번 주 토요일은 맑을 겁니다.
④ 이번 주 일요일은 비가 올 겁니다.

단어 날씨 天気　지역 地域

今週末の天気

曜日		土曜日	日曜日
天気		☼	☁ / ☂
地域	ソウル	1℃	-5℃
	釜山	10℃	1℃

종류 種類 表

해설 解説

天気についての内容のため、表にある記号は天気に関する記号。表に日曜日は'서울 -5℃, 부산 1℃'と記載されていることからソウルは釜山より寒いことがわかる。したがって'일요일은 부산이 더 춥습니다.(日曜日は釜山の方が寒いです。)'が間違い。

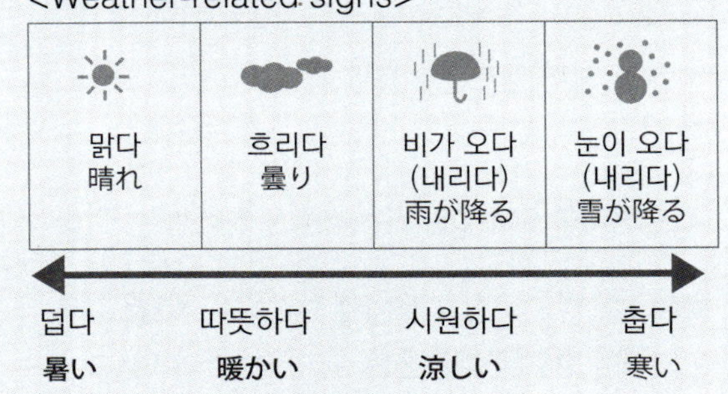

② 土曜日 : 서울 1℃ , 부산 10℃ → 서울이 더 춥습니다.
ソウルの方が寒いです。(O)
③ 土曜日 : ☀ → 날씨가 맑을 겁니다. 天気は晴れでしょう。(O)
④ 日曜日 : / → 일요일은 흐리고 비가 올 겁니다. 日曜日は曇りで雨が降るでしょう。(O)

[43~45] 다음의 내용과 같은 것을 고르십시오.

43.

오늘은 친구 생일입니다. 저는 아침을 먹고 선물을 샀습니다. 그리고 커피숍에서 친구한테 가방을 선물했습니다.

① 오늘은 제 생일입니다.
② 친구를 만나고 아침을 먹었습니다.
③ 저는 친구한테서 가방을 받았습니다.
❹ 저는 커피숍에서 생일 선물을 줬습니다.

단어 생일 誕生日　　선물하다 プレゼントする

次の内容と同じものを選びなさい。

今日は友達の誕生日です。私は朝ごはんを食べてからプレゼントを買いました。そしてカフェで友達に鞄をプレゼントしました。

종류 種類　叙述文

해설 解説

今日は友達の誕生日。カフェで友達に会った。そしてカフェで鞄をプレゼントしたので、本文の内容と一致する。

① 今日は私の誕生日です。(友達の誕生日)
② 友達に会って、朝ごはんを食べました。
（朝ごはんを食べてから友達に会った。）
③ 私は友達に鞄をもらいました。(鞄をあげた。)

44.

지난주에 외국인 장기 자랑이 있었습니다. 저는 노래를 잘 못하지만 참가하고 싶었습니다. 그래서 한 달 동안 열심히 연습해서 노래를 불렀습니다.

① 저는 노래 부르기를 좋아합니다.
❷ 저는 장기 자랑에서 노래를 했습니다.
③ 저는 열심히 연습해서 노래를 잘합니다.
④ 저는 한 달 동안 장기 자랑에 가지 않았습니다.

단어 지난주 先週　　외국인 外国人　　장기 자랑 かくし芸大会

先週、外国人かくし芸大会がありました。私は歌が上手ではありませんが、参加したかったので、1ヶ月間一生懸命練習して歌を歌いました。

종류 種類　叙述文

해설 解説

先週かくし芸大会があった。それに参加したかったので、1ヶ月間一生懸命練習して歌を歌った。

① 私は歌を歌うことが好きです。
（好きだという内容はない。）
③ 私は一生懸命練習したので、歌が上手です。(一生懸命練習はしたが、上手だという内容はない。)

④ 私は1ヶ月間、かくし芸大会に行きませんでした。
（1ヶ月間練習して、かくし芸大会に参加した。）

45.

저는 일요일마다 독서 모임에 나갑니다. 우리 모임에서는 매주 책을 읽고 한 달에 한 번 글을 씁니다. 이번 주 토요일에는 회원들이 쓴 글을 전시할 겁니다.

① 이번 ~~토요일에도~~ 책을 읽을 겁니다.
❷ 매주 모임에 나가서 책을 읽습니다.
③ ~~한 달에 한 번~~ 글 전시회가 있습니다.
④ 일요일마다 ~~글을 쓰러~~ 모임에 나갑니다.

> **단어** 독서 모임 読書の会/集まり　　회원 会員
> 전시하다 展示する

私は毎週日曜日に読書の会へ行きます。読書の会では、毎週本を読んで1ヶ月に１回、感想文を書きます。今週の土曜日はメンバーが書いた感想文を展示する予定です。

> 📁 **종류 種類** 叙述文
> ✉ **해설 解説**

私は毎週日曜日に読書の会に行く。'일요일마다'は'매주 일요일에(毎週日曜日に)'という意味で、'독서 모임'は'책을 읽는 모임(本を読む集まり)'という意味。したがって毎週集まりに参加して、本を読むというのが正解。

① 今週の土曜日も本を読むつもりです。(土曜日ではなく日曜日。)
③ 1ヶ月に１回、感想文の展示会があります。(１ヶ月に１回感想文を書いて、今週の土曜日にだけ展示会がある。)
④ 毎週日曜日に感想文を書きに集まりに出かけます。（毎週日曜日に行くのは読書の会。）

[46~48] 다음을 읽고 중심 생각을 고르십시오.

46.

저는 스트레스를 받으면 노래방에 갑니다. 노래를 부를 때 큰 소리로 부릅니다. 그러면 기분이 아주 좋아집니다.

① 저는 매일 노래를 부르고 싶습니다.
② 저는 기분이 좋을 때 노래를 부릅니다.
❸ 저는 스트레스를 받으면 노래로 풉니다.
④ 저는 스트레스를 받기 전에 노래방에 갑니다.

> **단어** 스트레스를 받다 ストレスを感じる/受ける
> 노래방 カラオケ　　노래를 부르다 歌を歌う

次の文章を読んで、主題を選びなさい。

私はストレスを感じたら、カラオケへ行きます。歌を歌う時、大きい声で歌うと、気分がとてもよくなります。

> 📁 **종류 種類** 叙述文
> ✉ **해설 解説**

筆者の主題は「ストレスを感じたときに歌を歌うと、歌うことでストレス発散になる」である。

47.

우리 어머니는 거의 집에 없으십니다. 월요일부터 금요일까지는 가게에 가십니다. 주말에는 양로원에 가서 자원봉사를 하십니다. 저는 어머니와 함께 시간을 보내고 싶습니다.

① 우리 어머니는 주말에 쉽니다.
❷ 우리 어머니는 바쁘게 사십니다.

私の母はほとんど家にいません。日曜日から金曜日までは店に行きます。週末は介護施設へ行ってボランティアをします。私は母と一緒の時間を過ごしたいです。

> 📁 **종류 種類** 叙述文

③ 저는 가게에서 시간을 많이 보냅니다.
④ 저는 주말에 어머니와 함께 있습니다.

母は月曜日から金曜日まで店で仕事をし、週末には介護施設でボランティアをしているので、家にほとんどいない。したがって筆者は「母がとても忙しい」ということを主題として述べている。

48.

저는 어제 백화점에 갔습니다. 이곳저곳을 구경한 후 해외 여행을 가려고 가방을 샀습니다. 그런데 가방의 색깔이 마음에 들지 않았습니다.

❶ 저는 어제 산 가방이 좋지 않습니다.
② 저는 백화점에 가는 것을 좋아합니다.
③ 저는 어제 해외 여행사를 구경했습니다.
④ 저는 여행 장소가 마음에 들지 않습니다.

私は昨日デパートへ行きました。ぶらぶらした後、海外旅行へ行くための鞄を買いました。でも、鞄の色が気に入りませんでした。

종류 種類 叙述文

解説 解説

デパートで海外旅行へ行くための鞄を買ったが、色が気に入らない。したがって筆者の主題は「デパートで買った鞄が気に入らない。」ということだ。

[49~50] 다음을 읽고 물음에 답하십시오.

요즘 (㉠) '인형 박물관'이 인기가 많습니다. 그곳에는 옛날 인형이 많이 있습니다. 또 요즘 유명한 사람을 그대로 만든 인형도 있습니다. 특히 전통 옷을 입은 세계 여러 나라의 인형을 볼 수 있습니다. 어른들은 그곳에서 아이들과 함께 인형을 직접 만들 수 있습니다.

次の文章を読んで、問いに答えなさい。
最近（ ㉠ ）「人形博物館」が人気です。そこには昔の人形がたくさんあります。また、最近の有名人そっくりに作った人形もあります。特に、伝統衣装を着た世界各国の人形を見ることができます。大人はそこで子供たちと一緒に人形を実際に作ることができます。

（㉠）に入る適切なものを選びなさい。

49. (㉠)에 들어갈 알맞은 말을 고르십시오.

① 인형을 만드는   ② 박물관 근처에 있는
❸ 인형을 전시하는   ④ 옛날 인형을 줄 수 있는

종류 種類 叙述文

解説 解説

（   ）の次の文章が'인형 박물관(人形博物館)'がとても人気があるということから多くの人が訪れる場所だ。普通、博物館は展示物を展示し、訪れた人たちが鑑賞する場所だ。したがって'인형을 전시하는'が正しい。

---

50. 이 글의 내용과 같은 것을 고르십시오.

① 요즘 인형 박물관이 많이 있습니다.
❷ 이 박물관에서 인형을 만들 수 있습니다.
③ 어른들만 이 박물관에 들어갈 수 있습니다.
④ 박물관에 가면 옛날 인형만 볼 수 있습니다.

この文章の内容と合うものを選びなさい。

종류 種類 叙述文

解説 解説

最後の文章で、大人は博物館で子供と一緒に人形を作ることができると述べている。したがってこの博物館では人形を作ることができる。

① 最近人形博物館がたくさんあります。(人形博物館
　が多いのではなく人気があるということ。)
③ 大人だけこの博物館に入館することができます。
　(子供と一緒に人形を作ることができるので、子供
　も入館することができる。)
④ 博物館に行くと、昔の人形だけを見ることができ
　ます。(最近の人形もたくさんあるので、昔と最近
　の人形、全て見ることができる。)

[51~52] 다음을 읽고 물음에 답하십시오.

저는 나쁜 습관이 있습니다. 의자에 바르게 앉지 못합니다. 그래서 어제 병원에 갔는데 의사 선생님이 여러 가지 (㉠)에 대해 가르쳐 주셨습니다. 눈은 정면을 바라보고 등은 똑바로 폅니다. 그리고 두 손은 자연스럽게 무릎 위에 얹습니다. 오늘부터 나쁜 습관을 열심히 고치겠습니다.

단어 습관 習慣　　바르다 正しい　　정면 正面
　　똑바로 まっすぐ　　자연스럽게 自然に

51. (㉠)에 들어갈 알맞은 말을 고르십시오.

❶ 바른 자세　② 운동 자세　③ 면접 자세　④ 나쁜 습관

次の文章を読んで、問いに答えなさい。
私には悪い習慣があります。椅子に正しく座ること
ができません。昨日、病院へ行くと、お医者さんが(
㉠)についていろいろと教えてくれました。目は正
面を見て、背中をまっすぐ伸ばします。そして両手
を自然にひざの上へ置きます。今日から悪い習慣を
徹底的に直そうと思います。

(㉠)に入る適切な言葉を選びなさい。

종류 種類 叙述文

해설 解説
(　)の前の文章で椅子に正しく座れないことが悪い
習慣だと述べている。そして(　)の後では正しく座
る方法が述べられている。したがって(　)には'바른
자세(正しい姿勢)' が入るのが正しい。

---

52. 무엇에 대한 이야기입니까? 알맞은 것을 고르십시오.

① 의자에 자주 앉는 이유
❷ 의자에 바르게 앉는 방법
③ 의자를 바르게 고치는 방법
④ 의자에 앉는 습관이 나쁜 이유

何についての話ですか。適切なものを選びなさい。

종류 種類 叙述文

해설 解説
筆者には椅子に正しく座れないという悪い習慣があ
る。しかし病院でお医者さんが正しく座るための２
つの方法を教えてくれた。したがって文章の主題は
'의자에 바르게 앉는 방법(椅子に正しく座る方法)' が正
しい。

[53~54] 다음을 읽고 물음에 답하십시오.

다이어트에 좋은 방법이 있습니다. 매일 같은 시간에 운동을 하는 것입니다. 하지만 바쁜 현대 생활에서는 운동할 시간이 없어서 다이어트하기가 쉽지 않습니다. 그래서 요즘 사람들은 짧은 시간에 (㉠) '걷기'를 많이 합니다.

단어 다이어트하다 ダイエットする　　방법 方法
　　매일 毎日　　짧다 短い

次の文章を読んで、問いに答えなさい。
ダイエットに良い方法があります。毎日同じ時間に
運動をすることです。しかし、忙しい現代の生活で
は運動をする時間がなく、ダイエットをするのは簡
単ではありません。そこで最近の人たちは短い時間
で(㉠)「ウォーキング」をよくします。

(㉠)に入る適切な言葉を選びなさい。

53. (㉠)에 들어갈 알맞은 말을 고르십시오.

① 많이 달리는 　　　　② 빨리 살을 빼는
③ 움직이지 않는 　　　❹ 쉽게 할 수 있는

（　　）の前の文章でダイエットをするのは簡単ではないと書いている。そして（　　）の後には'걷기(ウォーキング)'をよくするとある。したがって（　　）に入る内容は短い時間に'쉽게 할 수 있는(簡単にできる)'が正しい。

---

54. 이 글의 내용과 같은 것을 고르십시오.

① 운동은 ~~함께~~ 해야 합니다.
② 매일 운동하는 것은 ~~쉽습니다~~.
❸ 현대인이 많이 하는 것은 걷기입니다.
④ 현대인은 다이어트할 시간이 ~~많습니다~~.

この文章の内容と同じものを選びなさい。

最後の文章で'걷기(ウォーキング)'は最近の人たちがよくすると述べている。最近の人というのは'현대인(現代人)'したがって現代人たちがよくすることは'걷기(ウォーキング)'だというのが正しい。

① 運動を一緒にしなければならない。
　（一緒にという内容はない。）
② 毎日運動をするのは簡単です。
　（運動する時間がなくて簡単ではない。）
④ 現代人はダイエットをする時間がたくさんあります。
　（最近の人(現代人)は忙しくてダイエットをする時間がない。）

[55~56] 다음을 읽고 물음에 답하십시오.

동건 씨, 오늘 저녁에 동아리 모임이 있어서 회원들 대부분이 우리 집에 올 거예요. 동건 씨도 시간이 있으면 오세요. 오늘 저녁 간식은 제가 만들 과자와 빵이에요. 재료는 다 준비했으니까 동건 씨는 그냥 오세요. 학교 앞 버스 정류장에서 전화하세요. (　　　) 제가 직접 버스 정류장으로 나갈게요.

－ 민호－

단어 동아리 모임 サークル　　간식 おやつ　　재료 材料
준비하다 準備する　　그냥 ただ/そのまま

次の文章を読んで、問いに答えなさい。

ドンゴンさん、今晩サークルの集まりがあってメンバーのみんなが私の家に来ます。ドンゴンさんも時間があったら来てください。今晩のおやつは私が作ったお菓子とパンです。材料は全て準備したので、ドンゴンさんは何も準備せずに来てください。学校の前のバス停から電話してください。私が直接バス停まで迎えに行きます。

－ミンホ－

（　　　）に入る適切な言葉を選びなさい。

55. (　　)에 들어갈 알맞은 말을 고르십시오.

① 그래서　　② 그리고　　③ 그러나　　❹ 그러면

（　　）の中は前の文章の出来事が起こったら、後ろの文章の出来事が起こる'前提、仮定'が入る。したがって'그러면'が正しい。

- 그래서：前の文章と後ろの文章の理由、原因になる
  場合に使う。
  예 배가 아픕니다. <u>그래서</u> 병원에 갑니다.
  　　おなかが痛いので、病院へ行きます。
- 그리고：前と後ろの文章が互いに対等になる場合に
  使う。
  예 공부를 합니다. <u>그리고</u> 운동을 합니다.
  　　勉強をします。そして運動をします。
- 그러나：前の文章と後ろの文章の意味が反対になる
  場合に使う。
  예 TOPIK 공부를 열심히 했습니다. <u>그러나</u> 시험 점
  수가 안 좋습니다. TOPIKの勉強を一生懸命しまし
  た。しかし、点数がよくありませんでした。

---

56. 이 글의 내용과 같은 것을 고르십시오.

① 동건이 직접 간식을 만들 겁니다.
❷ 민호가 간식 재료를 다 준비했습니다.
③ 동건은 오늘 저녁에 회원들을 초대했습니다.
④ 민호는 정류장에서 동건에게 전화할 겁니다.

この文章の内容と同じものを選びなさい。

종류 種類　叙述文

해설 解説

メモの中間部分に、ミンホが材料を全て準備したとい
う文章がある。

① ドンゴンが直接おやつを作ります。
　（ミンホが作る。）
③ ドンゴンは今晩、サークルのメンバーを招待しま
　した。
　（このメモはミンホが書いたものであり、ミンホが
　メンバー達を招待した。）
④ ミンホはバス停からドンゴンに電話をします。
　（このメモはミンホが書いたものであり、ドンゴン
　がバス停から電話をする。）

[57~58] 다음을 순서대로 맞게 나열한 것을 고르십시오.

57.

(가) 남자와 여자는 여러 가지 다른 특징이 있다.
(나) 먼저 남자는 한 가지 일에 집중을 잘한다.
(다) 그리고 많은 단어를 사용해 말하는 것도 여자이다.
(라) 하지만 여자는 여러 가지 일을 동시에 할 수 있다.

① (가)-(나)-(다)-(라)　　❷ (가)-(나)-(라)-(다)
③ (가)-(다)-(라)-(나)　　④ (가)-(라)-(나)-(다)

단어 特징 特徴　　먼저 まず　　집중하다 集中する
　　단어 単語　　동시에 同時に

文の順序を正しく並べたものを選びなさい。

(가) 男性と女性はいろいろな異なった特徴がある。
(나) まず、男性は一つのことに対して集中する。
(다) そして話すとき、たくさんの語彙を使うのも女
　　性だ。
(라) しかし、女性はいろいろなことを同時にするこ
　　とができる。

종류 種類　叙述文

해설 解説

(가)は固定された文章。→(나)は'먼저'という単語から
(가)の文につながる文だということが分かる。→(다)
(라)は女性の特徴を述べている。しかし(다)の文には
'-도'があるため、1つ目の女性の特徴が提示された後

の２番目の特徴だということが分かる。したがって
(가) → (나) → (라) → (다)と並べるのが正しい。

58.

(가) 그래서 요즘 건강이 많이 좋아졌습니다.
(나) 제가 사는 집은 지하철역 근처에 있습니다.
(다) 저는 지하철역에서 집까지 걸어서 갑니다.
(라) 걸어서 20분, 버스로는 5분 걸립니다.

① (나)-(다)-(라)-(가)　　❷ (나)-(라)-(다)-(가)
③ (나)-(라)-(가)-(다)　　④ (나)-(가)-(라)-(다)

단어 건강 健康　좋아지다 良くなる　근처 近所
　　　걸리다 （時間が）かかる

(가) そのおかげで最近、体調がとてもよくなりました。
(나) 私が住んでいる家は、地下鉄の駅の近くにあります。
(다) 私は地下鉄の駅から家まで歩いて帰ります。
(라) 歩いて20分、バスでは５分かかります。

종류 種類 叙述文

해설 解説

(나)は固定された文章。→ (다)と(라)では、(다)は地下鉄の駅からどうやって帰るのかを述べており、(라)では住んでいる家は歩いて20分、バスで５分かかると述べている。したがって(라)が先に来るのが正しい。→そして筆者が歩いて帰るため、(가)で体調が良くなったと述べている。したがって、(나)の次に(라)、そして(다)(가)の順で文を並べることができる。(나) → (라) → (다) → (가)が正しい。

[59~60] 다음을 읽고 물음에 답하십시오.

사고가 났을 때 사람들은 보통 경찰서 전화번호인 112에 전화를 합니다. (㉠) 그런데 가끔 아이들이 장난으로 112에 전화를 합니다. (㉡) 그리고 어떤 사람은 술을 먹고 112에 전화해서 끊지 않습니다. (㉢) 또 내가 사고가 났을 때도 도움을 받을 수 없습니다. (㉣) 그래서 필요할 때만 112에 전화해야 합니다.

단어 사고가 나다 事故が起きる　경찰서 警察署　가끔 時々
　　　장난으로 遊びで　끊다 （電話を）切る

59. 다음 문장이 들어갈 곳을 고르십시오.

그러면 도움이 꼭 필요한 사람이 도움을 받을 수 없습니다.

① ㉠　　② ㉡　　❸ ㉢　　④ ㉣

次の文章を読んで問いに答えなさい。

事故が起きた時、普通、警察署の電話番号である112に電話をします。(㉠)しかし時々、子供がいたずらで112に電話をします。(㉡)そしてある人は酒に酔って112に電話をし、長々と話し続けます。(㉢)また、私が事故を起こしたときも助けてもらえません。(㉣)だから必要な時だけ112に電話をしなければなりません。

次の文章が入る所を選びなさい。

それでは、助けが本当に必要な人が助けてもらえません。

종류 種類 叙述文

解説

'그러면'は㉢の前の文で１１２にいたずら電話や酒に酔って電話をし、長々と話し続けることを指し、そのような状況では本当に助けが必要なときに助けてもらえないと述べている。また、㉢の後ろの文で'또'と'도움을 받을 수 없습니다'があるため、㉢の文も'도움을 받을 수 없습니다'が来なければならない。

60. 이 글의 내용과 같은 것을 고르십시오.

① 아이들은 경찰서에서 가끔 장난합니다.
② 아이들은 경찰서 전화번호를 잘 모릅니다.
③ 술을 마신 사람은 112에 전화를 안 합니다.
❹ 도움이 필요할 때만 112에 전화를 해야 합니다.

この文章の内容と同じものを選びなさい。

🗂 종류 種類 **叙述文**

🎓 解説

最後の文章で112に電話をするときは助けが必要なときだけしなければならないと述べている。
① 子供たちはときどき、警察署でいたずらをする。
　（警察署でではなく、警察署にいたずら電話をするということ。）
② 子供たちは警察署の電話番号を知りません。
　（電話番号を知っているから、いたずら電話をかけることができる。）
③ 酒に酔った人は１１２に電話をしません。
　（電話をしないのではなく、電話をしてなかなか切らない。）

[61~62] 다음을 읽고 물음에 답하십시오.

가을이 되면 내장산에는 단풍 구경을 온 등산객들이 아주 많습니다. 경치가 매우 아름다워서 사람들은 주로 가을에 많이 옵니다. 산의 (　　) 단풍의 색이 다릅니다. 산 아래에서 정상으로 올라갈수록 온도의 차이로 색이 달라집니다. 올해도 단풍이 아름답게 들어서 많은 사람이 찾아올 예정입니다.

단어 단풍 紅葉/もみじ　　아름답다 美しい
　　　경치 景色　　주로 主に

次の文章を読んで問いに答えなさい。
秋になると内蔵山（내장산）には紅葉を見に多くの登山客が訪れます。素晴らしい景色を見るために多くの人が主に秋に訪れます。山の（　　）紅葉の色が違います。山のふもとから頂上に登れば登るほど、温度の差で色が変わります。今年も紅葉が美しく広がり、多くの人が訪れる予定です。

（　　）に入る適切な言葉を選びなさい。

🗂 종류 種類 **叙述文**

🎓 해설 解説

より後の内容から、山のふもとから上に登れば登るほど温度の差で紅葉の色が変化するということが分かる。したがって（　　）の中の内容は'높이에 따라（高さによって）'が正しい。

61. (　　)에 들어갈 알맞은 말을 고르십시오.

① 날씨에 따라　　　　　　② 계절에 따라
③ 장소에 따라　　　　　　❹ 높이에 따라

---

62. 이 글의 내용과 같은 것을 고르십시오.

① 가을에 나뭇잎의 변화로 등산할 수 없습니다.
② 가을에는 산이 등산객의 옷 때문에 아름답습니다.
❸ 가을에는 산의 나뭇잎이 여러 가지 색으로 바뀝니다.
④ 가을이 되면 단풍을 보는 사람들이 매우 아름답습니다.

この文章の内容と同じものを選びなさい。

🗂 종류 種類 **叙述文**

🎓 해설 解説

'단풍'とは秋の山が赤や黄色に変化することを言う。したがって山の木の葉がいろいろな色に変わるという内容が正しい。
① 秋は木の葉の変化で登山をすることができない。
　（秋には多くの登山客が訪れると述べている。）
② 秋には山が登山客の服で美しいです。（紅葉で美しい。）
④ 秋になると紅葉を見る人がとても美しいです。
　（紅葉を見る人ではなく、紅葉が美しい。）

[63~64] 다음을 읽고 물음에 답하십시오.

회장님, 오늘 워크숍에 초대해 주셔서 감사합니다.
이번 워크숍은 제가 관심 있는 프로그램이 많아서 아주 좋았습니다. 워크숍이 끝난 후 바로 인사를 드리려고 했습니다. 그런데 제가 또 다른 약속이 있어서 빨리 나왔습니다. 그래서 다음 달에 제가 직접 총동문회 사무실로 찾아 뵙겠습니다.
그럼, 안녕히 계세요.

이동건 드림

단어 워크숍(workshop) ワークショップ　관심 興味
프로그램 プログラム　약속이 있다 約束がある
총동문회 同窓会

63. 동건 씨는 왜 이 글을 썼습니까?
❶ 워크숍 초대에 감사해서
② 워크숍에 오신 회원들에게 감사해서
③ 회장님을 워크숍에 초대하고 싶어서
④ 회장님과 만날 또 다른 약속이 있어서

64. 이 글의 내용과 같은 것을 고르십시오.
❶ 이번 워크숍에는 여러 가지 프로그램이 있었습니다.
② 총동문회는 다음 주에 다시 워크숍을 하려고 합니다.
③ 회원들은 이번 워크숍 프로그램에 관심이 많았습니다.
④ 동건 씨는 워크숍 시작 전에 회장님을 만나고 싶었습니다.

[65~66] 다음을 읽고 물음에 답하십시오.

우리 몸은 외부에서 들어온 나쁜 물질에 강하게 저항하여 건강을 유지하려고 합니다. 이러한 활동을 면역이라고 합니다. 침은 (　㉠　) 해 줍니다. 눈물은 먼지를 씻어 주고 속눈썹은 먼지를 막아 눈을 보호합니다. 그리고 땀은 피부

次の文章を読んで問いに答えなさい。

会長、本日はワークショップに招待してくださり、ありがとうございました。今回のワークショップは、私にとって興味があるプログラムが多く、とても面白かったです。ワークショップ終了後にすぐご挨拶をしようと思っていたのですが、他の約束があって、急いで会場を出てしまいましたので、来月、私が直接、同窓会事務所にお伺いしようと思います。では、失礼いたします。

イ・ドンゴン

ドンゴンさんはなぜメールを書きましたか。

種類 Eメール

解説
文章の目的は主に最初と最後に書く。Eメールは普通、最初に理由を書く、このメールも'워크숍에 초대해 줘서 고맙다(ワークショップに招待してくださり、ありがとうございます。)'と挨拶で始まっている。したがって'워크숍 초대에 감사해서(ワークショップの招待に感謝して)'が正しい。

この文章と内容が同じものを選びなさい。

種類 Eメール

解説
興味あるプログラムが多いということから、ワークショップではいろいろなプログラムがあるということが分かる。したがって今回のワークショップにはいろいろなプログラムがあるというのが正しい。
② 同窓会は来週もう一度ワークショップをする。
（ドンゴンさんが、来月同窓会事務所に直接行く。）
③ 会員達は今回のワークショップのプログラムに大変興味があります。(会員たちではなくドンゴンさんが興味あるプログラムが多い。)
④ ドンゴンさんはワークショップが始まる前、会長さんに会いたかったです。(ワークショップが終わったあとに会いたかったが、約束があり会うことができなかった。)

次の文章を読んで、問いに答えなさい。

私達の体は外部から進入する悪い物質に対し強く抵抗し、健康を維持しようとします。このような活動を免疫と言います。唾は(　㉠　)してくれます。涙は

를 보호합니다. 이외에도 우리 몸에는 여러 가지 면역 기관
이 있습니다.

단어 외부 外部　　물질 物質　　저항하다 抵抗する
　　유지하다 維持する　　면역 기관 免疫器官

65. (㉠)에 들어갈 알맞은 말을 고르십시오.
(㉠)に入る適切な言葉を選びなさい。

① 눈을 뜨겁게　　　　　② 귀를 따뜻하게
③ 두 손을 차갑게　　　　❹ 입 안을 깨끗하게

ほこりを洗い流してくれ、眉毛はほこりを遮り、目
を保護します。そして汗は皮膚を保護します。これ
以外にも、私達の体にはいろいろな免疫器官があり
ます。

종류 種類 叙述文

해설 解説

( )の前の文章は免疫について話している。免疫の種
類である「唾、涙、眉毛、汗」を並べ、特徴を述べてい
る。したがって'침'(唾)は口を保護するので、'침'と最
も近い'입 안을 깨끗하게(口の中をきれいにする)'が正
しい。

---

66. 이 글의 내용과 같은 것을 고르십시오.
① ~~건강은~~ 나쁜 물질에 강하게 저항하는 것입니다.
❷ 눈에 먼지가 들어가면 눈물이 나서 씻어 냅니다.
③ 우리 몸은 ~~내부에서 나가는 물질도~~ 저항합니다.
④ 우리 몸에서 면역 기관은 ~~침, 눈물, 땀만~~ 있습니다.

この文章の内容と同じものを選びなさい。

종류 種類 叙述文

해설 解説

目はほこりが目に入ると涙でほこりを洗い流し、目を
保護する。したがって2番が最も正しい。
① 健康とは悪い物質に対し強く抵抗することを言う。
　（健康ではなく免疫）
③ 私たちの体は内部から出る物質にも抵抗します。
　（外部から進入する悪い物質に対して抵抗する。）
④ 私たちの体の免疫器官は唾、涙、汗だけです。
　（これ以外にも私たちの体にはいろいろな免疫器官
　がある。）

[67~68] 다음을 읽고 물음에 답하십시오.

저는 매일 오후에 도서관에 다닙니다. 도서관에는 여러 가
지 좋은 시설이 (㉠) 있습니다. 일 층에는 컴퓨터실과
복사실이 있습니다. 이 층에는 학생 휴게실이 있습니다. 그
리고 삼 층에는 열람실과 멀티미디어실이 있습니다. 저는
앞으로도 계속 도서관을 (㉡).

단어 시설 施設　　복사실 コピー室　　휴게실 休憩室
　　열람실 閲覧室　　멀티미디어실 視聴覚室

67. ㉠에 알맞은 것을 고르십시오.
① 조금　　　　② 거의　　　　❸ 많이　　　　④ 전혀

次の文章を読んで、問いに答えなさい。

私は毎日、午後図書館へ行きます。図書館にはいろ
いろな良い施設が(㉠)あります。1階にはコンピ
ューター室とコピー室があります。2階には休憩室
があります。そして3階には閲覧室と視聴覚室があ
ります。私はこれからもずっと図書館を(㉡)。

㉠に入る適切なものを選びなさい。

종류 種類 叙述文

해설 解説

図書館には良い施設がいろいろあり、(㉠)の後ろの
文章は1階、2階、3階に分かれそれぞれの施設を紹
介している。したがって㉠は、図書館にいろいろな施
設がどのくらいあるのかを表す副詞'많이'が正しい。

① 조금 少し
　例 저는 사탕이 조금 있습니다.
　　私はキャンデーが少しあります。

② 거의 ほとんど/ほぼ
　[예] 집에 <u>거의</u> 다 왔어요.
　　　家にほぼ着きました。
④ 전혀 全然/全く
　[예] 수현이는 술을 <u>전혀</u> 못 마십니다.
　　　スヒョンはお酒をほとんど飲めません。

---

68. ㉡에 알맞은 것을 고르십시오.

① 이용했습니다　　　　❷ 이용할 것입니다
③ 이용하고 있습니다　　④ 이용하여도 됩니다

㉡に入る適切なものを選びなさい。

종류 種類 叙述文

해설 解説

(　)の前の重要語彙は、'앞으로(これから)'だ。'앞으로'
は未来を表す。②番の文型は未来を表す'-을/ㄹ 것이
다'を使っているので、㉡に入る答えとして正しい。

③ -고 있다: ある動作が進行していることを表す表
　現。
　[예] 수현이가 노래를 <u>부르고 있습니다</u>.
　　　スヒョンが歌を歌っています。
④ -아도/어도/여도 되다: 承諾や許容を表す表現。
　[예] 이 옷 한번 입어 <u>봐도 돼요</u>?
　　　この服、着てみてもいいですか。

[69~70] 다음을 읽고 물음에 답하십시오.

8시에 일어난 나는 늦어서 급하게 세수하였다. 어머니가
차려 준 아침을 먹은 후 물을 계속 틀고 이를 닦았다. 오늘
(　㉠　) 수업 시간표를 확인한 후 준비물 때문에 늦게 집
에서 나왔다. 그래서 걸어서 5분인 학교까지 아버지의 차를
타고 갔다. 학교 수업을 마치고 집으로 돌아와서 컴퓨터 게
임을 했다. 그런데 친구가 불러서 컴퓨터를 끄지 않고 그냥
축구하러 갔다.

단어 머리를 감다 髪を洗う　　틀다 ひねる/ねじる
　　　마치다 終える　　부르다 呼ぶ

69. (　㉠　)에 들어갈 알맞은 말을 고르십시오.

① 만들　　② 보낼　　③ 만질　　❹ 배울

次の文章を読んで、問いに答えなさい。

8時に起きた私は、寝坊したので急いで顔を洗った。
母が準備してくれた朝食を食べ、そのあと水を出しっ
ぱなしで歯を磨いた。今日(　㉠　)授業の時間割を確認
し、持ち物の準備に手間取り、家を出るのが遅れたの
で、歩いて5分の学校まで父の車に乗って行った。学
校の授業が終わって家に帰り、コンピューターゲーム
をしたが、友達に呼ばれて、コンピューターをつけた
ままサッカーをしに出かけた。

(㉠)に入る適切な言葉を選びなさい。

종류 種類 エッセイ

해설 解説

(　)より前の文章の状況を見ると、学校へ行く準備を
している。そして(　)より後の文章の重要語彙は'수
업 시간표(授業の時間割)'だ。したがって'수업(授業)'と
最も近い㉠の'배울(習う/学ぶ)'が正しい。

---

70. 이 글의 내용으로 알 수 있는 것은 무엇입니까?

❶ 나는 오늘 자원을 많이 낭비했습니다.
② 우리 어머니는 음식을 잘 만드십니다.
③ 나는 오늘 ~~시간을~~ 많이 사용했습니다.
④ 우리 아버지는 ~~자주~~ 차를 태워 주십니다.

この文章の内容から解ることは何ですか。

種類 **エッセイ**

解説

全体の文章を理解した後、内容を推測するという問題形式で、重要語彙を中心とし、筆者が何を言いたいかを推測しなければならない。'수돗물(水道の水)''자동차(車)','컴퓨터(コンピューター)'などは資源だ。水道を出しっぱなしにし、近い距離でも車に乗って、ガソリンを消費した。また、コンピューターをつけたままで出かけ、電気も無駄使いした。したがって、資源を浪費したことを述べようとした。

② 母は、料理が上手です。
　（母が料理を作ったが、全体の文章の中では重要なことではない。）
③ 私は今日、時間をたくさん使いました。
　（１日中いろいろなことをしたが、時間の浪費ではない。）
④ 父はよく来るまで送ってくれます。
　（父がよく送ってくれるのではなく、今日は遅刻したので車で送ってくれた。）

실전모의고사
제2회 해설

듣기 聞き取り

1. ①	**2.** ④	**3.** ③	**4.** ③	**5.** ④	**6.** ①	**7.** ③	**8.** ②	**9.** ①	**10.** ②
11. ④	**12.** ③	**13.** ②	**14.** ③	**15.** ③	**16.** ①	**17.** ④	**18.** ④	**19.** ④	**20.** ③
21. ②	**22.** ①	**23.** ③	**24.** ②	**25.** ①	**26.** ①	**27.** ②	**28.** ②	**29.** ③	**30.** ②

읽기 読解

31. ①	**32.** ②	**33.** ①	**34.** ③	**35.** ④	**36.** ②	**37.** ②	**38.** ②	**39.** ③	**40.** ④
41. ④	**42.** ③	**43.** ②	**44.** ②	**45.** ③	**46.** ②	**47.** ①	**48.** ④	**49.** ④	**50.** ①
51. ②	**52.** ③	**53.** ②	**54.** ③	**55.** ①	**56.** ③	**57.** ④	**58.** ③	**59.** ③	**60.** ②
61. ①	**62.** ①	**63.** ④	**64.** ②	**65.** ④	**66.** ④	**67.** ①	**68.** ③	**69.** ①	**70.** ③

해설 解説

듣기 (1번 ~ 30번)

[1~4] 다음을 듣고 〈보기〉와 같이 물음에 맞는 대답을 고르십시오.

次の会話を聞いて、例のように適切な答えを選びなさい。

男: この人は友達ですか。

1.

남자: 이 사람이 친구예요?
여자: ＿＿＿＿＿＿＿

❶ 네, 친구예요.　　　　② 네, 친구가 없어요.
③ 아니요, 친구가 많아요.　④ 아니요, 친구를 만나요.

단어 친구 友達　없다 ない　많다 多い　만나다 会う

종류 種類 **会話**

해설 解説

'N예요?'で質問する場合、答えが肯定なら'네, N이에요'、否定なら'아니요, N이/가 아니에요'で答える。
② '친구가 없어요?(友達がいませんか。)'に対する答え。
③ '친구가 없어요?(友達がいませんか。)'または、'친구가 적어요?(友達が少ないですか。)'に対する答え。
④ '만나다'ではない、他の動詞についての答え。(例: 밥을 먹어요? 例: ご飯を食べますか。)

2.

여자: 집이 멀어요?
남자: ＿＿＿＿＿＿＿

① 네, 집이에요.　　　② 네, 집이 커요.
③ 아니요, 집이 좁아요.　❹ 아니요, 집이 가까워요.

단어 멀다 遠い　크다 大きい　좁다 狭い　가깝다 近い

女: 家は遠いですか。

종류 種類 **会話**

해설 解説

家が遠いなら、'네, 멀어요.'もし、遠くないなら'멀어요'の反対語、'아니요, 집이 가까워요.'になる。
① '집이에요?(家ですか。)'に対する答え。
② '집이 커요?(家は大きいですか。)'に対する答え。
③ '집이 넓어요?(家は広いですか。)'に対する答え。

3.

여자: 어제 저녁에 뭐 먹었어요?
남자: ＿＿＿＿＿＿＿

① 어제 먹었어요.　　　② 혼자 먹었어요.
❸ 비빔밥을 먹었어요.　④ 식당에서 먹었어요.

단어 저녁 夜　먹다 食べる　혼자 一人
　　　비빔밥 ビビンバ　식당 食堂

女: 昨日の晩、何を食べましたか。

종류 種類 **会話**

해설 解説

晩ご飯に食べたものを選べばよい。
① '언제 먹었어요?(いつ食べましたか。)'に対する答え。
② '누구하고 먹었어요?(だれと食べましたか。)'に対する答え。
④ '어디에서 먹었어요?(どこで食べましたか。)'に対する答え。

4.

남자: 오늘이 무슨 요일이에요?

男: 今日は何曜日ですか。

여자: ____________________

① 세 시예요.　　　　　　② 십삼 일이에요.
❸ 수요일이에요.　　　　　④ 삼만 원이에요.

단어 오늘 今日　시 時　일 日　요일 曜日　원 ウォン

曜日を尋ねる質問に答えるものを探せばよい。
① '몇 시예요?(何時ですか。)'に対する答え。
② '오늘이 며칠이에요?(今日は何日ですか。)'に対する答え。
④ '얼마예요?(いくらですか。)'に対する答え。

[5~6] 다음을 듣고 〈보기〉와 같이 다음 말에 이어지는 것을 고르십시오.

5.

여자: 창문 좀 닫아 주시겠어요?
남자: ____________________

① 네, 축하합니다.　　　　② 네, 부탁합니다.
③ 네, 감사합니다.　　　　❹ 네, 알겠습니다.

단어 닫다 閉める　축하하다 祝う　부탁하다 お願いする
　　 감사하다 感謝する

次の会話を聞いて、例のように次に続くものを選びなさい。
女: 窓を閉めていただけますか。

女性は今、窓を閉めてくださいとお願いしている。
① 祝いの言葉。
② '창문을 닫아드릴까요?(窓を閉めましょうか。)'に対する答え。
③ 感謝の言葉。

6.

남자: 선물 고마워요.
여자: ____________________

❶ 아니에요.　　　　　　② 잘했어요.
③ 감사해요.　　　　　　④ 미안해요.

단어 고맙다 ありがとう　잘하다 上手だ　감사하다 感謝する
　　 미안하다 すまない

男: プレゼントありがとうございます。

感謝の言葉に対する答えを選ぶ。
② 誉める言葉。
③ 感謝の言葉。
④ 謝罪の言葉。

[7~10] 여기는 어디입니까? 〈보기〉와 같이 알맞은 것을 고르십시오.

7.

여자: 커피 한 잔하고 녹차 두 잔 주세요.
남자: 여기 있습니다.

① 서점　　　② 은행　　　❸ 커피숍　　　④ 여행사

단어 커피 コーヒー　녹차 緑茶　잔 杯　서점 本屋
　　 은행 銀行　커피숍 カフェ　여행사 旅行社

ここはどこですか。例のように適切なものを選びなさい。
女性: コーヒー１つと、緑茶２つください。
男性: どうぞ。こちらです。

コーヒーと緑茶を注文できる場所はカフェ。

8.

남자: 2시 50분 표 두 장 주세요.
여자: 네, 여기 있습니다.

① 공원　　　❷ 극장　　　③ 편의점　　　④ 백화점

단어 표 チケット/切符　　공원 公園　　극장 映画館/劇場
편의점 コンビニ　　백화점 デパート

男性: ２時５０分のチケット、２枚ください。
女性: はい、こちらです。

종류 種類 会話

해설 解説

(映画の)チケットを買える場所は映画館。

9.

남자: 곧 출발이에요. 여행 잘 다녀오세요.
여자: 고마워요. 잘 다녀올게요.

❶ 공항　　　② 학교　　　③ 경찰서　　　④ 미술관

단어 출발 出発　　공항 空港　　학교 学校
경찰서 警察署　　미술관 美術館

男性: もうすぐ出発ですね。旅行、気を付けていってらっしゃい。
女性: ありがとうございます。行ってきます。

종류 種類 会話

해설 解説

男性は女性に旅行、気を付けていってらっしゃいと
言っている。

・다녀오다 行ってくる
예 여행 잘 다녀오세요. いってらっしゃい。

10.

남자: 112쪽부터 128쪽까지 풀어 오세요.
여자: 네, 알겠습니다.

① 꽃집　　　❷ 교실　　　③ 미용실　　　④ 영화관

단어 꽃집 花屋　　교실 教室　　미용실 美容室
영화관 映画館

男性: 112ページから128ページまで解いてきてくだ
さい。
女性: はい、わかりました。

종류 種類 会話

해설 解説

先生が学生に宿題を出している。

・풀다 解く
예 시험 문제를 풀어요. 試験問題を解きます。

[11~14] 다음은 무엇에 대해 말하고 있습니까? 〈보기〉
와 같이 알맞은 것을 고르십시오.

11.

여자: 사과를 살까요?
남자: 저는 사과 안 좋아해요. 포도를 먹고 싶어요.

① 동물　　　② 운동　　　③ 직업　　　❹ 과일

단어 사과 りんご　　포도 ぶどう　　동물 動物　　운동 運動
직업 職業　　과일 果物

何について話をしていますか。例のように適切なも
のを選びなさい。
女性: りんごを買いますか。
男性: 私はリンゴが好きじゃありません。ぶどうが食
べたいです。

종류 種類 会話

해설 解説

'사과(りんご)'と '포도(ぶどう)'は、果物の一つ。

12.

여자: 저는 영화 보는 것을 좋아해요. 민수 씨는요?
남자: 저는 수영을 좋아해요. 그래서 수영장에 자주 가요.

① 건강　　　② 방학　　　❸ 취미　　　④ 음식

단어 영화 보다 映画を観る　수영 水泳　수영장 プール
　　　자주 しょっちゅう/度々　건강 健康
　　　방학 夏休み(冬休み)　취미 趣味　음식 食べ物

女性: 私は映画を観るのが好きです。ミンスさんは？
男性: 私は水泳が好きなので、プールへよく行きます。

종류 種類 会話

해설 解説

お互い好きなものについて話している。'취미(趣味)'とは好きで、楽しみのためにすること。

13.

남자: 1시까지 이 일을 끝내면 됩니까?
여자: 아니요. 9시까지 이메일로 보내세요.

① 날짜　　　❷ 시간　　　③ 주말　　　④ 취미

단어 끝내다 終える　날짜 日にち　시간 時間
　　　주말 週末　취미 趣味

男性: 1時までにこの仕事を終わらせればいいですか。
女性: いいえ、9時までにメールで送ってください。

종류 種類 会話

해설 解説

何時までに仕事を終わらせないといけないのかについて話している。

・끝내다 終わらせる
　예 일을 끝내요. 仕事を終わらせる。

14.

여자: 밖에 비가 와요?
남자: 네, 비가 오니까 우산을 가지고 가세요.

① 채소　　　② 여행　　　❸ 날씨　　　④ 계절

단어 채소 野菜　여행 旅行　날씨 天気　계절 季節

女性: 外は雨が降っていますか。
男性: ええ。雨が降っているので、傘を持って行ってください。

종류 種類 会話

해설 解説

雨が降るというのは'날씨(天気)'についての語である。

・비가 오다 雨が降る
　예 밖에 비가 와요. 外は雨が降っています。

[15~16] 다음 대화를 듣고 알맞은 그림을 고르십시오.

15.

여자: 이 액자는 어디에 걸까요?
남자: 저기 책상 옆이 좋겠어요.

① 　② 

次の会話を聞いて、適切な絵を選びなさい。
女性: この額絵、どこに飾りますか。
男性: あそこの机の横がいいですね。

종류 種類 会話

해설 解説

女性が絵を持って、男性に絵を掛ける場所を尋ねている。

・걸다 掛ける
　예 액자를 벽에 걸어요. 壁に絵を掛けます。

① 美術館で男性と女性が絵を見ている。
② 男性と女性が椅子に座って、額の絵を見ながら話をしている。
④ デパートで男性が額を買っている。女性は店員。

단어 액자 額/額縁　　걸다 掛ける

16.

남자: 태권도를 배우려고 하는데 어디로 가면 되나요?
여자: 아, 네. 여기에서 등록하시면 됩니다.

단어 태권도 テコンドー　　배우다 習う/学ぶ
등록하다 登録する

男性: テコンドーを習いたいのですが、どこへ行けばいいですか。
女性: あ、はい。ここで登録できますよ。

종류 種類 会話

해설 解説

男性がテコンドーを習おうと申し込みに来ている。

・등록하다 登録する
예 운동을 하려고 헬스장을 등록해요.
　　運動をするためにジムに登録します。

② 男性と女性がテコンドー場で、テコンドーをしている人たちを見ながら会話をしている。
③ テコンドー場で、男性がテコンドー着を着て女性と話をしている。
④ たくさんの人がテコンドー場でテコンドーをしている。

[17~21] 다음을 듣고 〈보기〉와 같이 대화 내용과 같은 것을 고르십시오.

17.

남자: 음악회 표가 두 장 있는데 이번 주 토요일에 같이 갈까요?
여자: 미안해요. 이번 주는 친구 병문안을 가야 해서 못 가요.

① 남자는 혼자 음악회에 가려고 합니다.
② 여자는 친구와 음악회를 다녀왔습니다.
③ 남자는 여자와 음악회를 갈 수 있습니다.
❹ 여자는 이번 주에 친구 병문안을 갑니다.

단어 음악회 音楽会　　병문안 お見舞い

次の会話を聞いて、例のように会話の内容と同じものを選びなさい。

男性: 音楽会のチケットが２枚あるのですが、今週の土曜日一緒に行きませんか。
女性: すみません。今週は友達のお見舞いに行くので、行かれません。

종류 種類 会話

해설 解説

音楽会に一緒に行こうという男性の提案に、女性は友達のお見舞いに行くので行かれないと答えている。

① 男性は一人で音楽会に行きます。
　（女性に一緒に行こうと提案している）
② 女性は友達と音楽会に行ってきました。
　（今週土曜日に行こうという提案に、行かれないと答えている。）
③ 男性は女性と音楽会に行くことができる。
　（女性はお見舞いに行くので音楽会に行かれない。）

18.

남자: 실례합니다. 미술관 앞에서 내리려고 하는데 몇 정거장 더 가야 해요?
여자: 미술관은 바로 다음 정류장이라 지금 벨을 눌러야 해요.
남자: 네, 감사합니다.

① 남자는 미술관을 지나쳤습니다.
② 여자는 미술관에 가려고 합니다.
③ 여자는 다음 정류장에서 내립니다.
❹ 남자는 미술관에 가는 버스를 탔습니다.

단어 정거장/정류장 停留所　누르다 押す
지나치다 通り過ぎる

男性: すみません。美術館の前で降りたいのですが、あとどのくらいですか。
女性: 美術館は次の停留所ですよ。今、ベルを押さないと。
男性: ありがとうございます。

종류 種類 **会話**

해설 解説

美術館は次の停留所だという女性の言葉から、男性は美術館に行くバスに乗っているということが推測できる。

• 버스를 타다 バスに乗る
• 버스에서 내리다 バスから降りる

① 男性は美術館を通り過ぎました。
　（美術館は次の停留所。）
② 女性は美術館に行きます。
　（男性が美術館に行く。）
③ 女性は次の停留所で降ります。
　（男性が次の停留所で降りる。）

19.

여자: 민수 씨, 무슨 고민 있어요?
남자: 요즘 다이어트를 하려고 운동을 하고 있는데 살이 안 빠져서요.
여자: 매일 운동을 해요? 다이어트는 꾸준히 운동을 하는 것이 중요해요.
남자: 그렇군요. 앞으로는 더 열심히 운동을 해야겠어요.

① 여자는 꾸준히 운동을 합니다.
② 여자의 고민은 다이어트입니다.
③ 남자는 다이어트를 해서 살이 빠졌습니다.
❹ 남자는 살을 빼려고 운동을 하고 있습니다.

단어 고민 悩み　살이 빠지다 痩せる　운동하다 運動する

女性: ミンスさん、悩みでもあるんですか。
男性: 最近、ダイエットしようと運動しているのに、ぜんぜん痩せなくて。
女性: 毎日運動していますか。ダイエットはこつこつと運動するのが大切ですよ。
男性: そうですか。これからはもっと頑張って運動しないといけませんね。

종류 種類 **会話**

해설 解説

男性は女性にダイエットについてアドバイスを求めている。

• 다이어트 ダイエット
　예 살을 빼려고 다이어트를 해요.
　　痩せようとダイエットをします。
• 꾸준히 こつこつと/根気強く
　예 한국어를 꾸준히 공부하면 좋은 성적을 받을 수 있어요.
　　韓国語をこつこつ勉強すれば、いい成績を取ることができます。

① 女性はこつこつ運動します。
　（男性はこれからこつこつ運動すると言っている。）
② 女性の悩みはダイエットです。
　（ダイエットは男性の悩み。）
③ 男性はダイエットをして痩せました。
　（男性は痩せないので悩んでいる。）

20.

남자: 어서 오세요. 필요하신 것이 있으면 말씀하세요.
여자: 어제 여기에서 신발을 샀는데 집에 가서 신어 보니까
　　　사이즈가 조금 작아서요.
남자: 색상이나 디자인은 같은 것으로 하시나요?
여자: 네. 사이즈만 큰 것으로 바꿔 주세요.
남자: 손님, 죄송하지만 같은 상품으로는 큰 사이즈가 없어
　　　서요. 검은색은 사이즈가 있는데 검은색으로 바꾸시
　　　겠어요? 아니면 주문을 하셔야 합니다.
여자: 아니요. 주문하고 갈게요.

① ~~남자는~~ 신발을 주문하려고 합니다.
② 여자는 검은색 신발로 ~~교환했습니다~~.
❸ 남자는 신발 가게에서 일하고 있습니다.
④ 여자는 ~~신발이 마음에 들지 않아서~~ 바꾸려고 합니다.

단어 필요하다 必要だ　　신다 履く　　사이즈 サイズ
　　　　색상 色　　디자인 デザイン　　상품 商品

男性：いらっしゃいませ。
女性：昨日、ここで靴を買ったのですが、家に帰って
　　　履いてみたらサイズが少し小さくて。
男性：色やデザインは同じものでよろしいですか。
女性：はい。サイズだけ大きいのに変えてください。
男性：お客様、申し訳ございません。同じもので大き
　　　いサイズがありません。黒ならサイズがありま
　　　すが、黒に交換いたしましょうか。そうでなけれ
　　　ば、注文になります。
女性：では、注文していきます。

種類 会話

解説

男性は靴屋の店員。女性が昨日購入した靴をサイズの
大きいものに交換しに来ている。

・주문하다 注文する
　例 사고 싶은 물건이 없어서 주문해요.
　　　買いたい物がないので、注文します。

① 男性は靴を注文します。(女性が靴を注文する。)
② 女性は黒い靴に交換しました。
　　(黒靴に交換せず、注文する。)
④ 女性は靴が気に入らないので、交換します。
　　(サイズが小さいので、交換する。)

21.

남자: (따르릉) 여보세요, 맛나음식점입니다.
여자: 네, 여기 한국아파트 123동 709호로 비빔밥 한 그릇
　　　하고 김치찌개 좀 배달해 주세요.
남자: 지금 점심시간이라 주문이 많아서 오래 걸릴 것 같은
　　　데 괜찮으세요?
여자: 네. 그런데 김치찌개는 너무 맵지 않게 해 주세요.
남자: 네. 배달 시간까지 30분 정도 걸립니다.
여자: 네, 알겠습니다.

① ~~남자는~~ 매운 음식을 잘 ~~먹습니다~~.
❷ 여자는 두 가지 음식을 주문했습니다.
③ ~~남자는~~ 20분 후에 음식을 먹을 수 있습니다.
④ 여자는 ~~식당에서~~ 음식을 주문하고 있습니다.

단어 음식점 飲食店/食堂　　오래 (時間的に) 長く
　　　　걸리다 かかる　　맵다 辛い

男性：（トゥルルル）もしもし、マンナ食堂です。
女性：もしもし、韓国アパート123の709号室です
　　　が、ビビンバ1つと、キムチチゲを届けてもら
　　　うことはできますか。
男性：ちょうど今、昼の時間帯で注文が多いので、少
　　　し時間がかかるかもしれませんが、よろしいで
　　　すか。
女性：はい。すみませんが、キムチチゲはあまり辛く
　　　しないでください。
男性：はい。お届けするまでに30分くらいかかると
　　　思います。
女性：はい、わかりました。

種類 会話

解説

女性はビビンバとキムチチゲ、2つを注文した。

・배달하다 配達する/届ける
　例 비빔밥 두 그릇 배달해 주세요.
　　　ビビンバ2つ配達して（届けて）ください。

① 女性は辛い食べ物をよく食べます。

(辛くしないでくださいと言っていることから、辛
いものはあまり食べられない。)
③ 女性は20分後に食べることができる。
（食事は30分後に届けられる。）
④ 女性は食堂で食事を注文しています。
（電話で食事を注文している。）

[22~24] 다음을 듣고 대화 내용과 같은 것을 고르십시오.

22.

여자: (딩동) 42번 손님. 무엇을 도와드릴까요?

남자: 신용 카드를 하나 만들려고 하는데요. 대학생이 사용
하기 좋은 카드가 있습니까?

여자: 네, 대학생들이 자주 가는 커피숍이나 극장에서 할인
이 되는 카드가 있습니다. 그리고 카드를 사용하면
바로 문자로 확인하실 수 있습니다.

남자: 그럼 그 카드로 만들어 주세요.

❶ 남자는 지금 은행에 있습니다.
② 남자는 신용 카드를 바꾸려고 합니다.
③ 여자는 커피숍이나 극장에 자주 갑니다.
④ 여자는 은행에서 신용 카드를 만들었습니다.

단어 손님 お客様　　신용 카드 クレジットカード
사용하다 使用する　　확인하다 確認する　　만들다 作る

次の会話を聞いて、会話の内容と同じ物を選びなさい。

女性: （ピンポン）42番のお客様。ご用件をお伺いし
ます。

男性: クレジットカードを作ろうと思うのですが。大
学生が使うのにいいカードはありますか。

女性: ええ、大学生がよく行くカフェや映画館で割引
になるカードがあります。それと、カードを使
うと、すぐに携帯メールで確認することができ
ますよ。

男性: では、そのカードを作ってください。

種類 종류 種類 **会話**

해설 解説

男性はクレジットカードを作ろうと銀行に来た。

・할인되다 割引になる
例 50% 할인된 가격에 살 수 있어요. 50%割引きにな
った値段で買うことができます。

② 男性はクレジットカードを変更しようとしています。
（クレジットカードを作ろうとしている。）
③ 女性はカフェや映画館によく行きます。
（カフェや映画館で割引になるカードがある。）
④ 女性は銀行で、クレジットカードを作りました。
（男性がクレジットカードを作ろうとしている。）

23.

남자: 나영 씨, 내일 회의 시간 바뀐 것 알고 있어요? 원래 한
시였는데 회사 컴퓨터 점검 때문에 세 시로 바뀌었어요.

여자: 그렇군요. 모르고 있었어요. 고마워요.

남자: 아니에요. 회의 자료는 제가 복사해서 가져갈게요.
나영 씨는 회의실로 바로 가세요. 회의실은 3층 회의
실이 아니고 5층 회의실이에요.

여자: 알겠어요. 정말 고마워요.

① 내일 한 시에 회의를 할 겁니다.
② 회의는 3층 회의실에서 할 겁니다.
❸ 회의 자료는 남자가 준비할 겁니다.
④ 컴퓨터 고장으로 회의 시간이 바뀌었습니다.

男性: ナヨンさん。明日の会議時間が変更になったの
を知っていますか。もともと1時だったのです
が。会社のコンピューターの点検で、3時に変
更になりました。

女性: そうですか。知りませんでした。ありがとうご
ざいます。

男性: いいえ。会議の資料は私がコピーして持って行き
ます。ナヨンさんは会議室に直接行ってくださ
い。会議室は3階ではなく、5階の会議室です。

女性: わかりました。本当にありがとうございます。

種類 종류 種類 **会話**

해설 解説

会議の資料は自分がコピーして持って行きますとい

단어 점검하다 点検する　　자료 資料　　복사하다 コピーする
가져가다 持って行く　　회의실 会議室

う男性の言葉から、会議の資料は男性が準備すること
が推測できる。

・바뀌다 変わる
　예 약속 장소가 <u>바뀌었어요</u>.
　　　約束の場所が変わりました。

① 明日、1 時に会議をします。
　（明日 3 時に会議をします。）
② 会議は 3 階、会議室でします。
　（5 階の会議室で会議をする。）
④ コンピューターが故障したので、会議の時間が変
　更した。（コンピューターの点検で、会議の時間が変
　更しになった。）

24.

여자: 오후 1시 공연 표 좀 예매하려고요.
남자: 네, 몇 장 예매하시겠어요?
여자: 어른 두 명하고 어린이 한 명이요. 모두 얼마예요?
남자: 어른은 구천 원이고 어린이는 칠천 원이에요. 자리는
　　　공연 시작 전에 안내해 드리겠습니다.

① ~~남자~~는 공연을 보려고 합니다.
❷ 여자는 표 세 장을 사고 있습니다.
③ 여자는 ~~만 육천 원~~을 내면 됩니다.
④ 남자는 자리 안내를 ~~받고 있습니다~~.

단어 공연 公演　　어른 大人　　어린이 子供　　자리 席
안내하다 案内する

女性: 午後 1 時の公演のチケットを予約したいのです
　　　が。
男性: はい。何枚でしょうか。
女性: 大人 2 枚と、子供 1 枚です。全部でいくらです
　　　か。
男性: 大人は 9 千ウォンで、子供は 7 千ウォンです。
　　　席は公演が始まる前にご案内いたします。

종류 種類 会話

해설 解説
女性は大人2枚と、子供1枚、全部で3枚買っている。

・예매하다 予約する
　예 공연 표를 <u>예매해요</u>. 公演のチケットを予約する。

① 男性は公演を見ようとしています。
　（女性が公演を観ようとしている。）
③ 女性は 1 万 6 千ウォンを払えばよい。
　（女性は 2 万 5 千ウォンを払わなければならない。）
④ 男性は席に案内してもらっている。
　（男性は女性に席を案内する。）

[25~26] 다음을 듣고 물음에 답하십시오.

남자: 손님 여러분, 안녕하십니까? 오늘도 우리 한국항공
　　　을 찾아주셔서 정말 감사합니다. 우리 비행기는 오전
　　　9시에 인천공항을 출발하여 밤 10시에 미국에 도착
　　　하는 HK130편입니다. 비행기가 이륙할 때 창문덮개
　　　를 모두 열어 주시고, 휴대전화 및 모든 전자제품을
　　　꺼 주시기 바랍니다. 이륙한 후 비행 중에는 전자제
　　　품을 사용하실 수 있습니다. 감사합니다.

次の文章を聞いて、問いに答えなさい。

男性: ご搭乗の皆さん、こんにちは。本日も韓国航空
　　　をご利用いただきまして、誠にありがとうござ
　　　います。飛行機は、午前9時に仁川空港を出発
　　　し、夜10時にアメリカに到着するHK130便でご
　　　ざいます。飛行機が離陸する際、窓のブライン
　　　ドを開け、携帯電話などのすべての電子機器類
　　　の電源をお切りくださいますよう、お願い申し
　　　上げます。離陸後、飛行中には電子機器を使用
　　　することができます。ありがとうございます。

단어	항공 航空　　출발하다 出発する　　도착하다 到着する

단어 항공 航空　　출발하다 出発する　　도착하다 到着する
　　편 便　　이륙하다 離陸する　　열다 開ける
　　전자제품 電子機器　　끄다 切る　　사용하다 使用する

25. 어떤 이야기를 하고 있는지 고르십시오.
❶ 부탁　　　② 감사　　　③ 인사　　　④ 사과

단어 부탁 お願い　　감사 感謝　　인사 あいさつ　　사과 謝罪

どんな話をしているのか選びなさい。

種類 **案内放送**

解説

飛行機の中での注意事項を守るようお願いしている。

・끄다 切る
　例 휴대전화를 꺼요. 携帯電話を切ります。

---

26. 들은 내용과 같은 것을 고르십시오.
❶ 비행기는 미국에 도착합니다.
② 비행기는 밤 10시에 출발합니다.
③ 비행기가 출발할 때 창문덮개를 닫아야 합니다.
④ 비행기 안에서 휴대전화를 사용할 수 없습니다.

聞いた内容と同じものを選びなさい。

種類 **案内放送**

解説

飛行機は午前9時にインチョン空港を出発し、夜10時にアメリカに到着する。
② 飛行機は夜10時に出発します。
　（飛行機は午前9時に出発する。）
③ 飛行機が出発する際、窓のブラインドを閉めなければなりません。
　（窓のブラインドを開けなければならない。）
④ 飛行機の中で携帯電話を使用することはできません。
　（飛行中は携帯電話を使用することができる。）

[27~28] 다음을 듣고 물음에 답하십시오.

남자: 준코 씨는 대학교에 들어가면 무엇을 공부하고 싶어요?
여자: 저는 어릴 때부터 그림 그리는 것을 좋아해서 디자인 공부를 하고 싶어요. 옷이나 가방 디자이너가 되는 것이 제 꿈이에요. 영호 씨는요?
남자: 저는 아직 고민 중이에요. 그런데 요즘 드라마에서 커피 만드는 것을 보니까 커피 만드는 것을 공부하고 싶은데…… 잘 모르겠어요.
여자: 그거 재미있을 것 같아요. 배워서 나중에 저한테 맛있는 커피를 만들어 주세요.

단어 어리다 幼い　　그리다 描く　　디자이너 デザイナー
　　꿈 夢　　드라마 ドラマ　　나중에 あとで

27. 두 사람이 무엇에 대해 이야기하고 있는지 고르십시오.
① 장래 희망　　　　　❷ 대학교 전공
③ 고민하는 이유　　　④ 커피 만드는 방법

단어 장래 희망 将来の希望

次の会話を聞いて、問いに答えなさい。
男性: 純子さんは大学へ行ったら、何を勉強したいですか。
女性: 私は子供のころから絵を描くのが好きだったので、デザインの勉強をしたいです。服や鞄のデザイナーになるのが夢です。ヨンホさんは？
男性: 僕はまだ悩み中です。でも最近ドラマでコーヒーを淹れているのを見て、コーヒーについて勉強したいと思ったんですが……よくわかりません。
女性: それ、おもしろそうですね。勉強したら、あとで私にコーヒーを淹れてください。

2人が何について話しているのか選びなさい。

種類 **会話**

解説

男性と女性はお互い大学で何を勉強するのか、専攻について話している。

・고민하다 悩む
　例 무슨 직업을 선택할지 고민해요.
　　どんな仕事をしようか悩みます。

28. 들은 내용과 같은 것을 고르십시오.

① 남자는 그림 그리는 것을 좋아합니다.
❷ 남자는 무엇을 공부할지 고민하고 있습니다.
③ 여자는 커피 만드는 일을 배우고 싶어 합니다.
④ 여자는 남자에게 커피 만드는 방법을 가르쳐 줬습니다.

聞いた内容と同じものを選びなさい。

📁 종류 種類 会話

🎓 해설 解説

男性は何を専攻するか、悩んでいる。
① 男性は絵を描くのが好きです。
　（女性が絵を描くのが好きです。）
③ 女性はコーヒーを淹れるのを習いたいです。
　（男性がコーヒー淹れるのを習いたい。）
④ 女性は男性にコーヒーの淹れ方を教えてあげました。（女性は男性に、勉強したら、あとでおいしいコーヒーを入れてくださいと言っている。）

[29~30] 다음을 듣고 물음에 답하십시오.

남자: 안녕하세요. 집을 좀 알아보려고 왔는데요. 친구하고 두 명이서 같이 살 건데 혹시 괜찮은 집이 있나요?
여자: 네. 거실과 주방이 있고 방이 두 개인 집이 하나 있어요.
남자: 한 달에 얼마예요?
여자: 한 달에 오십 만 원이고 전기세와 수도세는 따로 내셔야 합니다.
남자: 음, 그럼 생각해 보고 오후 5시쯤 다시 친구하고 같이 올게요. 그때 그 집을 한번 볼 수 있을까요?
여자: 그럼요. 그때 집을 좀 둘러보시고 결정하세요.

단어 알아보다 探す/調べる　거실 居間　주방 台所
전기세 電気代　수도세 水道代　내다 払う
둘러보다 見回す

次の会話を聞いて、問いに答えなさい。

男性: こんにちは。部屋を探しに来たのですが。友達と2人で住むのに、いい部屋はありますか。
女性: ええ。居間と台所があって、部屋が2つの家が1か所ありますよ。
男性: 1か月いくらですか。
女性: 1か月50万ウォンで、電気代と水道代は別途支払わなければなりません。
男性: うーん。じゃあ、少し考えてから、5時ごろまた友達と一緒に来ます。その時、部屋を見ることができますか。
女性: もちろんです。その時、部屋をご覧になって決めてください。

男性は今、なぜここに来ましたか。

29. 남자는 지금 왜 여기에 왔습니까?

① 집을 팔려고　　　　② 집을 바꾸려고
❸ 집을 구하려고　　　　④ 집을 고치려고

단어 팔다 売る　고치다 直す

📁 종류 種類 会話

🎓 해설 解説

男性は部屋を借りようと不動産屋へ来た。

・구하다 探す/求める
예 부동산에서 집을 구해요. 不動産屋で部屋を探します。

---

30. 들은 내용과 같은 것을 고르십시오.

① 여자는 어제 집을 보러 왔습니다.
❷ 남자는 다시 집을 보러 올 겁니다.
③ 남자는 혼자 살 집을 찾고 있습니다.
④ 여자는 이 집에서 살기로 결정했습니다.

聞いた内容と同じものを選びなさい。

📁 종류 種類 会話

🎓 해설 解説

男性は午後5時に、友達と部屋を見にもう一度来ることにした。
・결정하다 決定する/決める
예 이 옷을 사기로 결정했어요.
　この服を買うことに決めました。

① 女性は昨日、部屋を見に来ました。
　（男性は午後、部屋を見る。）
③ 男性は一人で住む家を探しています。
　（友達と一緒に住む部屋を探している。）
④ 女性はこの部屋で住むことに決めました。（男性は
　午後5時に部屋を見た後、決めると言った。）

읽기 (31번 ~ 70번)

[31~33] 다음은 무엇에 대한 이야기입니까? 〈보기〉와
　　　　 같이 알맞은 것을 고르십시오.

何についての話ですか。例のように適切なものを選びなさい。

ここはトイレです。あそこは食堂です。

31.

여기는 화장실입니다. 저기는 식당입니다.

❶ 장소　　　② 나이　　　③ 날씨　　　④ 날짜

단어 여기/저기 ここ/あそこ　　화장실 トイレ　　식당 食堂

종류 種類 **叙述文**

해설 解説

'여기(ここ)'와 '저기(あそこ)'는 場所を表す代名詞、ト
イレと食堂は場所の名詞。2つの文の共通点は '장소
(場所)'。

② 나이 年齢 : 저는 29살입니다. 누나는 30살입니다. 私は
　29歳です。姉は30歳です。
③ 날씨 天気 : 오늘은 하늘이 맑습니다. 今日は晴れてい
　ます。
④ 날짜 日にち : 오늘은 7월 25일입니다. 今日は7月25
　日です。

32.

오늘은 10월 9일입니다. 저는 오후 2시에 친구를 만날 겁니다.

① 취미　　　❷ 계획　　　③ 선물　　　④ 친구

단어 오늘 今日　　친구 友達　　만나다 会う

今日は10月9日です。私は午後2時に友達に会います。

종류 種類 **叙述文**

해설 解説

今日は10月9日で、友達と会う約束がある。

① 취미 趣味 : 저는 등산을 좋아합니다. 자주 합니다. 私
　は登山が好きです。よく登山をします。
③ 선물 プレゼント : 친구 생일 선물로 꽃을 줬습니다. 友
　達の誕生日プレゼントに花をあげました。
④ 친구 友達 : 이번 여름 방학에 고향에 가서 친구를 만날
　겁니다. 今度の夏休みに田舎に帰って友達に会うつ
　もりです。

33.

준코 씨는 미용사입니다. 영수 씨는 은행에서 일합니다.

❶ 직업　　② 가족　　③ 나라　　④ 휴일

단어 미용사 美容師　　일하다 仕事をする

純子さんは美容師です。ヨンスさんは銀行で仕事を
します。

種類 種類 叙述文

해설 解説

銀行で働く人は'은행원(銀行員)'。美容師、銀行員は職
業。

② 가족 家族 : 우리 가족은 아버지, 어머니, 저 모두 세 명
　　입니다. 私の家族は、父、母、私の３人です。
③ 나라 国 : 나라마다 인사하는 것이 다릅니다. 国ごとに
　　あいさつが違います。
④ 휴일 休日 : 오늘은 쉬는 날입니다. 일을 하지 않습니다.
　　今日は休みの日です。仕事をしません。

[34~39] 〈보기〉와 같이 빈칸에 제일 알맞은 것을 고르
십시오.

34.

신문(　　) 읽어요.

① 과　　　② 이　　　**❸ 을**　　　④ 에서

단어 신문 新聞　　읽다 読む

어휘·문법
① 와/과 : 人やいろいろな物を言うときに使う助詞。
　[예] 저는 빵과 과자를 좋아합니다.
　　　私はパンとお菓子が好きです。
　[예] 저는 사과와 배를 좋아합니다.
　　　私はりんごと梨が好きです。
② 을/를 : 目的格助詞
　[예] 영철 씨는 한국 음악을 듣습니다.
　　　ヨンチョルさんは韓国の音楽を聴きます。
　[예] 오늘 저녁에 영화를 볼 겁니다.
　　　今晩、映画を見るつもりです。
④ 에 : 場所と位置、時間を表す副詞格助詞
　[예] 민수 씨가 학교에 갑니다.
　　　ミンスさんは学校へ行きます。
　[예] 저는 보통 아침 7시에 일어납니다.
　　　私は普通、朝７時に起きます。

例のように（　　）に最も適切なものを選びなさい。
新聞（　　）読みます。

種類 種類 叙述文

해설 解説

'읽어요(読みます)'는, '무엇을 읽다'のように前に目的
語がくる。したがって、（　）に入るのは目的格助詞'을/
를'が適切である。

35.

배가 아픕니다. (　　　)에 갑니다.

① 공항　　② 서점　　③ 시장　　**❹ 병원**

단어 배가 아프다 おなかが痛い

おなかが痛いです。（　　　）へ行きました。

種類 種類 叙述文

해설 解説

具合が悪い時に行く場所は、'약국과 병원(薬局と病
院)'。ここでは病院。

① 공항 空港
　예 비행기를 타러 <u>공항</u>에 갑니다.
　　飛行機に乗るため、空港へ行きます。
② 서점 本屋
　예 한국어 책을 사러 <u>서점</u>에 갑니다.
　　韓国語の本を買いに本屋へ行きます。
③ 시장 市場
　예 채소를 사러 <u>시장</u>에 갑니다.
　　野菜を買いに市場へ行きます。

36.

주말에 여자 친구와 같이 극장에 갔습니다. 슬픈 영화를
(　　　　).

① 썼습니다　　❷ 봤습니다　　③ 줬습니다　　④ 찼습니다

週末、彼女と一緒に映画館に行きました。
悲しい映画を（　　　　）

종류 種類　叙述文

해설 解説

영화를 보다(映画を観る)、영화 관람(映画鑑賞)などの
ように使う。'극장에 갔습니다(映画館へ行きました)'は
時制が過去なので、'슬픈 영화를 봤습니다(悲しい映画
を見ました)'が適切である。

단어 주말 週末　　극장 映画館　　영화 映画

어휘 · 문법
① 쓰다 書く
　예 부모님께 편지를 <u>썼습니다</u>.
　　両親に手紙を書きました。
③ 주다 あげる
　예 어제 여자 친구에게 선물을 <u>줬습니다</u>.
　　昨日、彼女にプレゼントをあげました。
④ 차다 蹴る
　예 지난주에 학교 운동장에서 공을 <u>찼습니다</u>.
　　先週、学校の運動場でボールを蹴りました。

37.

교실이 (　　　　). 그래서 친구와 함께 청소를 했습니다.

① 좁습니다　　　　　　　　❷ 더럽습니다
③ 어둡습니다　　　　　　　④ 어렵습니다

教室が（　　　　）。だから友達と一緒に掃除をしました。

종류 種類　叙述文

해설 解説

掃除をした理由を探す問題。
教室が汚れていたので掃除をしました。

단어 교실 教室　　청소 場所

어휘 · 문법
① 좁다 狭い
　예 제 기숙사 방은 <u>좁습니다</u>. 寮の部屋が狭いです。
③ 어둡다 暗い
　예 방이 <u>어두워서</u> 불을 켰습니다.
　　部屋が暗いので、電気をつけました。
④ 어렵다 難しい
　예 이번 TOPIK 시험은 너무 <u>어렵습니다</u>.
　　今回のTOPIKはとても難しかったです。

38.

지난주에 노트북을 주문했습니다. (　　　) 집에 오지 않았습니다.

① 빨리　　　❷ 아직　　　③ 벌써　　　④ 가끔

先週ノートパソコンを注文しましたが、(　　　)届きません。

[단어] 지난주 先週　　노트북 ノートパソコン
주문하다 注文する

[어휘·문법]
① 빨리 早く
[예] 빨리 공항에 가세요. 10분 남았어요.
　　　早く空港に行ってください。あと10分です。
③ 벌써 すでに/もう
[예] 내일이 마감일인데 친구는 벌써 다 했습니다.
　　　明日が締切なのに、友達はすでに全部終わらせました。
④ 가끔 時々
[예] 저는 가끔 노래방에 가서 노래를 부릅니다.
　　　私は時々カラオケに行って歌を歌います。

[종류 種類] 叙述文

[해설 解説]

前の文章で、ノートパソコンを注文したのに、今になっても届いていないという表現で、'아직 –지 않다'の文型を使う。

39.

날씨가 더워요. 그래서 에어컨을 (　　　).

① 봤어요　　　② 갔어요　　　❸ 켰어요　　　④ 들었어요

暑いので、エアコンを(　　　)

[단어] 에어컨 エアコン
[어휘·문법] 連語(collocation)

· 촛불을 켜다 ロウソクをつける
[예] 방이 어두워서 촛불을 켰어요.
　　　部屋が暗いので、ロウソクをつけました。
· 텔레비전을 켜다 テレビをつける
[예] 좋아하는 한국 드라마를 보고 싶어서 텔레비전을 켰어요.
　　　好きな韓国ドラマを見たくて、テレビをつけました。
· 라디오를 켜다 ラジオをつける
[예] 한국 음악을 듣고 싶어서 라디오를 켰어요.
　　　韓国の音楽を聞きたくて、ラジオをつけました。

[종류 種類] 叙述文

[해설 解説]

なぜ扇風機をつけるのか、前の文に理由が示されている。暑いと扇風機やエアコンをつける。エアコン、テレビ、ラジオなどは、'켜다'と一緒に使う。

[40~42] 다음을 읽고 맞지 않는 것을 고르십시오.

40.

"엄마와 떠나는 여행"

1. 시　간 : 2014년 5월 25일(일요일 오후 2시, 4시)
2. 장　소 : 한국소극장
3. 예매 및 문의 : 02) 123-1234(☞무대 앞 좌석은 매진)
※ 5세 이하 어린이는 입장할 수 없습니다.

① 공연은 모두 두 번 합니다.
② 연극 공연에 대한 안내입니다.

次の文章を読んで、合わないものを選びなさい。

"お母さんと一緒旅行"

1. 時間: 2014年 5月 25日(日曜日 午後 2時, 4時)
2. 場所 : 韓国小劇場
3. 予約及び問い合わせ: 02) 123-1234(☞舞台前の席は売り切れ)
※ 5歳 以下のお子様は入場できません。

[종류 種類] ポスター

③ 네 살 어린이는 공연을 볼 수 없습니다.
❹ 지금 모든 자리를 예매할 수 있습니다.

 예매 予約　　문의 問い合わせ　　좌석 座席
　　　매진 売り切れ　　입장하다 入場する

最前列の席だけ売り切れ。したがって、他の席は予約
することができる。
① 公演は日曜日の午後2時と4時なので、全部で2回
　公演。
② 小劇場、予約、舞台などの言葉から、演劇と言う事
　がわかる。
③ 5歳以下は入場できないので、4歳は公演を見るこ
　とができない。

41.

농구 경기 일정

2014. 02. 11(화)

출전팀		장소	시간	방송
KE	LD	서울	19:00	O
LT	SM	부산	18:00	X

① 스포츠 경기에 대한 안내입니다.
② 11일 경기는 모두 저녁 경기입니다.
③ KE와 LD의 경기는 서울에서 합니다.
❹ LT와 SM의 경기는 TV로 볼 수 있습니다.

 경기 競技　　일정 日程　　방송 放送

バスケット競技の日程
2014. 02. 11(火)

出場チーム		場所	時間	放送
KE	LD	ソウル	19:00	O
LT	SM	釜山	18:00	X

 案内文 − 表

'방송(放送)'とは、テレビやラジオで見たり聞いたりす
ることができるという意味。表に「X」とあるので、テ
レビでは見られない。
① バスケットボールはスポーツの一つ。したがってス
　ポーツ競技についての案内表。
② 競技日は１１日で、時間は夜ということから、夜の
　競技。
③ 表によると、ＫＥとＬＤの競技場所はソウルだ。

42.

OO 문화센터 프로그램

시간	화	수	목	금
13–15시	요가	노래	요가	
15–17시	댄스	탁구	노래	배드민턴

① 댄스는 화요일에 2시간 합니다.
② 노래는 일주일에 2번 있습니다.
❸ 센터에 주말 프로그램이 있습니다.
④ 센터에서는 금요일에 배드민턴을 가르칩니다.

 문화센터 文化センター　　프로그램 プログラム
　　　요가 ヨガ　　댄스 ダンス

OO 文化センタープログラム

時間	火	水	木	金
13-15時	ヨガ	歌	ヨガ	
15-17時	ダンス	卓球	歌	バトミントン

 表

文化センターのプログラムを見てると、火曜日から金
曜日までのプログラムしかない。

① 13時～15時は午後。ヨガは火曜日。
② 歌は水曜日と木曜日の２回。
④ 金曜日には、バトミントンを教える。

[43~45] 다음의 내용과 같은 것을 고르십시오.

43.

오늘 아침을 먹고 아버지와 같이 도서관에 갔습니다. 저는 도서관에서 전공 책을 대출했습니다. 아버지께서는 역사 책을 반납했습니다.

① 책을 빌리고 점심을 먹었습니다.
❷ 저는 오늘 전공 책을 빌렸습니다.
③ 오늘 아침 혼자 도서관에 갔습니다.
④ 아버지께서는 역사 책을 빌렸습니다.

단어 전공 専攻   대출하다 (本を)借りる   역사 歴史
　　 반납하다 返却する

次の内容と同じものを選びなさい。

今日、朝ご飯を食べてから父と一緒に図書館へ行きました。私は図書館で専攻に関する本を借りました。父は、歴史の本を返却しました。

종류 種類 叙述文

해설 解説

今日、父と一緒に図書館へ行ったという話。私は図書館で専攻に関する本を借りた。

① 本を借りて、昼ご飯を食べました。
　（昼ごはんを食べたかはわからない。）
③ 今朝、一人で図書館へ行きました。
　（父と一緒に行った。）
④ 父は歴史の本を借りました。（返却した。）

44.

지난주에 형 졸업식이 있었습니다. 돈이 없었지만 선물로 옷을 주고 싶었습니다. 4주 동안 아르바이트를 해서 멋진 옷을 줬습니다.

① 저는 졸업식에서 옷을 받았습니다.
❷ 저는 형한테 졸업 선물을 했습니다.
③ 저는 4주 동안 형에게 멋진 옷을 줬습니다.
④ 저는 아르바이트를 해서 옷을 많이 샀습니다.

단어 졸업식 卒業式   아르바이트 アルバイト
　　 멋지다 かっこいい/素敵だ

先週、兄の卒業式がありました。お金がありませんでしたが、卒業祝いに服をあげたかったので、4週間アルバイトをして、かっこいい服をあげました。

종류 種類 叙述文

해설 解説

兄の卒業式に服をあげたので、「卒業祝いをあげた」が適切である。

① 私は卒業式で服をもらいました。（服をあげた。）
③ 私は4週間、兄にかっこいい服をあげました。（4週間一生懸命アルバイトをした。）
④ 私は一生懸命仕事をして、服をたくさん買いました。（たくさん買ったかどうかは、わからない。）

45.

토요일마다 달리기 모임이 있습니다. 우리는 1년에 한 번 마라톤 대회에 나가려고 한 시간씩 달리기 연습을 합니다. 다음 달에 있는 '춘천마라톤대회'에 회원 대부분이 참여합니다.

① 토요일마다 마라톤 대회가 열립니다.
② 매년 토요일에 한 시간 동안 달립니다.
❸ 1년에 한 번 마라톤 대회에 나갑니다.
④ 다음 달 춘천마라톤대회에는 모든 회원이 참여합니다.

단어 달리다(달리기) 走ること   마라톤 マラソン
　　 회원 会員/メンバー   참여하다 参加する

毎週土曜日にマラソンサークルがあります。私たちは、1年に1回、マラソン大会に出場するため、1時間ずつ練習をします。来月に行われる「春川マラソン大会」にメンバーのほとんどが参加します。

종류 種類 叙述文

해설 解説

1年に1回のマラソン大会に出ようと、毎週土曜日に1時間ずつ練習をして、1年に1回マラソン大会に出るというのが適切である。

① 毎週土曜日にマラソン大会が開かれます。（大会は1年に1回開かれる。）
② 毎年、土曜日に1時間走ります。（毎年ではなく毎週。）
④ 来月、春川マラソンには会員全員が参加します。'대부분'は「ほとんど」という意味。一部、参加しない人もいる。）

[46~48] 다음을 읽고 중심 생각을 고르십시오.	次の文章を読んで、主題を選びなさい。

46.

저는 갖고 싶은 게 있을 때 항상 수첩에 씁니다. 수첩에 쓸 때는 제일 먼저 갖고 싶은 것부터 씁니다. 그리고 그 순서대로 물건을 구입하니까 당장 필요하지 않은 것은 사지 않을 수 있습니다.

① 저는 항상 수첩에 쓴 물건을 구입합니다.
❷ 저는 갖고 싶은 물건은 모두 수첩에 씁니다.
③ 저는 갖고 싶은 물건을 다 사지 않고 순위를 매겨 구입합니다.
④ 저는 당장 필요하지 않은 물건을 먼저 수첩에 쓴 후 구입합니다.

> **단어** 항상 いつも　　수첩 手帳　　당장 その場すぐ
> 구입하다 購入する

私は買いたいものがある時、いつも手帳に書きます。手帳に書くとき、一番最初に欲しい物から書きます。そして、その順番通りに物を買うので、すぐに必要ない物は買わなくなります。

種類 叙述文

解説
欲しい物が多い時、手帳に欲しい物から順番に書く。そしてその順番通りに物を購入するので、すぐに必要ない物は買わなくなる。

47.

우리 형은 공부보다 게임을 좋아해서 늦게까지 게임을 합니다. 저는 제 친구들이 자기 형과 같이 축구와 농구 경기 하는 것을 보면 무척 부럽습니다. 저도 형과 함께 시간을 보내고 싶습니다.

❶ 저는 형과 함께 놀고 싶습니다.
② 우리 형은 축구 게임기를 사고 싶어 합니다.
③ 우리 형은 친구들과 공부를 하고 싶어 합니다.
④ 저는 형과 함께 늦게까지 공부를 하고 싶습니다.

> **단어** 부럽다 うらやましい　　시간을 보내다 時間を過ごす

僕の兄は、勉強よりゲームが好きで、遅くまでゲームをしています。僕は僕の友達が、お兄さんと一緒にサッカーやバスケットボールをしているのを見ると、とてもうらやましいです。僕も兄と一緒の時間を過ごしたいです。

種類 叙述文

解説
僕の兄は一人でゲームをすることがとても好きなので、僕は友達がお兄さんと一緒に遊んでいるように、兄と遊んでことができない。この文は、僕は兄と遊びたいということテーマ。

48.

지난주에 인터넷으로 침대를 샀습니다. 오늘 그 침대를 받았는데 너무 작아서 잘 수 없었습니다. 그래서 오늘 다시 다른 침대로 바꿀 겁니다.

① 저는 인터넷으로 침대 사는 것이 좋습니다.
② 저는 작은 침대에서 자는 것을 좋아합니다.
③ 저는 오늘 더 작은 침대로 다시 살 겁니다.
❹ 저는 인터넷으로 산 침대를 교환할 겁니다.

> **단어** 인터넷 インターネット　　침대 ベッド　　작다 小さい
> 주문하다 注文する

先週、インターネットでベッドを買いました。今日、そのベッドを受け取ったのですが、とても小さくて寝られません。それで今日もう一度、他のベッドに交換するつもりです。

種類 叙述文

解説
大きさを正確に確認できないままインターネットでベッドを注文したので。届いたベッドが小さかった。この文の主題は他のベッドに交換するということである。

[49~50] 다음을 읽고 물음에 답하십시오.

요즘 (㉠) '종이 접기 교실'이 인기가 많습니다. 그곳에는 다른 사람들이 이미 만든 여러 모양의 작품들이 많이 있습니다. 특히 동물 모양의 종이 접기 작품들이 많이 있습니다. 또 그곳에 가면 세계 여러 나라의 것도 볼 수 있습니다. 어른들은 그곳에서 아이들과 함께 종이를 접어서 만들 수 있습니다.

단어 접다 折る　　인기가 많다 人気がある　　작품 作品
세계 世界　　직접 直接

49. (㉠)에 들어갈 알맞은 말을 고르십시오.

① 직접 볼 수 있는
② 직접 그릴 수 있는
③ 여러 나라의 종이를 파는
❹ 여러 모양을 만들 수 있는

50. 이 글의 내용과 같은 것을 고르십시오.

❶ 사람들은 종이 접기를 좋아합니다.
② 동물 모양의 종이 접기 작품은 적습니다.
③ 여러 모양의 종이 접기를 할 수 없습니다.
④ 아이들은 이 종이 접기 교실에 들어갈 수 없습니다.

[51~52] 다음을 읽고 물음에 답하십시오.

저는 귤차를 자주 마십니다. 귤차는 따뜻한 차로 겨울에만 마셨지만 지금은 계절에 관계없이 마십니다. 요즘은 귤을 1년 내내 (㉠) 때문입니다. 그래서 귤차는 언제든지 마실 수 있습니다. 또 귤차를 자주 마시면 건강에 좋습니다. 비타민이 많아서 피로가 빨리 풀리고 피부에도 좋습니다.

단어 따뜻하다 温かい/暖かい　　처음 初めて
관계없다 関係ない　　언제든지 いつでも
피로가 풀리다 疲れがとれる

51. (㉠)에 들어갈 알맞은 말을 고르십시오.

① 줄 수 있기　　　　　❷ 살 수 있기
③ 볼 수 있기　　　　　④ 팔 수 있기

次の文章を読んで、問いに答えなさい。

最近（ ㉠ ）「おりがみ教室」が人気です。そこには、他の人が作ったいろいろな形の作品がたくさんあります。特に動物の形の作品が多いです。またそこでは、世界のおりがみ作品も見ることができます。大人は子供と一緒に作品を作ることができます。

（ ㉠ ）に入る適切なものを選びなさい。

種類 種類 叙述文

解説 解説
（　）の後ろに'종이 접기 교실(おりがみ教室)'とあり、そして、その後の文章を見ると、いろいろな形、特に動物の形が多いと書いてあるので、㉠は'여러 모양을 만들 수 있는(いろいろな形を作ることができる)'となる。

この文章の内容と合うものを選びなさい。

種類 種類 叙述文

解説 解説
最初の文章で述べている'인기가 많습니다'は、好きな人が多いという意味だ。したがって、人々はおりがみが好きだということがわかる。
② 動物の形のおりがみ作品は少ないです。
③ いろいろな形のおりがみを折ることができない。（できる。）
④ 子供はおりがみ教室に入ることができません。（子供と一緒に作ることができる。）

次の文章を読んで、問いに答えなさい。

私はみかん茶をよく飲みます。みかん茶は温かくして冬にだけ飲んでいましたが、今では季節に関係なく飲みます。最近では、みかんを1年中（ ㉠ ）からです。だから、みかん茶をいつでも飲むことができます。またみかん茶を頻繁に飲むと健康にも良いです。ビタミンが多いので疲れが早く取れて、肌にもいいです。

（ ㉠ ）に入る適切な言葉を選びなさい。

種類 種類 叙述文

解説 解説
（　）の前には「季節に関係なくみかん茶を飲む」、後ろには、「いつでも飲むことができる」と書いてある。

2つの文章をうまく繋げることができるのは'살 수 있기'である。

---

52. 무엇에 대한 이야기입니까? 알맞은 것을 고르십시오.

① 귤차를 마시는 곳　　　② 귤차를 마시는 방법
❸ 귤차를 마시는 이유　　　④ 귤차를 쉽게 사는 방법

何についての話ですか。適切なものを選びなさい。

 叙述文

文全体を読んでみると、みかん茶はいつでも飲むことができ、疲労回復や肌にも良いと書いてある。したがって、この文章はみかん茶を飲む理由についての話。

[53~54] 다음을 읽고 물음에 답하십시오.

요즘 '이야기 콘서트'가 많이 열립니다. '이야기 콘서트'는 처음부터 끝까지 사람들과 같이 대화하는 콘서트입니다. 중간에 노래도 하고 춤도 추지만 대화가 더 많습니다. 콘서트에서 사람들은 같이 이야기하면서 웃고 울며 (㉠) 갑니다. 그래서 사람들은 점점 더 이 콘서트를 찾고 있습니다.

단어 콘서트 コンサート　　대화하다 会話する　　웃다 笑う
울다 泣く

次の文章を読んで問いに答えなさい。

最近「話のコンサート」が多く開かれています。「話のコンサート」は、最初から最後まで人と会話をするコンサートです。途中で歌も歌い、ダンスもしますが、会話がほとんどです。コンサートでは、来た人同士、一緒に話をしながら泣いたり笑ったりして（ ㉠ ）帰ります。そのため、ますます多くの人たちがこのコンサートを訪れるようになっています。

㉠に入る適切なものを選びなさい。

53. (㉠)에 들어갈 알맞은 말을 고르십시오.

① 대화하지 않고　　　❷ 스트레스를 풀고
③ 스트레스를 주고　　　④ 선물을 주고받고

 叙述文

（　　　）の前の文章は、お互いに話しながら笑って泣いてストレスが自然に発散できるという内容だ。したがって、人はますます、このコンサートに行きたくなである。

---

54. 이 글의 내용과 같은 것을 고르십시오.

① 이야기 콘서트는 ~~유명하지 않습니다~~.
② 이야기 콘서트는 ~~대화보다 노래가 더 많습니다~~.
❸ 이야기 콘서트를 찾은 사람은 다음에 또 찾습니다.
④ 이야기 콘서트는 ~~중간부터 끝까지~~ 이야기를 합니다.

この文章の内容と同じものを選びなさい。

 叙述文

話のコンサートは歌も歌い、ダンスもするが主に会話をする場所である。会話をしながら自然にストレスを発散できるので、1度来るとまた来たくなる。したがって、「一度コンサートを訪れた人は次もまた来たくなる」が適切である。

① 話のコンサートは有名ではない。（人気があるというのは、人々に広く知られていて、有名だということ。）

② 話のコンサートは、会話より歌の方が多いです。
　（歌より会話が多い。）
④ 話のコンサートは中間から最後まで話をします。
　（最初から最後まで話をする。）

[55~56] 다음을 읽고 물음에 답하십시오.

수잔 씨, 오늘 저녁에 친구들과 함께 영화를 볼 거예요. 수잔 씨도 시간이 있으면 오세요. 영화 표는 제가 예매할 거예요. (　　) 음료수는 아직 안 샀어요. 올 수 있는지 오후까지 알려 주세요. 수업 때문에 전화를 못 받을 수 있어요. 그럼, 문자로 남겨 주세요.

– 준수 –

단어 시간이 있다 時間がある　음료수 飲み物
　　　　앞으로 これから

55. (　)에 들어갈 알맞은 말을 고르십시오.
❶ 그리고　　② 그래서　　③ 그러면　　④ 그러니까

次の文章を読んで問いに答えなさい。

スーザンさん、今晩友達と一緒に映画を見に行く予定です。スーザンさんも時間があれば来てください。映画のチケットは私が予約します。（　　）飲み物はまだ買っていません。来られるかどうか、午後までに教えてください。授業で、電話が出られないかもしれません。そのときはメールを残しておいてください。

- ジュンス -

（　）に入る適切な言葉を選びなさい。

📁 **種類 種類** メモ

🎓 **解説 解説**

前の文と後ろの文をお互いに対等な関係にする場合に使う。'그리고'が適切である。

- 그래서 : 前の文章が後ろの文章の理由、原因になる場合に使う。
　예 어제 머리가 너무 아팠어요. **그래서** 병원에 갔어요.
　　昨日、頭が痛かったので、病院へ行きました。
- 그러면 : 前の文章が後ろの文章の前提や、仮定の場合。
　예 이 버튼을 누르세요. **그러면** 커피가 나올 거예요.
　　このボタンを押すと、コーヒーが出てきます。
- 그러니까 : 前の文章が後ろの文章の理由を表す時。
　예 날씨가 더워요. **그러니까** 창문을 엽시다.
　　暑いので、窓を開けましょう。

---

56. 이 글의 내용과 같은 것을 고르십시오.
① 수잔은 이미 음료수를 ~~샀습니다.~~
② ~~수잔은~~ 영화 표를 예매할 겁니다.
❸ 준수는 오늘 저녁 영화를 볼 겁니다.
④ 준수는 수업 때문에 ~~문자를 받을 수 없습니다.~~

この文章の内容と同じものを選びなさい。

📁 **種類 種類** メモ

🎓 **解説 解説**

この文章はジュンスが残したメモである。ジュンスは今晩、映画を見る予定だ。
① スーザンはもう飲み物を買いました。(まだ買っていない。)
② スーザンは映画のチケットを買います。(ジュンスが予約する。)
④ ジュンスは授業で、メッセージを受けとることができません。(メッセージは受けとれるが、電話に出られない。)

[57~58] 다음을 순서대로 맞게 나열한 것을 고르십시오.

57.

(가) 저는 수영을 좋아해서 일요일마다 수영장에 갑니다.
(나) 주말에 늦잠을 안 자니까 생활이 규칙적입니다.
(다) 또 시간이 많아 일요일에 많은 일을 할 수 있습니다.
(라) 하지만 주말에는 사람들이 많아서 꼭 아침에 갑니다.

① (가)-(나)-(다)-(라)   ② (가)-(나)-(라)-(다)
③ (가)-(다)-(라)-(나)   ❹ (가)-(라)-(나)-(다)

단어 수영장 プール   규칙적 規則的
일찍 早く   일어나다 起きる

文の順序を正しく並べたものを選びなさい。

(가) 私は水泳が好きなので、毎週日曜日プールへ行きます。
(나) 週末に寝坊をしないので、生活が規則的です。
(다) また、1日が長くなって、日曜日にいろいろな事をすることができます。
(라) しかし週末は人が多いので、必ず朝行きます。

종류 種類 叙述文

해설 解説

(가)は固定された文章。→ 次にある３つの文章を見ると、朝プールへ行く、朝早く起きるので良い、朝から活動するので時間に余裕ができるという内容だ。つまり、共通点は「朝早く起きて良い」ということだ。そう考えると、(가) '일요일마다 수영장에 간다.(毎週日曜日プールへ行く)'という文章の次に、朝行くという内容が来なければならない。そしてなぜ、朝行くのかについての理由を明確にするため、(라)が来る。そして朝プールへ行くために、早く起き、週末にも規則的な生活を送ることができて良いという(나)の内容が来て、最後に(다)の順になる。(가) → (라) → (나) → (다)が正しい。

58.

(가) 왜냐하면 10분쯤 걸었을 때 아들 집을 찾는 할머니를 만났습니다.
(나) 저는 매일 회사까지 걸어서 출근합니다.
(다) 길을 잘 모르는 할머니를 아들 집까지 모시고 갔습니다.
(라) 집에서 회사까지 20분 걸리는데 오늘은 40분이 걸렸습니다.

① (나)-(다)-(라)-(가)   ② (나)-(라)-(다)-(가)
❸ (나)-(라)-(가)-(다)   ④ (나)-(가)-(라)-(다)

단어 쯤 くらい   출근 出勤   모르다 知らない/分からない
모시다 (目上の人を)ご案内する/おともする
걸리다 かかる

(가) なぜなら、10分ほど歩いた時、息子の家を探しているおばあさんに会ったからです。
(나) 私は毎日、会社まで歩いて出勤します。
(다) 道がよくわからないおばあさんを、息子さんの家まで連れて行きました。
(라) 自宅から会社まで20分かかりますが、今日は40分かかりました。

종류 種類 叙述文

해설 解説

(나)は固定された文章。→ (라)と(가)では、(라)は自宅から会社まで20分かかりますが、今日は40分かかりましたと述べており、(가)で'왜냐하면'とその理由を述べていることから、時間的な順番で考えると(라)が先。そして、おばあさんに会って何をしたかが(다)の「息子さんの家まで連れて行った」となるので(나)の次が(라)、そして(가)(다)の順で並べることができる。(나) → (라) → (가) → (다)が正しい。

[59~60] 다음을 읽고 물음에 답하십시오.

지난 크리스마스에 우리 가족은 서울로 여행을 갔습니다. (㉠) 서울에서 시티투어 버스를 탔습니다.(㉡) 이 버스는 일반 버스와 달랐습니다. (㉢) 그리고 차에서 내려

次の文章を読んで問いに答えなさい。

去年のクリスマス、私たちの家族はソウルに旅行へ行きました。(㉠)ソウルでシティーツアーバスに乗りました。(㉡)このバスは一般のバスとは違い

구경도 했습니다. (ⓓ) 실제로 보기 전에 차에서 여러 가지 설명을 듣고 구경할 수 있어 참 좋았습니다.

단어 시티투어 シティーツアー　구경 見物/観覧
내리다 降りる　실제로 実際に

59. 다음 문장이 들어갈 곳을 고르십시오.
대형 텔레비전이 있어서 유명한 장소를 지날 때마다 안내 설명을 해 줬습니다.

① ㉠　　② ㉡　　❸ ㉢　　④ ㉣

60. 이 글의 내용과 같은 것을 고르십시오.
① 시티투어 버스를 ~~타고~~ 서울에 갔습니다.
❷ 시티투어 버스에서 유명한 장소를 먼저 봤습니다.
③ 시티투어 버스에서 ~~내리지 않고~~ 구경을 했습니다.
④ 시티투어 버스에는 큰 텔레비전이 ~~여러 대~~ 있었습니다.

[61~62] 다음을 읽고 물음에 답하십시오.
여름 바다로 부산 해운대가 아주 유명합니다. 많은 사람이 여름에 시원한 바닷가에서 휴가를 보내려고 부산으로 갑니다. 한국 사람뿐만 아니라 외국 사람도 많이 옵니다. 또 매년 10월에는 '부산국제영화제'가 (　　) 세계적으로 유명한 영화배우와 감독을 볼 수 있습니다.

단어 유명하다 有名だ　시원하다 涼しい　휴가지 休暇地
국제 国際　감독 監督

61. (　　)에 들어갈 알맞은 말을 고르십시오.
❶ 열려서　② 넓어서　③ 많아서　④ 높아서

ました。(ⓒ)そして車から降りて観光もしました。(ⓓ)実際に見る前に、いろいろな説明を聞いてから見ることができて本当に良かったです。

次の文章が入る所を選びなさい。

大型テレビが付いていて、有名な場所を通るたびに説明をしてくれました。

種類 説明文

解説
ⓒの前で、このバスは一般のバスとは違うと述べているので、その違い「このバスにはテレビが付いていて、有名な場所を通るたびに説明をしてくれた。」という文章がⓒに入らなければならない。

この文章の内容と同じものを選びなさい。

種類 説明文

解説
シティーツアーバスの中で、大型テレビで有名な場所を前もって見て、その後でその場所を車から降りて見ることができたと述べていることから、有名な場所を先に見たが正しい。

① シティーツアーバスに乗って、ソウルへ行きました。（ソウルへ行って乗った。）
③ シティーツアーバスから降りずに、観光をしました。（本文にはない内容。）
④ シティーツアーバスには、大きいテレビが何台かありました。（本文にはない内容。）

次の文章を読んで問いに答えなさい。
夏の海というと、釜山の海雲台がとても有名です。多くの人が夏には涼しい海浜で休暇を過ごそうと、釜山に行きます。韓国人だけでなく、たくさんの外国人も行きます。また、毎年10月には「釜山国際映画祭」が（　　）世界的に有名な映画俳優や監督を見ることができます。

（　　）に入る適切な言葉を選びなさい。

種類 叙述文

解説
（　　）の前を見ると、'부산국제영화제'가 '매년 10월에'（釜山国際映画祭が、毎年10月にとあるので）「～だ」

62. 이 글의 내용과 같은 것을 고르십시오.

❶ 부산 해운대는 여름 휴가 장소로 유명합니다.
② 여름 휴가철에 부산 해운대에는 사람들이 적습니다.
③ 부산 해운대는 외국 사람들이 많이 가지 않는 곳입니다.
④ 여름에 부산 해운대에 가면 국제영화제를 볼 수 있습니다.

この文章の内容と同じものを選びなさい。

🗂 種類　叙述文

🎓 解説

本文の中で、釜山の海雲台は夏の海で有名であり、休暇地として多くの人が行く場所だと述べている。
② 夏休みの釜山海雲台は、人が少ないです。（人が多い。）
③ 釜山海雲台は外国人があまり行かないところです。（韓国人だけでなく、外国人も多く行く場所。）
④ 夏に釜山海雲台へ行くと、国際映画祭を見ることができる。（毎年10月に釜山国際映画祭が開かれる。10月は韓国では秋。）

[63~64] 다음을 읽고 물음에 답하십시오.

여러분, 수현입니다. 민주 씨가 이번 주 토요일, 오후 7시에 한국문화회관에서 피아노 연주회를 해요. 시간이 있으신 분들은 꼭 오셔서 축하해 주세요.
그래요? 전 갈 수 있어요. 모두 같이 가요.
민주 씨 축하해요.
좋은 소식이네요. 꼭 갈게요.
수현 씨, 좋은 정보 감사해요.

단어　연주회 演奏会　　꼭 必ず　　소식 消息　　정보 情報

次の文章を読んで問いに答えなさい。
みなさん、スヒョンです。今週土曜日、午後7時に、韓国文化会館でミンジュさんのピアノ演奏会があります。時間がある方は是非いらして、お祝いしてください。
本当ですか？私、行きます。みなさん一緒に行きましょう。
ミンジュさん、おめでとうございます。
良いお知らせですね。必ず行きます。
スヒョンさん、良い情報ありがとうございます。

スヒョンさんはなぜこのメッセージを書きましたか。

🗂 種類 種類　談話文 − カカオトーク

🎓 解説 解説

63. 수현 씨는 왜 이 글을 썼습니까?

① 연주회에 대해 알고 싶어서
② 연주회에 오신 분들에게 감사해서
③ 민주 씨를 연주회에 초대하고 싶어서
❹ 사람들에게 연주회 소식을 알리기 위해서

カカオトーク形式のように、会話文はお互いに交わす会話から目的を見つけることができる。この会話は、演奏会の話をした後、他の人がお祝いのメッセージや、一緒にコンサートに行くかどうかを、返信を通して書いている。したがって、このメッセージは、コンサートのニュースを知らせるために書いたもの。

---

64. 이 글의 내용과 같은 것을 고르십시오.

① 민주 씨는 이번 주에 연주회를 잘 했습니다.
❷ 수현 씨는 연주회 소식을 알리고 싶었습니다.
③ 민주 씨는 연주회 전에 사람들을 만났습니다.
④ 수현 씨는 연주회에서 직접 피아노를 연주했습니다.

この文章と内容が同じものを選びなさい。

🗂 種類 種類　談話文 − カカオトーク

🎓 解説 解説

談話の最後の内容を見ると、他の人がスヒョンさんに

「良い情報ありがとう」と言っている。したがって、スヒョンさんは、ミンジュさんの演奏会のニュースを他の人たちに知らせたかったという事がわかる。

① ミンジュさんは、今週演奏会を無事に終えました。（演奏会は今週の土曜日に行われるため、まだ演奏会を見ていない。したがって無事に終えたかどうかはわからない。）
③ ミンジュさんは、演奏会の前に友達に会いました。（演奏会は今週行われるので、まだ友達に会えていない。）
④ スヒョンさんは、演奏会で直接ピアノを演奏しました。（ミンジュさんが演奏会をする。）

[65~66] 다음을 읽고 물음에 답하십시오.

우리 얼굴에서 눈 위에 털을 눈썹이라고 한다. 눈썹은 우리의 눈을 보호해 준다. 하지만 요즈음은 사람들의 인상을 （ ㉠ ） 역할도 한다. 사람들은 외출하기 전에 긴 시간 눈썹 화장에 시간을 들인다. 또 어떤 사람은 강한 인상을 주기 위해 성형 수술까지 한다. 그래서 사람들은 눈썹을 보호의 기능보다는 미용으로 더 많은 관심을 가진다.

단어 인상 印象　　역할 役割　　외출하다 外出する
시간을 들이다 時間をかける　　성형 수술 整形手術

65. （ ㉠ ）에 들어갈 알맞은 말을 고르십시오.
① 쓰는　　　② 읽는　　　③ 부르는　　　❹ 결정짓는

次の文章を読んで、問いに答えなさい。

顔にある目の上の毛を眉毛と言う。眉毛は私たちの目を保護してくれる。しかし、最近は人の印象を（ ㉠ ）役割もする。人は外出する前に、長い時間を眉メイクにかける。また、ある人は、強い印象を与えるために整形手術までする。したがって人は、眉毛を保護機能としてよりも美容として興味を持っている。

（ ㉠ ）に入る適切な言葉を選びなさい。

종류 種類 叙述文

해설 解説

（　　　）の後ろの複数の文に、共通していることが何なのかを探さなければならない。眉メイクに多くの時間をかけ、整形手術までするのは、眉毛が人の印象を決めるのに重要な役割を果たすからだ。したがって、（　　　）には'결정짓는'が適切である。

---

66. 이 글의 내용과 같은 것을 고르십시오.
① 눈썹은 우리의 ~~얼굴~~을 보호합니다.
② 사람들은 ~~짧은~~ 시간에 눈썹 화장을 합니다.
③ 사람들은 ~~외출한 후~~ 눈썹 화장을 꼭 합니다.
❹ 눈썹은 미용의 기능으로 더 중요하게 되었습니다.

この文章の内容と同じものを選びなさい。

종류 種類 叙述文

해설 解説

本文最後の部分に、ある人は強い印象を与えるために整形手術まですると書いてある。つまり、眉毛の整形手術は私たちの印象をもっと強くするという意味で、眉毛は美容として重要になっにが適切である。

① 眉毛は私たちの顔を保護します。（目を保護する。）
② 人は短い時間で、眉メイクをします。（長い時間をかけて眉メイクをする。）
③ 人は外出した後、眉メイクを必ずします。（外出する前に眉メイクをする。）

[67~68] 다음을 읽고 물음에 답하십시오.

요즘 버스나 지하철에서 휴대전화를 들고 있는 사람들을 (㉠) 볼 수 있습니다. 휴대전화가 있는 사람들은 지하철이나 버스를 타면 대부분 스마트폰을 꺼냅니다. 그리고 뉴스나 드라마를 보거나 게임을 합니다. 또 문자를 보내고 SNS에 글을 남기기도 합니다. 하지만 20년 전 대부분 사람들은 버스 안에서 책이나 신문을 (㉤).

[단어] 들다 (手に)持つ　자연스럽게 自然に　꺼내다 取り出す
검색하다 検索する　남기다 残す

67. ㉠에 알맞은 것을 고르십시오.

❶ 많이　　② 먼저　　③ 거의　　④ 조금

68. ㉤에 알맞은 것을 고르십시오.

① 들고 있습니다.　　② 들고 있겠습니다.
❸ 들고 있었습니다.　　④ 들고 있을 겁니다.

次の文章を読んで、問いに答えなさい。

最近、バスや地下鉄の中で携帯電話を持っている人を(㉠)見かけます。携帯電話がある人は、地下鉄やバスに乗ると、ほとんどの人がスマートフォンを取り出します。そして、ニュースやドラマを見たり、ゲームをしたりします。また、メールを送ったり、SNSにコメント書いたりもします。しかし20年前には、ほとんどの人はバスの中で本や新聞を(㉤)。

㉠に入る適切なものを選びなさい。

[種類] 叙述文

[解説]

( )の後ろの文章'휴대전화가 있는 사람들은 ~ 대부분'から、多くの人が使っているというのがわかる。したがって㉠は、携帯電話を持っている人がどのくらいいるのかを表す副詞'많이'が適切。
② 먼저 先に/まず
[예] 할아버지, 먼저 드세요.
　　まずおじいさんから召し上がってください。
③ 거의 ほとんど/ほぼ
[예] 집에 거의 다 왔어요.
　　家にほぼ着きました。
④ 조금 少し
[예] 수현은 술을 조금 마십니다.
　　スヒョンはお酒を少し飲みます。

㉤に入る適切なものを選びなさい。

[種類] 叙述文

[解説]

( )の前のキーワードは'20년 전(20年前)'だ。'20년 전'は過去を表す。したがって、過去の時間表現である'-었'がある、'들고 있었습니다'が適切である。
① -고 있다 : ある動作が進行していることを表す。
[예] 수현은 노래를 부르고 있습니다. スヒョンが歌を歌っています。
② -겠- : 近い未来と推測の意味を表す。
・近い未来
[예] 선생님, 10분 후에 도착하겠습니다.
　　先生、10分後に到着します。
・推測
[예] 내일이 시험이니까 영수 씨가 오늘은 도서관에 있겠군요.
　　明日は試験なので、スヨンさんは今日、図書館にいるでしょう。
④ -을/ㄹ 거다, -을/ㄹ 것 같다: 漠然とした未来に対す

[69~70] 다음을 읽고 물음에 답하십시오.

영희의 블로그에는 여러 가지 사진이 많이 있습니다. 하지만 영희가 직접 찍은 사진은 거의 없습니다. 인터넷에서 사진을 모아 그림 프로그램을 이용해 조금씩 사진을 바꿉니다. 그리고 블로그에 다시 (㉠) 것들이 대부분입니다. 때로는 사람들의 얼굴을 재미있게 바꾸기도 합니다. 그래서 좋아하는 배우의 사진에 친구의 얼굴을 재미있게 만들어 친구에게 보내 주기도 합니다.

단어 프로그램 プログラム　　블로그 ブログ
올리다 載せる/掲載する　　재미있게 おもしろく

69. (㉠)에 들어갈 알맞은 말을 고르십시오.
❶ 올린　　② 보낸　　③ 바뀐　　④ 읽은

---

70. 이 글의 내용으로 알 수 있는 것은 무엇입니까?
① 블로그 사진은 직접 찍자 않아야 합니다.
② 인터넷에서는 필요한 사진을 찾을 수 없습니다.
❸ 사진을 직접 찍지 않아도 블로그를 할 수 있습니다.
④ 사람들은 인터넷 사진을 다른 사진으로 바꾸자 않습니다.

る推測も表す。
例 내일 비가 올 것 같습니다. 明日は雨が降りそうです。

次の文章を読んで、問いに答えなさい。

ヨンヒのブログには、写真がたくさんあります。しかし、ヨンヒが直接撮った写真は、ほとんどありません。インターネット上の写真を集めて、ソフトを使って、少しずつ写真を変えます。そして、ブログにもう一度（ ㉠ ）ものがほとんどです。時々、人の顔を面白く変えたりします。好きな俳優の写真に、友達の顔を面白く加工して、送ったりもします。

（㉠）に入る適切な言葉を選びなさい。

種類 エッセイ

解説
（　）の前の文章の状況を見ると、写真をキャプチャーして編集し、ブログにその写真を載せる過程が書いてある。したがって、'블로그(ブログ)'という単語と最も近い、㉠の'올린(載せる)'が適切である。

この文章の内容から解ることは何ですか。

種類 エッセイ

解説
全体的な文章を理解した後、内容を推測する問題。キーワードを中心に筆者が何を話そうとしているのかを推測しなければならない。いろいろな写真があるが、直接撮らなくても、その写真をソフトで面白く加工し、ブログに載せることができる。したがって、自分で写真を撮らなくても利用することができる。
① ブログの写真は直接撮らなければなりません。
　（直接撮らなくてもブログに利用することができる。）
② インターネットでは、必要な写真を探すことができません。（必要な写真が多いので、ソフトを使って写真を集めて面白く変えることができる。）
④ 人々はインターネットの写真を他の写真に変えません。（面白く加工して、送ったりもします。）

한·국·어·능·력·시·험·T·O·P·I·K
실전모의고사
제3회 해설

듣기 聞き取り

1. ④	2. ④	3. ①	4. ②	5. ④	6. ③	7. ③	8. ②	9. ①	10. ④
11. ①	12. ②	13. ②	14. ④	15. ①	16. ③	17. ④	18. ②	19. ①	20. ④
21. ③	22. ②	23. ②	24. ④	25. ①	26. ④	27. ①	28. ④	29. ①	30. ①

읽기 読解

31. ③	32. ①	33. ①	34. ②	35. ①	36. ④	37. ③	38. ②	39. ③	40. ③
41. ④	42. ③	43. ③	44. ④	45. ②	46. ①	47. ①	48. ②	49. ④	50. ③
51. ②	52. ②	53. ③	54. ③	55. ④	56. ①	57. ①	58. ④	59. ④	60. ②
61. ②	62. ③	63. ①	64. ④	65. ④	66. ④	67. ③	68. ④	69. ④	70. ③

듣기 (1번 ~ 30번)

[1~4] 다음을 듣고 〈보기〉와 같이 물음에 맞는 대답을 고르십시오.

次の会話を聞いて、例のように適切な答えを選びなさい。

男: あそこが図書館ですか。

1.

남자: 저기가 도서관이에요?
여자: ________________

① 네, 건물이에요.
② 네, 도서관이 없어요.
③ 아니요, 도서관이 커요.
❹ 아니요, 도서관이 아니에요.

단어 저기 あそこ　　도서관 図書館　　건물 建物
　　　 없다 ない　　크다 大きい

종류 種類 会話

해설 解説

'N이에요?'で質問した場合、答えは肯定なら'네, N이에요', 否定なら'아니요, N이/가 아니에요'で答える。
① '(저것이) 건물이에요?[(あれは)建物ですか。]'に対する答え。
② '도서관이 없어요?(図書館がありませんか。)'に対する答え。
③ '도서관이 작아요?(図書館が小さいですか。)'に対する答え。

2.

여자: 이 문제가 쉬워요?
남자: ________________

① 네, 문제예요.　　　　② 네, 문제가 있어요.
③ 아니요, 문제가 좋아요.　❹ 아니요, 문제가 어려워요.

단어 문제 問題　　쉽다 簡単だ　　있다 ある
　　　 좋다 良い/好きだ　　어렵다 難しい

女: この問題は簡単ですか。

종류 種類 会話

해설 解説

問題が簡単なら、'네, 쉬워요.'になる。そうでなかったらの反対語、'아니요, 문제가 어려워요.(いいえ、難しいです。)'になる。
① '문제예요?(問題ですか。)'に対する答え。
② '문제가 있어요?(問題がありますか。)'に対する答え。
③ '문제가 나빠요?(問題が悪いですか。)'に対する答え。

3.

여자: 언제 한국에 왔어요?
남자: ________________

❶ 작년에 왔어요.　　　② 동생하고 왔어요.
③ 비행기로 왔어요.　　④ 미국에서 왔어요.

단어 언제 いつ　　오다 来る　　작년 去年
　　　 동생 弟/妹　　비행기 飛行機

女: いつ韓国に来ましたか。

종류 種類 会話

해설 解説

'언제(いつ)'は、時を尋ねる疑問詞なので、時間を示す答えを探せばよい。
② '누구하고 왔어요?(誰と来ましたか。)'に対する答え。
③ '어떻게 왔어요?(どうやって来ましたか。)'に対する答え。
④ '어디에서 왔어요?(どこから来ましたか。)'に対する答え。

4.

남자: 사과 한 개에 얼마예요?
여자: _______________

① 아주 맛있어요.　　　　❷ 삼천 원이에요.
③ 사과를 좋아해요.　　　④ 슈퍼마켓에서 샀어요.

단어 아주 とても　　맛있다 おいしい　　좋아하다 好きだ
　　슈퍼마켓 スーパー　　사다 買う

男: りんご1つ、いくらですか。

종류 種類 **会話**

해설 解説

値段を答えるものを選べばよい。
① '사과가 어때요?(りんごはどうですか。)'に対する
　　答え。
③ '무슨 과일을 좋아해요?(どんな果物が好きですか。)'に
　　対する答え。
④ '어디에서 샀어요?(どこで買いましたか。)'に対する
　　答え。

[5~6] 다음을 듣고 〈보기〉와 같이 다음 말에 이어지는
　　　　것을 고르십시오.

5.

여자: 여보세요. 김 선생님 계십니까?
남자: _______________

① 잘 부탁합니다.　　　　② 안녕히 계세요.
③ 다음에 만납시다.　　　❹ 잠시만 기다리세요.

단어 계시다 いらっしゃる　　부탁하다 お願いする
　　만나다 会う

次の会話を聞いて、例のように次に続くものを選びな
さい。

女: もしもし、キム先生いらっしゃいますか。

종류 種類 **会話**

해설 解説

女性は今、キム先生に電話をしている。
① '처음 뵙겠습니다.(はじめまして。)'に対する答え。
② '안녕히 가세요.(さようなら。)'に対する答え。
③ '오늘/지금 만날까요?(今日/今、会いますか。)'に対す
　　る答え。

6.

남자: 처음 뵙겠습니다. 김철수입니다.
여자: _______________

① 천만에요.　　　　　　② 감사합니다.
❸ 반갑습니다.　　　　　④ 오랜만입니다.

단어 감사하다 感謝する　　반갑다 嬉しい
　　오랜만이다 久しぶりだ

男: はじめまして。キム・チョルスです。

종류 種類 **会話**

해설 解説

初めて会った時にするあいさつに対する答えを選ぶ。

① '고맙습니다(ありがとうございます。).'に対する答え。
② 感謝の言葉
④ 長い間会ってなかった人に会ったときのあいさつ。

[7~10] 여기는 어디입니까? 〈보기〉와 같이 알맞은 것을
　　　　고르십시오.

7.

여자: 이 책 반납하려고 하는데요.
남자: 저기 책꽂이에 넣어 주세요.

① 식당　　② 꽃집　　❸ 도서관　　④ 백화점

ここはどこですか。例のように適切なものを選びな
さい。
女性: 本を返しに来たんですが。
男性: あちらの本棚に入れてください。

종류 種類 **会話**

해설 解説

借りた本を返す場所は、図書館。

단어 책꽂이 本棚　넣다 入れる　식당 食堂　꽃집 花屋
도서관 図書館　백화점 デパート

・반납하다 返却する
[예] 도서관에서 책을 반납해요.
図書館に本を返却します。

8.

남자: 이 케이크 한 개 포장해 주세요.
여자: 네. 초는 몇 개 드릴까요?

① 약국　　❷ 빵집　　③ 미용실　　④ 우체국

단어 케이크 ケーキ　포장하다 包む　초 ロウソク
약국 薬局　빵집 パン屋　미용실 美容室
우체국 郵便局

男性: このケーキを1つ包んでください。
女性: はい。ロウソクは何本さしあげましょうか。

종류 種類 会話

해설 解説

(韓国では)ケーキを買える店はパン屋。

9.

남자: 회의는 오후 3시에 시작하겠습니다.
여자: 네, 준비하겠습니다.

❶ 회사　　② 교실　　③ 영화관　　④ 주차장

단어 회의 会議　시작하다 始める　준비하다 準備する
주차장 駐車場

男性: 会議は午後3時に始めます。
女性: はい、準備しておきます。

종류 種類 会話

해설 解説

男性が女性に、会議が何時から始まるのか話して
いる。

10.

남자: 지우개는 어디에 있어요?
여자: 저기 볼펜 옆쪽에 있어요.

① 공항　　② 극장　　③ 운동장　　❹ 문구점

단어 지우개 消しゴム　볼펜 ボールペン　운동장 運動場
문구점 文房具屋

男性: 消しゴムはどこにありますか。
女性: あそこのボールペンの横にあります。

종류 種類 会話

해설 解説

男性は消しゴムを探している。消しゴムを買える場所
は、文房具屋。

[11~14] 다음은 무엇에 대해 말하고 있습니까? 〈보기〉
와 같이 알맞은 것을 고르십시오.

11.

여자: 어느 나라에서 오셨습니까?
남자: 중국에서 왔습니다.

❶ 국적　　② 시간　　③ 날짜　　④ 주말

단어 국적 国籍　시간 時間　날짜 日にち　주말 週末

何について話をしていますか。例のように適切なも
のを選びなさい。

女性: どちらの国からいらっしゃいましたか。
男性: 中国から来ました。

종류 種類 会話

해설 解説

どこの国から来た人か、国籍を尋ねている。

12.

남자: 이번 주말에 제주도에 놀러 갈래요?
여자: 제주도는 갔다 왔어요. 부산에 가요.

① 운동　　❷ 여행　　③ 건강　　④ 날씨

단어 | 제주도 済州島　갔다 오다 行って来る　부산 釜山
운동 運動　여행 旅行　건강 健康　날씨 日にち

男性: 今度の週末、済州島へ遊びにいきませんか。
女性: 済州島は行って来たので、釜山へ行きましょう。

📁 종류 種類 **会話**

🎓 해설 解説

2人はどこに行くのか、旅行について話している。

13.

남자: 언제까지 회의 자료를 제출할 수 있습니까?
여자: 내일까지 꼭 드리겠습니다.

① 선물　　❷ 약속　　③ 휴일　　④ 교통

단어 | 자료 資料　드리다 差し上げる

男性: いつまでに会議資料を提出できますか。
女性: 明日までに必ず提出します。

📁 종류 種類 **会話**

🎓 해설 解説

女性は、会議の資料を明日まで提出しますと約束をしている。

• 제출하다 提出する
예 보고서를 제출해요. 報告書を提出します。

14.

여자: 저는 승무원이 되고 싶어요.
남자: 준코 씨는 키가 크고 예뻐서 모델도 잘 어울려요.

① 가격　　② 계절　　③ 취미　　❹ 직업

단어 | 승무원 客室乗務員　(키가) 크다 (背が) 高い
모델 モデル　가격 価格　계절 季節　취미 趣味
직업 職業

女性: 私は客室乗務員になりたいです。
男性: 純子さんは背も高いし、可愛いので、モデルも
　　　合いますよ。

📁 종류 種類 **会話**

🎓 해설 解説

客室乗務員、モデルは職業の一つ。

• (명사)이/가 되다
예 선생님이 되고 싶어요.
　　先生になりたいです。
• 어울리다 似合う
예 손님에게는 이 옷이 잘 어울려요.
　　この服はお客様によくお似合いです。

[15~16] 다음 대화를 듣고 알맞은 그림을 고르십시오.

15.

남자: 이 소파는 어디에 놓을까요?
여자: 저기 탁자 옆에 놓으세요.

❶ 　　② 

次の会話を聞いて、適切な絵を選びなさい。

男性: このソファーはどこに置きますか。
女性: あそこのテーブルの横に置いてください。

📁 종류 種類 **会話**

🎓 해설 解説

男性がソファーを動かしている。女性にソファーを置
く場所を尋ねている。

단어 소파 ソファー　　놓다 置く　　탁자 テーブル　　옆 横

② 男性と女性が座ってテレビを見ている。
③ 家具店で男性と女性がソファーを一緒に見ている。
④ 男性と女性がソファーの写真が載っている雑誌を
　見ている。

16.

남자: 택배 왔습니다. 김수미 씨 되십니까?
여자: 네, 제가 김수미입니다. 감사합니다.

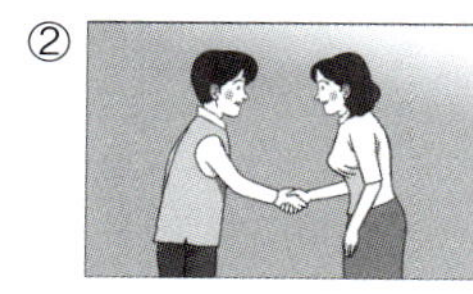

단어 택배 宅配便

男性: 宅配便です。キム・スミさんでいらっしゃいま
　すか。
女性: はい、私です。ありがとうございます。

종류 種類 会話

해설 解説

男性が女性に宅配便を配達している。

① 女性が郵便局で小包を送っている。
② 男性と女性が握手しながらあいさつをしている。
④ 事務所で同僚たちが座っていて、女性があいさつ
　をしている。

[17~21] 다음을 듣고 〈보기〉와 같이 대화 내용과 같은
　　　　것을 고르십시오.

次の会話を聞いて、例のように会話の内容と同じも
のを選びなさい。
男性: 遅れてすみません。車が混んでいて、遅れてし
　まいました。
女性: 大丈夫です。私もたった今、来たところです。

17.

남자: 늦어서 미안해요. 차가 많이 막혀서 좀 늦었어요.
여자: 괜찮아요. 저도 방금 도착했어요.

① 남자는 일찍 도착했습니다.
② 여자는 오래 기다렸습니다.
③ 여자는 차가 많이 막혔습니다.
❹ 남자는 약속 시간에 늦었습니다.

단어 늦다 遅れる　　방금 今　　도착하다 到着する

종류 種類 会話

해설 解説

男性が約束の時間に遅れて、女性に謝っている。

・차가 막히다 車が混む
　예 차가 막혀서 늦었어요. 車が混んでいて遅れました。

① 男性は早く着きました。
　（男性は車が混んでいたので、早く到着できなかった。）
② 女性は長い間待ちました。
　（女性はたった今到着したので、長い間待たなかった。）
③ 女性は車がとても混んでいて遅れました。
　（男性が車が混んでいて遅れた。）

18.

여자: 죄송하지만 한국 대학교역 지났습니까?
남자: 아니요. 아직 세 정거장 더 가셔야 합니다.

女性: すみませんが、韓国大学駅は通り過ぎました
　か。
男性: いいえ、ここからまだ３駅行かなければなりま
　せん。

여자: 네, 감사합니다.

① 남자는 지금 ~~버스를~~ 탔습니다.
❷ 여자는 세 정거장 뒤에 내립니다.
③ 남자는 한국 대학교역을 ~~모릅니다.~~
④ 여자는 한국 대학교역을 ~~지났습니다.~~

단어 역 駅   정거장 停留所   더 もっと

女性: ありがとうございます。

種類 会話

解説

ここからまだ3駅行かなければならないという男性の言葉から、女性は3つ後の駅で降りることが推測できる。
① 男性は今、バスに乗りました。
　（韓国大学駅を聞いていることから、男性と女性は、地下鉄の中にいる。）
③ 男性は、韓国大学駅を知りません。
　（まだ3駅行かなければならないという言葉から、韓国大学駅を知っている。）
④ 女性は韓国大学駅を通り過ぎました。
　（女性はあと3駅行かなければならない。）

19.

여자: 여보세요. 서울 성북 레스토랑입니다.
남자: 오늘 저녁에 네 명 예약하려고 하는데요.
여자: 몇 시에 오실 겁니까?
남자: 저녁 여섯 시 삼십 분으로 예약해 주세요.

❶ 남자는 전화로 예약하고 있습니다.
② ~~남자는~~ 성북 레스토랑에 있습니다.
③ ~~여자는 남자에게~~ 전화를 걸었습니다.
④ ~~여자는~~ 오늘 저녁에 레스토랑에 갑니다.

단어 레스토랑 レストラン   전화를 걸다 電話を掛ける

女性: もしもし。ソウル城北レストランです。
男性: 今晩、4人で予約したいのですが。
女性: 何時にいらっしゃいますか。
男性: 夕方6時30分で予約してください。

種類 電話

解説

「もしもし」という言葉から、男性は電話でレストランを予約している。

・예약하다 予約する
　例 식당을 예약해요. 食堂を予約する。

② 男性はレストランにいます。
　（女性がレストランにいる。）
③ 女性は男性に電話をかけました。
　（男性が女性に電話をかけた。）
④ 女性は今晩、レストランに行きます。
　（男性が今晩レストランに行く。）

20.

남자: 안녕하세요. 부산으로 가는 기차표 두 장을 예매하려고 하는데요.
여자: 네, 언제 가십니까?
남자: 8월 25일에 출발해서 26일에 돌아오는 왕복 기차표로 주세요.
여자: 어른 두 명 맞으십니까?
남자: 아니요, 어른 한 명하고 아이 한 명이요.
여자: 네, 여기 있습니다.

男性: すみません、釜山へ行く切符、2枚予約したいんですが。
女性: はい。いつですか。
男性: 8月25日に出発して、26日に帰る往復切符をください。
女性: 大人2人ですか。
男性: いいえ、大人1人と、子供1人です。
女性: はい。こちらです。

種類 会話

① ~~여자는~~ 부산에 갈 겁니다.
② ~~여자는~~ 8월 25일에 ~~돌아옵니다~~.
③ 남자는 ~~어른 표 두~~ 장을 샀습니다.
❹ 남자는 기차표를 예매하러 왔습니다.

[단어] 출발하다 出発する　돌아오다 帰って来る/戻ってくる
왕복 往復

[해설 解説]
男性が、駅に切符を予約しに来た。

・예매하다 予約する
[예] 기차표를 예매해요. 切符を予約する。

① 女性は釜山へ行きます。
　（男性が釜山へ行く。）
② 女性は8月25日に帰ってきます。
　（男性は8月25日に釜山へ行く。）
③ 男性は大人2人分の切符を買いました。
　（男性は大人1枚、子供1枚を買った。）

21.

여자: 어서 오세요. 어떻게 해 드릴까요?
남자: 염색을 하려고 하는데요. 이 사진에 나와 있는 남자
　　처럼 해 주세요. 얼마나 걸립니까?
여자: 염색하는데 약 한 시간 정도 걸려요.
남자: 네, 그런데 지난주 금요일에도 왔는데 문을 열지
　　않으셔서 그냥 갔습니다. 어디 갔다 오셨습니까?
여자: 아, 미용 박람회가 있어서 파리에 다녀왔어요. 요즘
　　유행하는 색으로 예쁘게 해 드릴게요.
남자: 네, 감사합니다.

① 남자는 ~~머리를 자르러~~ 왔습니다.
② 여자는 ~~염색 대회에~~ 다녀왔습니다.
❸ 남자는 한 시간 후에 염색이 끝납니다.
④ 여자는 지난주 ~~목요일에~~ 문을 열지 않았습니다.

[단어] 미용 美容　박람회 博覧会　유행하다 流行る

女性: いらっしゃいませ。どのようになさいますか。
男性: 髪の色を染めたいんですが。この写真の男性の
　　ようにしてください。どのくらいかかりますか。
女性: 色を入れるのに、1時間くらいかかります。
男性: はい。ところで、先週の金曜日にも来たんです
　　が、お店が閉まっていましたね。どこかへ行っ
　　てこられたんですか。
女性: ああ、美容博覧会があって、パリへ行ってきまし
　　た。最近流行っている色でかっこよくしますね。
男性: あ、はい。ありがとうございます。

[종류 種類] 会話
[해설 解説]

女性は美容師。男性が髪の色を染めるために美容室に
来た場面。色を入れるのに、だいたい1時間くらいか
かるという女性の言葉から、男性は1時間後に染め終
わるということが分かる。

・염색하다 髪の色を染める
[예] 미용실에서 머리를 염색해요.
　　美容室で髪を染めました。

① 男性は髪を切りに来ました。
　（男性は髪を染めに来た。）
② 女性は染色大会に行って来ました。
　（女性は美容博覧会に行ってきた。）
④ 女性は先週木曜日に、店を開けませんでした。
　（女性は先週金曜日に店を開けなかった。）

[22~24] 다음을 듣고 대화 내용과 같은 것을 고르십시오.

22.

남자: 흐엉 씨, 1시간 후로 약속 시간을 바꿀 수 있을까요?
여자: 네. 그럼 4시에 만나는 걸로 변경하면 되나요?
남자: 네. 2시에 회사에서 회의가 있어요. 아마 3시 넘어서

次の会話を聞いて、会話の内容と同じものを選びな
さい。
男性: フオンさん、約束の時間を1時間後に変えるこ
　　とはできますか。
女性: ええ。じゃ、4時に変更すればいいですか。
男性: はい。2時に会社で会議があるんです。たぶ

갈 수 있을 것 같아요. 차도 많이 막힐 것 같고요. 민수 씨에게 전화해서 1시간 후에 만날 수 있는지 물어봐 주세요.

여자: 알겠어요. 민수 씨에게 전화하고 알려 드릴게요.

① 여자는 ~~지금~~ 남자를 만나러 갈 겁니다.
❷ 여자는 민수 씨에게 전화를 할 겁니다.
③ 남자는 두 시에 ~~시외로 출장을~~ 갈 겁니다.
④ 남자는 여자를 조금 ~~일찍 만나려고 합니다~~.

단어 아마 たぶん　　넘다 超える/過ぎる
차가 막히다 車が混む　　물어보다 尋ねる　　시외 市外

23.

여자: 오늘 아침에 회사 이메일을 여는데 무슨 문제 없었어요? 저는 이메일을 열 수가 없어요.
남자: 어제 비밀번호를 안 바꿨어요? 기술부에 가서 ==비밀번호를 바꾸고 오세요.==
여자: 네, 알겠어요. ==기술부가 영업부 옆==에 있는 거 맞죠?
남자: 네, 맞아요. ==3층==으로 올라가면 ==엘리베이터 바로 옆==에 있어요.

① 여자의 ~~컴퓨터는 고장이 났습니다~~.
❷ 여자는 비밀번호를 바꾸러 갈 겁니다.
③ ~~영업부~~에서 비밀번호를 바꿀 수 있습니다.
④ 기술부는 삼 층 영업부 ~~맞은편~~에 있습니다.

단어 이메일을 열다 メールを開く　　비밀번호 パスワード
엘리베이터 エレベーター

ん、3時過ぎには行かれると思いますが、車も混むかもしれないので、ミンスさんに電話して、1時間後に会えるか聞いてみてください。
女性: わかりました。ミンスさんに電話してお知らせしますね。

> **종류 種類** 会話
> **해설 解説**

男性は約束の時間を変更しようと女性に電話をし、ミンスさんにも聞いてみてくださいとお願いしている。

・변경하다 変更します
예 약속 시간을 변경해요. 約束の時間を変更する。

① 女性は今、男性に会いに行きます。
（女性は4時に男性に会いに行きます。）
③ 男性は、2時に市外に出張します。
（会社で会議をする。）
④ 男性は女性と少し早く会おうとします。
（約束の時間より1時間遅く会う。）

女性: 今朝、会社のメールを開ける時、問題ありませんでしたか。私はメールが開けませんでした。
男性: 昨日、パスワードを変えなかったんですか。技術部へ行って、パスワードを変更してきてください。
女性: はい、分かりました。技術部は営業部の隣ですよね？
男性: ええ、そうです。3階に上がったらエレベーターのすぐ横にありますよ。

> **종류 種類** 会話
> **해설 解説**

女性はパスワードを変更していなかったので、メールを開くことができない状況。したがって、パスワードを変更しに行く。

・열다 開きます
예 이메일을 열어요. メールを開く。

① 女性のコンピューターは故障しました。
（女性はメールを開けない。）
③ 営業部でパスワードを変更することができる。
（技術部で変更できる。）
④ 技術部は3階の営業部の向かい側にあります。
（営業部の横にある。）

24.

여자: 불고기 2인분하고 콜라 한 병 주문하신 거 맞으시죠?
남자: 네. 모두 얼마입니까?
여자: 불고기는 1인분에 팔천 원이고 콜라는 한 병에 천 원
　　 이에요.
남자: 여기 있습니다. 그리고 불고기 1인분만 포장해 주세요.

① 남자는 불고기를 사러 왔습니다.
② 여자는 지금 불고기를 먹고 있습니다.
③ 여자는 불고기를 포장해 가려고 합니다.
❹ 남자는 모두 이만 오천 원을 내야 합니다.

단어 인분 人分　　병 本　　포장하다 包む/持ち帰る

女性: プルコギ2人分とコーラ1本のご注文でよるじ
　　　ですか。
男性: はい。全部でいくらですか。
女性: プルコギは1人分8000ウォンで、コーラは1
　　　本1000ウォンです。
男性: はい。それと、プルコギ1人分包んでもらえま
　　　すか。

種類 会話

解説

女性は男性が注文したものを確認している。男性はプ
ルコギ2人分と、コーラ1本を注文し、1人分を持ち
帰りしているので、全部で2万5千ウォン払わなけれ
ばならない。

・主文하다 注文する
　例 식당에서 음식을 주문해요.
　　　食堂で食事を注文します。

① 男性はプルコギを買いに来ました。
　　（男性はプルコギを食べに来たついでに、持ち帰り
　　　もしようとしている。）
② 女性は今、プルコギを食べています。
　　（男性が注文した食事を確認している。）
③ 女性はプルコギを持ち帰りしようとしています。
　　（男性がプルコギを持って帰ろうとしている。）

[25~26] 다음을 듣고 물음에 답하십시오.

남자: 안녕하세요. 댄스 동호회 회장 김민수입니다. 저희
　　 댄스 동호회에서는 한 달에 한 번씩 모여서 춤 연습
　　 을 합니다. 그리고 육 개월마다 댄스 대회에 참가합
　　 니다. 춤을 좋아하는 사람이면 누구나 가입할 수 있
　　 습니다. 그리고 춤을 잘 추지 못하는 사람도 금방 춤
　　 을 배울 수 있습니다. 가입을 하고 싶으신 분은 010-
　　 1234-5678로 전화해 주세요. 감사합니다.

단어 댄스(춤) ダンス　　동호회 同好会　　참가하다 参加する
　　 대회 大会　　금방 すぐ

25. 어떤 이야기를 하고 있는지 고르십시오.

❶ 소개　　　② 초대　　　③ 인사　　　④ 주문

단어 소개 紹介　　초대 招待　　인사 あいさつ　　주문 注文

次の文章を聞いて、問いに答えなさい。
男性: こんにちは。ダンス同好会会長、キム・ミンス
　　　です。私たちの同好会では、1か月に1回ずつ
　　　集まって、ダンスの練習をします。そして6か
　　　月ごとにダンス大会に参加します。ダンスが好
　　　きな人なら、誰でも入会することができます。
　　　そして、ダンスができない人も、すぐにダンス
　　　を習うことができます。入会されたい方は、
　　　010-1234-5678まで電話してください。ありが
　　　とうございます。

どんな話をしているのか選びなさい。

種類 談話_案内

解説

ダンス同好会を紹介している。

26. 들은 내용과 같은 것을 고르십시오.

① ~~한 달~~에 한 번 댄스 대회에 참가합니다.
② 춤을 못 추는 사람은 ~~가입할 수 없습니다~~.
③ ~~육 개월~~에 한 번씩 모여서 춤을 연습합니다.
❹ 가입하고 싶은 사람은 회장에게 전화를 하면 됩니다.

聞いた内容と同じものを選びなさい。

🗂 種類 種類 **談話_案内**

🎓 解説 解説

同好会に入会したい人は、会長に電話をすればよい。

・가입하다 入会する
　예 동호회에 <u>가입해요</u>. 同好会に入会する。

① 1か月に1回、ダンス大会に参加します。
　（6か月ごとにダンス大会に参加する。）
② ダンスができない人は、入会できません。
　（ダンスができない人も入会できる。）
③ 6か月に1回ずつ集まって、ダンスを練習する。
　（1か月に1回ずつ集まって、ダンスを練習する。）

[27~28] 다음을 듣고 물음에 답하십시오.

남자: 준코 씨, 내일부터 방학인데 뭐 할 거예요?
여자: 전 작년부터 수영을 배우고 싶었는데 시간이 없어서 못 배웠어요. 그래서 수영을 배우러 다닐 거예요. 민수 씨는요?
남자: 전 중국어를 공부하려고요. 다른 나라 말에 관심도 많고 요즘 회사에 취직하려면 외국어 성적이 있어야 돼요.
여자: 저도 중국어를 배우고 싶어요. 저하고 같이 배워요.

단어 작년 去年　　중국어 中国語　　관심이 많다 興味がある
　　　요즘 最近　　취직하다 就職する　　외국어 外国語
　　　성적 成績

次の会話を聞いて、問いに答えなさい。
男性: 純子さん、明日から夏休み(冬休み)ですが、何をしますか。
女性: 私は去年からずっと水泳を習いたかったのですが、時間がなくてできなかったので、水泳を習いに行きます。ミンスさんは？
男性: 僕は中国語を勉強しようと思います。他の国の言葉に興味もあるし、会社に就職するときに、外国語の成績がないといけませんから。
女性: 私も中国語を習いたいです。私と一緒に習いましょう。

2人が何について話しているのか選びなさい。

27. 두 사람이 무엇에 대해 이야기하고 있는지 고르십시오.

❶ 방학 계획　　　　　　　② 좋아하는 운동
③ 취직하는 이유　　　　　④ 외국어를 공부하는 방법

단어 계획 計画　　이유 理由　　방법 方法

🗂 種類 種類 **会話**

🎓 解説 解説

男性と女性は、お互い夏休み(冬休み)中に何をするのか、計画について話している。

---

28. 들은 내용과 같은 것을 고르십시오.

① 여자는 수영장에 ~~다니고 있습니다~~.
② 여자는 중국어를 ~~배우고 싶지 않습니다~~.
③ 남자는 외국어를 ~~배우는 것이 어렵습니다~~.
❹ 남자는 회사에 취직하려고 준비하고 있습니다.

聞いた内容と同じものを選びなさい。

🗂 種類 種類 **会話**

🎓 解説 解説

会社に就職するときに外国語の成績がないといけないという言葉から、男性は会社に就職しようと準備していることが推測できる。

① 女性はプールに通っています。
　（今度の夏休み(冬休み)から通う予定。）

② 女性は中国語を習いたくありません。
　（女性は中国語を習いたい。）
③ 男性は外国語を習うことが難しいです。
　（難しいという内容はない。）

[29~30] 다음을 듣고 물음에 답하십시오.

남자: 조금 전에 도착한 HK111편을 타고 왔는데요. 제 가방만 아직 나오지 않아서요.
여자: 가방이 무슨 색입니까?
남자: 검은색이고 30KG 정도 넣을 수 있는 큰 가방입니다.
여자: 수화물 카드를 보여 주시겠습니까?
남자: 여기 있습니다.
여자: 그럼 이쪽에서 잠시만 기다리세요. 확인한 후에 연락을 드리겠습니다.

단어 나오다 出る/出て来る　넣다 入れる　수화물 荷物
　확인하다 確認する　연락하다 連絡する

29. 남자는 지금 왜 여기에 왔습니까?

❶ 가방을 찾으려고　　　② 가방을 빌리려고
③ 가방을 만들려고　　　④ 가방을 구매하려고

단어 구매하다 購入する

---

30. 들은 내용과 같은 것을 고르십시오.

❶ 남자는 가방을 분실했습니다.
② 여자는 남자의 가방을 찾았습니다.
③ 남자는 수화물 카드를 가지고 있지 않습니다.
④ 여자는 검은색 큰 가방을 가지고 있었습니다.

단어 분실하다 紛失する

次の会話を聞いて、問いに答えなさい。

男性: ついさっき到着した、HK111便に乗って来たのですが、私の鞄だけまだ出てこなくて。
女性: 鞄は何色ですか。
男性: 黒で、30ｋｇくらい入る大きい鞄です。
女性: 手荷物引換証を見せていただけますか。
男性: はい。これです。
女性: では、こちらでしばらくお待ちください。確認してご連絡いたします。

男性は今、なぜここに来ましたか。

種類 会話

解説
男性は空港で、鞄の紛失申請をしている。

聞いた内容と同じものを選びなさい。

種類 会話

解説
男性は空港で鞄をなくし、紛失申請をしている。

・分실하다 紛失する
　예 휴대전화를 분실했어요.
　携帯電話を紛失しました。

① 女性は男性の鞄を見つけました。
　（女性は今、男性の鞄を確認している。）
③ 男性は手荷物引換証を持っていません。
　（男性は手荷物引換証を持っています。）
④ 女性は黒い大きな鞄を持っていました。
　（男性は黒い大きな鞄を持っていた。）

읽기 (31번 ~ 70번)

[31~33] 다음은 무엇에 대한 이야기입니까? 〈보기〉와 같이 알맞은 것을 고르십시오.

31.

이곳은 아침 9시입니다. 서울은 지금 밤 8시입니다.

① 날씨　　　② 나이　　　❸ 시간　　　④ 날짜

단어　이곳/저곳/그곳 ここ/あそこ/そこ
　　　아침/점심/저녁 朝/昼/夜　　지금 今

何についての話ですか。例のように適切なものを選びなさい。

ここは朝９時です。ソウルは今、夜８時です。

種類　叙述文

解説

朝９時と夜８時は時間。したがって２つの文章の共通点は'시간(時間)'。
① 날씨 天気：오늘은 하늘이 맑습니다.
　今日は空が晴れています。
② 나이 年齢：저는 29살입니다. 누나는 30살입니다.
　私は２９歳です。姉は３０歳です。
④ 날짜 日にち：오늘은 7월 25일입니다.
　今日は７月２５日です。

32.

친구는 서울에서 왔습니다. 저는 제주도에서 살았습니다.

❶ 고향　　　② 약속　　　③ 국적　　　④ 계절

단어　-에서 오다 ~から来る

友達はソウルから来ました。私は済州島に住んでいました。

種類　叙述文

解説

ソウルと済州島は国の名前ではなく、都市の名前。したがって、２つの文の共通点は'고향(故郷)'。
② 약속 約束：저는 오늘 오후 1시에 친구와 만나기로 했습니다.
　私は今日の午後１時に友達と会うことにしました。
③ 국적 国籍：저는 중국 사람입니다. 저는 미국 사람입니다.
　私は中国人です。私はアメリカ人です。
④ 계절 季節：한국은 사계절이 있습니다.
　韓国は４つの季節があります。

33.

민호 씨는 조용합니다. 그래서 사람들이 많지 않은 커피숍에 자주 갑니다.

❶ 성격　　　② 이름　　　③ 취미　　　④ 색깔

단어　조용하다 静かだ　　자주 よく　　커피숍 カフェ

ミンホさんは静かです。だから人があまりいないカフェへよく行きます。

種類　叙述文

解説

人の性格を表す語彙は、'밝다(明るい), 조용하다(静かだ), 내성적이다(内向的だ)'などがある。したがってここでは、静かなのでよく行くということから見て、'성격'を表す。
② 이름 名前：제 이름은 박영희입니다. 친구 이름은 제임스입니다.
　私の名前はパク・ヨンヒです。友達の名前はジェームスです。

③ 취미 趣味 : 제 취미는 영화 감상입니다. 그래서 영화를
  자주 봅니다.
  私の趣味は映画鑑賞です。ですから映画をよく見ます。
④ 색깔 色 : 옷의 색깔은 빨간색, 노란색, 파란색 등이 있
  습니다.
  服の色は赤、黄色、青などがある。

[34~39] 〈보기〉와 같이 빈칸에 제일 알맞은 것을 고르
  십시오.

34.

은행(   ) 돈을 찾아요.

① 에   ❷ 에서   ③ 에게   ④ 으로

例のように( )に最も適切なものを選びなさい。

銀行( )お金をおろします。

[종류 種類] **叙述文**

[해설 解説]

場所で何をするのかを表す、副詞格助詞'에서'が適切
である。

단어 돈을 찾다 お金をおろす

어휘·문법
① **에 1**
  1) '무엇이 어디에 있다(何がどこにある)'と同じ文章で使う。
  예 영수는 지금 학교에 있습니다.
      ヨンスは今、学校にいます。
  2) '누가 어디에 오다(誰がどこに来る)'と同じ文章で使う。
  예 아버지께서는 매주 일요일에 산에 가십니다.
      父は毎週日曜日に山に行きます。
  ※ '에'는 主に、'가다 行く、오다 来る、다니다 通う、있다 あ
      る、없다 ない'と一緒に使う。
  에 2
  '시간(時間)の次に使い、ある行動や状態が起こる時間を表
  す時に使う。
  예 저는 아침 7시에 일어납니다. 私は朝、7時に起きます。
  ※ 어제 昨日, 오늘 今日, 내일 明日, 지금 今, 이따가 あとで
      の後ろには'에'はつけない。
  예 어제 저는 명동에 갔습니다. 昨日私は明洞へ行きました。
③ **에게**
  '누가 누구에게 무엇을 주다(誰が誰に何をあげた)'と同じ文
  章で使う。
  예 저는 누나에게 졸업 선물을 줬습니다.
      私は姉に卒業祝いをあげました。
  ※ '누가 누구에게서 편지를 받다(誰が誰に手紙をもらった)'
      と同じ文章で使う。=누구로부터(誰から)
  예 오늘 생일이라 친구들에게서 선물을 많이 받았습니다.
      今日は誕生日なので、友達からプレゼントをたくさんも
      らいました。
④ **으로/로**: 移動の方向、道具や手段、材料を表す助詞。
  예 이번 여행은 부산으로 갈 겁니다.(이동의 방향)
      今度の旅行は釜山へ行くつもりです。(移動の方向)
  예 볼펜으로 쓰세요.(도구)
      ボールペンで書いてください。(道具)
  예 삼계탕은 닭과 인삼으로 만듭니다.(재료)
      参鶏湯は鶏肉と高麗人参で作ります。(材料)

35.

책을 삽니다. (　　)에 갑니다.

❶ 서점　　　② 약국　　　③ 시장　　　④ 병원

단어 사다 買う　가다 行く

어휘 · 문법

② 약국 薬局
　예 감기약을 사러 <u>약국에</u> 갑니다.
　　風邪薬を買いに薬局へ行きます。
③ 시장 市場
　예 <u>시장은</u> 백화점보다 가격이 쌉니다.
　　市場はデパートより値段が安いです。
④ 병원 病院
　예 배가 아파서 <u>병원에</u> 갑니다.
　　おなかが痛いので、病院へ行きます。

本を買います。(　　)へ行きます。

📁 **종류 種類** 叙述文

🎓 **해설 解説**

本を買う場所は本屋。

36.

지난주에 여자 친구와 크게 싸웠습니다. 그 친구와 (　　).

① 봤습니다　　　　　② 놀았습니다
③ 웃었습니다　　　　❹ 헤어졌습니다

단어 싸우다 喧嘩する

어휘 · 문법

① 보다 見る
　예 어제 여자 친구와 영화를 <u>봤습니다</u>.
　　昨日彼女と映画を看見ました。
② 놀다 遊ぶ
　예 친구와 재미있게 <u>놀았습니다</u>.
　　友達と楽しく遊びました。
③ 웃다 笑う
　예 아기가 활짝 <u>웃었습니다</u>.
　　赤ちゃんがにっこりと笑いました。

先週、彼女と大喧嘩しました。その彼女と(　　)。

📁 **종류 種類** 叙述文

🎓 **해설 解説**

(　　)の前の文に「先週彼女と大喧嘩しました」とあるので、後の文には、その結果「その彼女と別れました」と続く。

37.

교실이 (　　). 그래서 창문을 닫았습니다.

① 좁습니다　　　　　② 덥습니다
❸ 춥습니다　　　　　④ 어둡습니다

단어 창문 窓　닫다 閉める

어휘 · 문법

① 좁다 狭い
　예 제 기숙사 방은 너무 <u>좁습니다</u>.
　　私の寮の部屋は狭いです。

教室が(　　)。だから窓を閉めました。

📁 **종류 種類** 叙述文

🎓 **해설 解説**

窓を閉める理由を選ぶ問題。

② 덥다 暑い
  예 방이 너무 <u>더워서</u> 창문을 열었습니다.
    部屋がとても暑いので、窓を開けました。
④ 어둡다 暗い
  예 방이 <u>어두워서</u> 불을 켰습니다.
    部屋が暗いので、電気をつけました。

38.

비행기 출발 시간이 10분 남았습니다. (   ) 갑시다.

① 벌써   ❷ 빨리   ③ 천천히   ④ 나중에

단어 출발 出発   남다 残る

어휘 · 문법
① 벌써 もう
  예 친구는 <u>벌써</u> 출발했습니다. 友達はもう出発しました。
③ 천천히 ゆっくり
  예 계단을 오를 때는 <u>천천히</u> 걸어야 합니다.
    階段を上るときはゆっくり歩かなければなりません。
④ 나중에 あとで
  예 오늘은 시간이 없으니까 <u>나중에</u> 다시 만납시다.
    今日は時間がないので、あとでまた会いましょう。

飛行機の出発時間の10分前ですよ。(   )行きましょう。

📁 종류 種類 **叙述文**

🎓 해설 解説

前の文で「飛行機の出発時間まであと10分だ」と言っているので、後の文は「早く行きましょう」となる。

39.

우산을 샀어요. 그런데 갑자기 비가 (   ).

① 봤어요   ② 터졌어요
❸ 그쳤어요   ④ 터뜨렸어요

단어 갑자기 急に

어휘 · 문법 連語(collocation)
• 비가 그치다/바람이 그치다 雨が止む/風が止む
  예 비가 그쳤어요. 雨が止みました。
• 눈물을 그치다 涙が止まる
  예 코미디 영화를 보고 눈물을 그쳤어요.
    コメディー映画を見て、涙が止まりました。
• 울음을 그치다 泣き止む
  예 아이가 사탕을 보고 울음을 그쳤어요.
    子供が飴を見て泣き止みました。
• 웃음을 그치다 笑いを止める
  예 영수 씨는 불합격 소식을 듣고 웃음을 그쳤어요. ヨンスさんは不合格のニュースを聞いて、笑うのを止めました。
※ 울음이 터지다 泣き出す
  예 아기가 너무 배고파서 울음이 터졌어요.
    お腹がすきすぎて、子供が泣き出しました。
• 울음을 터뜨리다 わっと泣き出す
  예 아기가 크게 울음을 터뜨렸어요.
    子供がわっと泣き出しました。

傘を買いました。ところが急に雨が(   )。

📁 종류 種類 **叙述文**

🎓 해설 解説

雨が降って傘を買ったのに、急に雨が止んだ。'비(雨)'と連結する動詞は'그치다(止む)'。

[40~42] 다음을 읽고 맞지 않는 것을 고르십시오.

次の文章を読んで、合わないものを選びなさい。

40.

[영 수 증]

[매장명] 한국마트
[사업자] 123-02-34567
[대표자] 김 수 현
[매출일] 2014-07-25

===================================

상품명	단가	수량	금액(원)
레몬차	2,000	3	6,000
우유	2,400	2	4,800
배	1,000	5	5,000

===================================

① 배는 한 개에 천 원입니다.
② 칠 월 이십오 일에 샀습니다.
❸ 레몬차는 한 개에 육천 원입니다.
④ 우유는 한 개에 이천사백 원입니다.

단어 영수증 領収書　단가 単価　수량 数量
상품명 商品名　금액 金額

[領収書]

[売場名] 韓国マート
[事業者] 123-02-34567
[代表者] キム・スヒョン
[売上日] 2014-07-25

===================================

商品名	単価	数量	金額(ウォン)
レモン茶	2,000	3	6,000
牛乳	2,400	2	4,800
梨	1,000	5	5,000

===================================

種類 **書式_領収書**

解説

'단가'は、単価のこと。レモン茶1つの値段は2000ウォン。

① 梨の単価は1000ウォンなので適切。
② '매출일'は売上日のこと。したがって購入日は7月25日。
④ 牛乳の単価は2400ウォンなので適切。

41.

서로를 바라보며 함께 만든 사랑을
이제 함께 한 곳을 바라보며 걸어갈 수 있는
큰 사랑으로 키우려고 합니다.
저희 두 사람의 사랑 봐 주시고 축하해 주십시오.

권OO – 이OO의 장남 권율
김OO – 박OO의 차녀 김유신

♥ 일시: 2014년 2월 16일(일요일) 14時
♥ 장소: 한국대학교 3층 강당

① 이것은 초대 카드입니다.
② 결혼하는 남자는 권율입니다.
③ 결혼식은 오후 두 시에 시작합니다.
❹ 결혼식은 삼 층 동문회관에서 합니다.

단어 키우다 育てる　장남 長男　차녀 次女　강당 講堂

互いを見つめ合い、共に作り上げた愛を
これからは共に同じ場所を目指して歩んでいく、
大きな愛に育てます。
私たち2人の愛をお祝いしてください。

クォンOO – イOO の 長男 クォン・ユル
キムOO – パクOO の 次女 キム・ユシン

♥ 日時: 2014年2月16日(日曜日) 14時
♥ 場所: 韓国大学 3階講堂

種類 **案内文 – 招待状**

解説

結婚式は3階の講堂で行われる。

① 新郎、新婦、日時、場所などの言葉から、招待状ということが分かる。
② 新郎はクォン・ユル。したがって結婚する男性はクォン・ユル。
③ 時間は14時(午後2時)。

42.

입장 관람 시간 안내

시민들의 편의를 위해 관람 시간을 1시간 연장합니다. 더 많이 관람하여 주시기 바랍니다.

○ 기간: 2014년 7월 1일 ~ 2014년 8월 30일
○ 입장 시간 : 09:00 ~ 18:00
○ 관람 시간 : 09:00 ~ 19:30

어린이 대공원

① 관람 시간을 한 시간 늘립니다.
② 대공원은 두 달 간 연장합니다.
❸ 직원들을 위해 시간을 바꿉니다.
④ 오후 여섯 시에 대공원에 들어갈 수 있습니다.

단어 관람시간 観覧時間　편의 便宜　연장하다 延長する

入場観覧時間案内

市民の皆様の便宜のため、観覧時間を 1 時間延長いたします。ごゆっくりご観覧ください。

◆ 期間: 2014年7月1日 ~ 2014年8月30日
◆ 入場時間 : 09:00 ~ 18:00
◆ 観覧時間 : 09:00 ~ 19:30

子供大公園

종류 種類 案内文

해설 解説

職員のためではなく、市民たちの便宜のため延長をする。

① ‘연장하다(延長する)’の意味と似ている‘늘리다(増やす/広げる)’がある。
② 延長期間は7月1日から8月30日まで2か月なので。
④ 入場時間は18時まで。したがって午後6時にも大公園に入ることができる。

[43~45] 다음의 내용과 같은 것을 고르십시오.

43.

오늘 저녁을 먹고 엄마와 같이 마트에 갔습니다. 나는 바나나를 먹고 싶었습니다. 엄마는 나를 위해 싱싱한 바나나와 생선을 샀습니다.

① 오늘 저녁에 마트에 ~~갈 겁니다~~.
② 마트에 ~~가서~~ 저녁을 먹었습니다.
❸ 엄마는 마트에서 과일을 샀습니다.
④ ~~엄마는~~ 바나나를 먹고 ~~싶어 했습니다~~.

단어 싱싱하다 生き生きしている/みずみずしい　생선 魚

次の内容と同じものを選びなさい。

今日、晩御飯を食べてからお母さんと一緒にマートへ行きました。私はバナナを食べたかったです。お母さんは私のために新鮮なバナナと魚を買いました。

종류 種類 叙述文

해설 解説

今日、お母さんと一緒にマートへ行った。バナナは果物。したがって、お母さんはマートで果物を買った。

① 今日の夜、マートへ行きます。(マートへ行った後の話。)
② マートへ行って、晩御飯を食べました。(家で晩ご飯を食べてから、マートへ行った。)
④ お母さんはバナナを食べたがっていました。(お母さんではなく私が食べたがっていた。)

44.

다음 주가 할머니 60세 생신입니다. 선물을 드릴 수도 있지만 노래를 불러 드리고 싶습니다. 저는 노래방에서 노래를 열심히 연습해서 생신 때 멋있게 부를 겁니다.

① 할머니께 ~~선물을~~ 드립니다.
② 다음 주에 ~~노래방에 갑니다~~.
③ 할머니는 ~~지금~~ 예순 살입니다.
❹ 저는 노래 연습을 열심히 합니다.

来週、祖母の60歳の誕生日です。プレゼントをすることもできますが、歌を歌ってあげたいです。私はカラオケで一生懸命歌を練習して、誕生日の日にかっこよく歌ってあげるつもりです。

종류 種類 叙述文

해설 解説

カラオケで一生懸命練習して、誕生日にかっこよく歌

단어 생신 誕生日　부르다 歌う　멋있게 かっこよく

うということから、'노래 연습을 열심히 합니다(歌の練習を一生懸命します。)'が適切である。
① 祖母にプレゼントをあげます。(歌を歌ってあげたい。)
② 来週カラオケへ行きます。(祖母の誕生日祝いに行く。)
③ 祖母は今、60歳です。(今ではなく、来週。)

45.

저는 매주 수요일에 기타 모임에 갑니다. 수요일마다 기타 연습을 하고 두 달에 한 번 카페에서 작은 공연을 합니다. 이번 주 토요일에는 누구나 볼 수 있는 콘서트를 할 겁니다.

① 이번 수요일에 카페에 갑니다.
❷ 매주 모임에 나가서 기타 연습을 합니다.
③ 두 달에 한 번 카페에서 콘서트가 있습니다.
④ 토요일마다 기타를 연습하러 모임에 갑니다.

단어 기타 ギター　공연 公演　콘서트 コンサート

私は毎週水曜日にギターサークルへ行きます。水曜日ごとにギターの練習をして、2か月に1回カフェで小さい公演を行います。今週土曜日は誰でも見ることのできるコンサートをするつもりです。

🗂 종류 種類　叙述文

✉ 해설 解説

水曜日ごとにギターの練習をするので、毎週ギターの練習をするが適切。
① 今週水曜日にカフェに行きます。(2か月に1回、カフェで公演を行います。)
③ 毎週土曜日、ギターの練習をしにサークルへ行きます。(毎週水曜日にギターの練習をする。)
④ 2か月に1回、カフェでコンサートがあります。(小さい公演がある。)

[46~48] 다음을 읽고 중심 생각을 고르십시오.

46.

저는 걱정이 많으면 혼자 산으로 갑니다. 오르기 힘든 산을 올라가면서 아무 생각을 하지 않습니다. 그러면 마음이 편안합니다.

❶ 산에 오르면 마음이 편안합니다.
② 저는 산에 가는 것을 좋아합니다.
③ 산은 혼자 갈 때 마음이 편안합니다.
④ 저는 오르기 힘든 산에 가는 것을 좋아합니다.

단어 걱정 心配　오르다 (上へ)登る/上がる
편안하다 楽だ/穏やかだ

次の文章を読んで、主題を選びなさい。
私は心配事があると、一人で山へ行きます。険しい山を登りながら、何も考えないようにします。そうすると心が楽になります。

🗂 종류 種類　叙述文

✉ 해설 解説

筆者は心配事があると山に登る。登りながら考え事をしなくなり、自身も気がつかないうちに心が楽になるのを感じるという。したがって山に登ると、心が楽になるが筆者の中心となる考えである。

47.

우리 아버지는 보통 출장을 자주 가십니다. 지난달에도 한 달 동안 해외에 갔다 오셨습니다. 저는 아버지와 함께 시간을 보내고 싶습니다.

私の父はよく出張に行きます。先月も1か月間海外へ行って来ました。私は父と一緒の時間を過ごしたいです。

🗂 종류 種類　叙述文

❶ 바쁜 아버지와 시간을 같이 보내고 싶습니다.
② 우리 아버지는 해외에 자주 가고 싶어 합니다.
③ 저는 아버지와 한 달 동안 해외에 가고 싶습니다.
④ 우리 아버지는 한 달 동안 출장을 가고 싶어 합니다.

단어 출장 出張　　해외 海外　　시간을 보내다 時間を過ごす

해설 解説
出張によく行き、1か月海外へ行って来るなど、父は
とても忙しいので、あまり家にいない。だから父と一
緒に過ごす時間はほとんどない。したがって筆者の中
心となる考えは、忙しい父と一緒の時間を過ごしたい
である。

48.

저는 어제 소포를 받았습니다. 어제는 바빠서 오늘 그 소포
를 뜯었는데 다른 사람의 물건이었습니다. 그래서 오늘 우
체국에 갈 겁니다.

① 저는 소포받는 것을 좋아합니다.
❷ 소포가 잘못 와서 우체국에 갈 겁니다.
③ 바빠서 소포를 받으러 직접 우체국에 갈 겁니다.
④ 다른 사람 물건을 대신 받으러 우체국에 갈 겁니다.

단어 소포를 받다 小包を受け取る　　바쁘다 忙しい
　　　　소포를 뜯다 小包を開ける

私は昨日、小包を受け取りました。昨日は忙しかっ
たので、今日その小包を開けたら、他の人のもので
した。だから今日、郵便局に行くつもりです。

종류 種類 叙述文

해설 解説
小包を受け取ったが、開けてみると他の人の物だっ
た。つまり、荷物は間違えて配達された。だから筆者
は荷物をもう一度送ろうと郵便局へ行く。したがっ
て、筆者の中心となる考えは、'소포가 잘못 와서 우체국
에 갈 겁니다(小包が間違えて配達されたので、郵便局
に行く。)'である。

[49~50] 다음을 읽고 물음에 답하십시오.

정동진은 기차역에서 내리면 바로 바다가 보입니다. 바다
옆에는 연인들이 (㉠) 산책길이 있습니다. 그래서 많은
사람이 사랑하는 사람과 함께 이곳을 걷습니다. 또 그 길
끝에는 움직이지 않는 큰 기차가 있는데 이곳에는 옛날에
만든 것과 요즘 만든 시계가 많이 있습니다. 사람들은 이곳
을 '시계 박물관'이라고 부릅니다.

단어 보이다 見える　　연인 恋人　　산책로 散歩道
　　　　움직이다 動く　　옛날 昔

次の文章を読んで、問いに答えなさい。
正東津(정동진)は汽車駅から降りるとすぐ海が見え
ます。海の横には恋人たちが(㉠)散歩道がありま
す。多くの人が愛する人と一緒にここを歩きます。
また、散歩道の終わりには、動かない大きな汽車が
あり、ここには昔作られた時計と、最近作られた時
計がたくさんあります。人はここを「時計博物館」
と呼びます。

(㉠)に入る適切なものを選びなさい。

종류 種類 叙述文

49. (㉠)에 들어갈 알맞은 말을 고르십시오.

① 기차를 타는　　　　② 시계를 만드는
③ 가장 많이 먹는　　　❹ 가장 많이 찾는

해설 解説
( )の前の'연인들(恋人たち)'ができること、そして( )
の後ろの'산책길(散歩道)'は場所。したがって、この2
つを最も適切に連結する'가장 많이 찾는(最も多く訪れ
る)'が正しい。

---

50. 이 글의 내용과 같은 것을 고르십시오.

① 시계 박물관은 ~~움직이는~~ 큰 기차입니다.
② 기차역에서 내리면 바로 ~~산책길이~~ 보입니다.
❸ 정동진에는 연인들이 많이 걷는 길이 있습니다.
④ 정동진에는 여러 가지 ~~시계를 파는 가게가~~ 있습니다.

この文章の内容と合うものを選びなさい。

종류 種類 叙述文

해설 解説
正東津には恋人たちが多く訪れ、一緒に歩く散歩道が
ある。

① 時計博物館は動く大きな汽車です。(動かない汽車。)
② 汽車駅で降りるとすぐに散歩道が見えます。(海が
　見える。)
④ 正東津にはいろいろな時計を売る店があります。
　(昔と最近の時計を見ることができる博物館があ
　る。)

[51~52] 다음을 읽고 물음에 답하십시오.

저는 아침에 바나나와 사과를 매일 먹습니다. 아침에 과일을 먹으면 몸에 좋습니다. 사람의 몸에 필요한 것이 (㉠) 때문입니다. 또 비타민 약보다 신선한 과일을 먹는 것이 좋기 때문입니다. 그래서 건강을 위해 아침에 과일을 먹는 것은 꼭 필요합니다.

단어 필요하다 必要だ　신선하다 新鮮だ

次の文章を読んで、問いに答えなさい。

私は毎朝、バナナとりんごを食べます。朝、果物を食べると体にいいです。人の体に必要なものが(㉠)からです。また、ビタミン剤より新鮮な果物を食べる方がいいからです。だから健康のために朝、果物を食べることが必要です。

(㉠)に入る適切な言葉を選びなさい。

51. (㉠)에 들어갈 알맞은 말을 고르십시오.

① 없기　　　　　　❷ 들어 있기
③ 부족하기　　　　④ 낭비하기

종류 種類 叙述文

해설 解説

( )の前の文章で、体に必要な成分がバナナとりんごに'어떻다(どうした)'と書いてある。これがあるので、体にいいと述べている。したがって'들어 있기(入っている)'が最も適切である。

---

52. 무엇에 대한 이야기입니까? 알맞은 것을 고르십시오.

① 아침에 과일을 먹는 곳
❷ 아침에 과일을 먹는 이유
③ 아침에 과일을 먹는 방법
④ 아침에 과일을 만드는 방법

何についての話ですか。適切なものを選びなさい。

종류 種類 叙述文

해설 解説

本文で、朝、果物を食べるとビタミン剤より健康にいいとあるので、朝に果物を食べると述べる。したがって、なぜ朝、果物を食べるのかその理由について話している。

[53~54] 다음을 읽고 물음에 답하십시오.

요즘 아이들은 손에서 휴대전화를 놓지 않습니다. 차를 탈 때, 밥을 먹을 때, 걸어갈 때도 휴대전화를 봅니다. 그러면 눈에도 나쁘고 위험도 하지만 무엇보다 사람 사이의 대화가 없습니다. 집에 가면 부모님과도 대화가 거의 없습니다. 그래서 요즘, 사람과의 대화를 위해 휴대전화를 잠시 손에서 (㉠) 필요합니다.

나쁘다 悪い　위험 危険　대화 会話/対話
　　잠시 しばらくの間

次の文章を読んで、問いに答えなさい。

最近の子供たちは、手から携帯電話を離しません。車に乗るとき、ご飯を食べる時、歩いているときも携帯電話を見ています。目にも悪く危険ですが、何よりも人との間の会話がありません。家に帰っても両親ともほとんど会話がありません。だから最近は人と会話をするために、携帯電話をしばらく手から(㉠)必要です。

(㉠)に入る適切な言葉を選びなさい。

53. (㉠)에 들어갈 알맞은 말을 고르십시오.

① 보는 것이   ② 만드는 것이

❸ 내려놓는 것이   ④ 가까이하는 것이

---

54. 이 글의 내용과 같은 것을 고르십시오.

① 요즘 아이들은 휴대전화를 ~~좋아하지 않습니다~~.
② 요즘 아이들은 ~~부모님과 대화하고 싶어 합니다~~.
❸ 휴대전화를 많이 사용하면 눈에 나쁘고 위험합니다.
④ 요즘 아이들은 밥을 먹을 때 휴대전화를 ~~사용하지 않습니다~~.

[55~56] 다음을 읽고 물음에 답하십시오.

수현 씨! 제가 경주에 가서 맛있는 빵을 샀어요. 수현 씨 주려고 수현 씨 방에 왔어요. (   ) 방에 아무도 없었어요. 그래서 방 앞에 두고 가요. 경주에서 유명한 빵이니까 한번 먹어 보세요.

– 성희 –

단어 아무도 誰も   유명하다 有名だ   두다 置く

55. (   )에 들어갈 알맞은 말을 고르십시오.

① 그래서   ② 그리고   ③ 그러나   ❹ 그런데

種類 叙述文

解説

文章が、最近の子供たちは、手から携帯電話を離さないという文から始まっている。そしてそれについて話をしている。したがって文章最後の( )には'내려 놓는 것이(離しておくことが)'が最も適切である。

この文章の内容と同じものを選びなさい。

種類 叙述文

解説

車の中で、ご飯を食べる時、道で、家で携帯電話をたくさん使うと、目にも悪く、危険で、そして会話もできない。

① 最近の子供たちは携帯電話が好きではない。
  （手から離さないくらい好き。）
② 最近の子供たちは両親と会話したがる。
  （家でも両親と会話をせずに、携帯電話を使う。したがって両親と会話したがるは間違い。）
④ 最近の子供たちはごはんを食べる時、携帯電話を使わない。（ご飯を食べる時も使う。）

次の文章を読んで、問いに答えなさい。

スヒョンさん！私が慶州へ行っておいしいパンを買いました。スヒョンさんにあげようと、スヒョンさんの部屋に来ました。(   )部屋に誰もいません。だからパンを部屋の前に置いて行きます。慶州の有名なパンなので、食べてみてください。

-ソンヒ-

(   )に入る適切な言葉を選びなさい。

種類 メモ

解説

( )前の文章から後ろの文章へと話が変わる。したがって'그런데(ところが)'が適切である。

・그래서：前の文章と後ろの文章の理由、原因になる場合に使う。
  예 배가 아픕니다. <u>그래서</u> 병원에 갑니다.
     おなかが痛いので、病院へ行きます。
・그리고：前と後ろの文章が互いに対等になる場合に使う。
  예 공부를 합니다. <u>그리고</u> 운동을 합니다.
     勉強をします。そして運動をします。

・그러나 : 前の文章と後ろの文章の意味が反対になる
場合に使う。
　　예 TOPIK 공부를 열심히 했습니다. 그러나 시험 점
　　　수가 안 좋습니다. TOPIKの勉強を一生懸命しまし
　　　た。しかし、点数がよくありませんでした。

---

56. 이 글의 내용과 같은 것을 고르십시오.

❶ 성희는 수현을 못 만났습니다.
② 성희는 빵을 ~~만들어서~~ 주려고 합니다.
③ 수현은 ~~방에서~~ ~~빵을 먹고 있었습니다~~.
④ 수현은 빵을 ~~친구와 함께 나눠 먹었습니다~~.

この文章の内容と同じものを選びなさい。

| 종류 種類 | メモ |

| 해설 解説 |

この文章はソンヒが残したメモ。ソンヒは直接スヒョ
ンの家に来てあげようとしたが、部屋に誰もいないの
で、部屋の前に置いて来た。したがってソンヒはスヒ
ョンに会えなかった。

② ソンヒはパンを作ってあげようと思います。(慶州
　　へ行って、パンを買った。)
③ スヒョンは部屋でおパンを食べていました。(スヒ
　　ョンはお餅をもらっていません。)
④ スヒョンはパンを友達と一緒に食べました。スヒ
　　ョンはまだパンをもらっていないので、食べてい
　　ない。)

[57~58] 다음을 순서대로 맞게 나열한 것을 고르십시오.

57.

(가) 하지만 최근에는 힘든 일이 생겨서 자주 못 갔습니다.
(나) 특히 배낭여행은 돈이 적게 들어서 더 많이 갔습니다.
(다) 저는 여행을 좋아해서 자주 여행을 갑니다.
(라) 아버지께서 많이 편찮으셔서 주로 병원에 있었습니다.

❶ (다)-(나)-(가)-(라)　　② (다)-(나)-(라)-(가)
③ (다)-(가)-(라)-(나)　　④ (다)-(라)-(나)-(가)

| 단어 | 배낭여행 一人旅/バックパック |

　　　　(돈이)들다 （お金が）かかる
　　　　생기다 起こる　　주로 主に

文の順序を正しく並べたものを選びなさい。
(가) しかし最近は大変なことがあって、あまり行か
　　れませんでした。
(나) 特に一人旅はお金がかからないので、よく行きま
　　した。
(다) 私は旅行が好きでよく旅行へ行きます。
(라) 父の具合が悪くて、ほとんど病院にいました。

| 종류 種類 | 叙述文 |

| 해설 解説 |

(다)は固定された文章。→ (나)の'배낭여행(一人旅)'
はいろいろな旅行の中で特に一人旅を述べているこ
とでつながる。(다)の'여행(旅行)'の次に来る。→ (가)
は、'하지만(しかし)'があるので、前の文章と後の文
章が反対になる内容でなければならない。したがっ
て(나)のよく行ったの後に、'힘든 일이 있어서 자주
못 갔습니다(大変なことがあってあまり行かれませ
んでした。)'とつながり、(라)でその大変なことが何
なのかを話している。したがって(나)の次に(가)、そ
して(라)の順で文を並べることができる。(다) → (나)
→ (가) → (라)が正しい。

58.

(가) 어느 날 엘리베이터가 고장이 났습니다.
(나) 저는 아파트 15층에 살고 있습니다.
(다) 다리가 많이 아팠지만 운동이 돼서 기분은 좋았습니다.
(라) 15층까지 계단으로 걸어서 올라갔습니다.

① (나)-(다)-(라)-(가)　　② (나)-(라)-(다)-(가)
③ (나)-(라)-(가)-(다)　　❹ (나)-(가)-(라)-(다)

단어　엘리베이터 エレベーター　　고장이 나다 故障する

(가) ある日、エレベーターが故障しました。
(나) 私はアパートの15階に住んでいます。
(다) 足がとても痛かったですが、運動になって気分
　　 がよかったです。
(라) 15階まで階段を歩いて上りました。

종류 種類　叙述文

해설 解説

(나) は固定された文章。→ (가)と(라)では(라)の階段で
行った理由が(가)でエレベーターの故障という因果関
係でつながっている。そして、(다)で15階まで階段で
上ったので、足が痛かったが運動になったので気分が
よかったとまとめている。したがって、時間の流れに
従い、(나)の次に(가)、そして(라)(다)の順で文を並べ
ることができる。(나) → (가) → (라) → (다)が正しい。

[59~60] 다음을 읽고 물음에 답하십시오.

지난 주말에 여자 친구와 같이 강원도 평창에 갔습니다.
(㉠) 스키를 타러 갔습니다. (㉡) 그런데 2018년 겨울에
이곳에서 올림픽을 해서 이곳저곳이 작년보다 많이 달랐습
니다. (㉢) 건물이 새 건물이 되었고 깨끗했습니다. (㉣)
내년에 가족과 함께 또 올 겁니다.

단어　다르다 違う　　깨끗하다 きれいだ　　숙소 宿所/宿
　　　생기다 出来る　　편리하다 便利だ

次の文章を読んで問いに答えなさい。

先週末、恋人と一緒に江原道の平昌（평창）へ行きま
した。（ ㉠ ）スキーをしに行きました。（ ㉡ ）ところ
が、2018年の冬にここでオリンピックをするため、
いろいろな所が去年とはかなり違っていました。（ ㉢
）建物が新しくなって綺麗でした。（ ㉣ ）来年、家族と
一緒にまた来るつもりです。

次の文章が入る所を選びなさい。

バスの停留所から宿まですぐに行かれるシャトルバ
スも出来ていて、とても便利になりました。

---

59. 다음 문장이 들어갈 곳을 고르십시오.

버스 정류장에서 숙소까지 바로 가는 셔틀 버스도 생겨서
편리했습니다.

① ㉠　　　② ㉡　　　③ ㉢　　　❹ ㉣

종류 種類　叙述文

해설 解説

オリンピックのため、去年と変わっていた。変わった
ことは新しい建物ができて、きれいになったことと、
シャトルバスができたこと。シャトルバス「も」とあ
るので、㉣に入る。

---

60. 이 글의 내용과 같은 것을 고르십시오.

① 작년에 평창에 갔습니다.
❷ 평창에서 올림픽 경기가 있을 겁니다.
③ 올림픽 경기를 보러 평창에 갔습니다.
④ 내년에 여자 친구와 함께 평창에 갈 겁니다.

次の文章を読んで問いに答えなさい。

종류 種類　叙述文

해설 解説

2018年に平昌でオリンピックを行う。したがって平
昌でオリンピック競技があるが適切である。

① 去年、平昌へ行きました。(先週、平昌へ行った。)
③ オリンピック競技を見に、平昌へ行きました。(スキ

一をしに平昌へ行った。)
④ 来年、彼女と一緒に平昌へ行くつもりです。(家族と
　一緒に行くつもりだ。)

[61~62] 다음을 읽고 물음에 답하십시오.

눈으로 옷을 입은 산의 경치는 아름답습니다. 하지만 동물들에게는 눈이 반갑지 않습니다. 눈 때문에 길과 먹이 찾기가 어렵습니다. 최근 강원도에 갑자기 많은 눈이 내려 눈 속에서 (　　) 동물이 있었습니다. 또 어떤 동물은 먹을 것이 없어서 굶어 죽기도 했습니다.

단어 경치 景色　　반갑다 嬉しい　　먹이 餌
　　　굶어 죽다 凍え死ぬ

61. (　)에 들어갈 알맞은 말을 고르십시오.
① 잠을 자는　　　　　　❷ 나오지 못하는
③ 놀고 있는　　　　　　④ 들어가지 못하는

次の文章を読んで問いに答えなさい。

雪山の景色は美しいです。しかし、動物たちにとって雪は嬉しくありません。雪のせいで道や餌を探すのが難しいです。最近、江原道に急に大雪が降り、雪の中から(　　)動物がいました。また、ある動物は、餌がなくて飢え死にしたりもしました。

(　　)に入る適切な言葉を選びなさい。

種類 叙述文

解説

(　)の前の'눈 속에서(雪の中から)'と関連する言葉でなければならず、前の文章では雪のせいで道や餌を探すのが難しいと書いてある。したがってこの２つを含む表現は'나오지 못하는(出られない)'が最も適切である。

---

62. 이 글의 내용과 같은 것을 고르십시오.
① 동물들은 눈을 ~~좋아합니다~~.
② ~~옷을 입은~~ 동물들은 예쁩니다.
❸ 눈 때문에 죽는 동물들이 있습니다.
④ 눈 때문에 길과 먹이를 ~~쉽게~~ 찾을 수 있습니다.

この文章の内容と同じものを選びなさい。

種類 叙述文

解説

急な大雪が降ると動物たちは雪の中から出られず凍え死んだりする。したがって、雪のせいで死んだ動物がいるというのが適切である。
① 動物たちは雪が好きです。(動物たちにとって雪は嬉しいものではない。つまり雪が好きではない。)
② 服を着た動物たちは可愛いです。(雪の服を着た山が美しい。)
④ 雪のせいで道や餌を簡単に探すことができます。(雪のせいで道や餌を探すのが難しい。)

[63~64] 다음을 읽고 물음에 답하십시오.

회장님, 보내 주신 메일 잘 받았습니다.
이번 제5호 독서 모임에 대해 자세하게 안내를 해 주셔서 감사합니다. 그런데 이번 모임에는 참석이 어려울 것 같습니다. 이번 주 토요일에 가족 모임이 있습니다. 가족이 모두 참석해야 해서 빠질 수 없습니다. 다음 모임에는 꼭 가겠습니다.
죄송합니다. 그럼, 다음에 또 연락드리겠습니다.

김민호 드림

次の文章を読んで問いに答えなさい。

メールありがとうございます。
第５回読書の会について詳しく教えてくださり、ありがとうございます。
しかし、今回は参加するのが難しいかもしれません。
今週の土曜日に家族の集まりがあり、家族全員集まるため行かないわけにはいきません。
次の会には、必ず参加いたします。
申し訳ありません。またご連絡いたします。

キム・ミンホ

단어 회장님 会長　독서 모임 読書の会　참석 参加
빠지다 抜ける

63. 왜 이 글을 썼습니까?

❶ 독서 모임에 참석이 어려워서
② 독서 모임에 오신 회원들에게 감사해서
③ 동건 씨를 독서 모임에 초대하고 싶어서
④ 회원들에게 독서 모임 소식을 알리기 위해서

なぜこのメールを書きましたか。

종류 種類 Eメール

해설 解説

文章を書くときは、主に最初と最後に主題を書く。メールも同じ。このメールは読書の会のおしらせメールに対する返信で、参加できない理由を書いて返信している。

64. 이 글의 내용과 같은 것을 고르십시오.

① ~~동건 씨는~~ 이번 독서 모임에 참석할 수 없습니다.
② ~~동건 씨는~~ 이번 주 토요일에 가족 모임이 있습니다.
③ ~~민호 씨는~~ 회원들에게 독서 모임을 알리고 싶어 합니다.
❹ 민호 씨는 이번 독서 모임을 하는 날 가족 모임이 있습니다.

この文章と内容が同じものを選びなさい。

종류 種類 Eメール

해설 解説

本文に、今週の土曜日に家族の集まりがあるとある。したがって読書の会の日は家族の集まりがあるが適切である。
① ドンゴンさんは、今回の会に参加できません。(ミンホさんが参加できない。)
② ドンゴンさんは今週の土曜日に家族の集まりがあります。(ミンホさんが家族の集まりがある。)
③ ミンホさんは会員たちに読書の会について知らせたいです。(ドンゴンさんが会長。)

[65~66] 다음을 읽고 물음에 답하십시오.

화는 왜 나는 것일까요? 스트레스를 받을 때, 말로 공격을 받았을 때 (㉠) 화가 날 수 있습니다. 즉 잠깐 동안 나타납니다. 또는 하고 싶은 일이 잘 되지 않았을 때는 길게 화를 낼 수 있습니다. 날씨가 더울 때도 화가 납니다. 이렇게 화가 나는 이유는 여러 가지가 있습니다.

단어 (화가) 나다 怒る　잠깐 동안 短い間　덥다 暑い

次の文章を読んで、問いに答えなさい。
怒りはなぜわいてくるのでしょうか。ストレスを受けた時や言葉で攻撃を受けた時、(㉠)怒りがわいてきます。つまり、短い間にわいてくるのです。また、やりたいことが上手くいかない時は、長く怒りが収まらない場合もあります。暑い時に怒りが起きます。このように怒りがわいてくる理由には、いろいろあります。

65. (㉠)에 들어갈 알맞은 말을 고르십시오.

① 아주 많게　　　　② 아주 길게
③ 아주 적게　　　　❹ 아주 짧게

(㉠)に入る適切な言葉を選びなさい。

종류 種類 叙述文

해설 解説

(㉠)の後の文章に'즉'と'잠깐 동안'という言葉がある。この言葉と最も意味が似ているものは'아주 짧게(とても短い)'である。

66. 이 글의 내용과 같은 것을 고르십시오.

① 일이 재미있으면 ~~화가 많이 납니다~~.

この文章の内容と同じものを選びなさい。

② 배가 고프면 사람은 ~~화를 내지 않습니다~~.
③ 날씨가 더우면 사람들은 ~~기분이 좋습니다~~.
❹ 하고 싶은 일이 안 되면 오랫동안 화를 냅니다.

やりたいことが上手くいかない時は、長く怒りが起きるので、やりたいことが上手くいかない時、長い間怒るが適切である。

① 仕事が楽しいと、怒りがたくさんわいてきます。(ストレスを受けると怒る。普通仕事が楽しければストレスは少ない。したがって、怒りがたくさんわくは間違い。)
② お腹がすくと、人は怒りません。(この内容は本文にない。)
③ 暑いと人は気分が良くなります。(怒りの原因に暑さもある。)

[67~68] 다음을 읽고 물음에 답하십시오.

요즘 물건을 다시 사용하는 재활용이 유행입니다. 물건을 다시 사용하면 돈을 절약할 수 있습니다. 고무장갑은 (㉠) 사용하면 구멍이 생겨서 못 쓰게 됩니다. 이럴 때 버리지 말고 고무줄처럼 사용할 수 있습니다. 최근에도 아들과 함께 다 마신 음료수병으로 꽃병을 (㉡). 우리 가족은 필요한 물건이 있으면 함께 만들어서 다시 사용할 때가 많습니다.

次の文章を読んで、問いに答えなさい。

最近、物を再利用するリサイクルが流行っています。物を再利用すると、お金を節約することができます。ゴム手袋は、(㉠)使うと穴が開いて使えなくなります。そのような時は捨てずに、輪ゴムのように使用することができます。最近では、息子と一緒に飲み終わったジュースの瓶で花瓶を(㉡)。私の家族は必要な物があると、一緒に作って再利用することが多いです。

㉠に入る適切なものを選びなさい。

67. ㉠에 알맞은 것을 고르십시오.
① 가끔　　② 거의　　❸ 오랫동안　　④ 잠깐 동안

( )の前には‘고무장갑(ゴム手袋)’とあり、ゴム手袋をどのくらい使うと穴が開くかというう内容なので、㉠は、副詞‘오랫동안(長い間)’が適切である。

① 가끔 時々
　예 주말에는 친구들과 가끔 영화를 봅니다.
　　　週末に友達と時々映画を観ます。
② 거의 ほとんど
　예 수현은 시험만 보면 거의 100점을 맞습니다.
　　　スヒョンは試験を受けるとほとんど100点です。
④ 잠깐 동안 少しの間
　예 잠깐 동안만 기다리세요.
　　　少しお待ちください。

---

68. ㉡에 알맞은 것을 고르십시오.
① 만들어도 됩니다.　　② 만들어야 합니다.
③ 만들기로 했습니다.　　❹ 만든 적이 있습니다.

㉡に入る適切なものを選びなさい。

🎓 해설 解説

（　）の前に'최근에는(最近では)'と書いてあることから、最近も作っていたことを意味する。したがって、経験した事実を表す表現の'만든 적이 있습니다(作ったことがあります)'が適切である。

① -아/어도 되다：承諾、許可を表す。
　例 이 모자를 써도 돼요?
　　　この帽子、かぶってもいいですか。
② -아/어야 하다：義務、必要性を表す。
　例 오늘 오후까지 일을 다 해야 합니다.
　　　今日の午後までに全部やらなければなりません。
③ -기로 하다：自身の計画や、決心、他の人との約束を表す。
　例 매일 아침 운동하기로 했습니다.
　　　毎朝、運動することにしました。(自身の計画や決心)
　例 오후에 여자 친구를 커피숍에서 만나기로 했습니다.
　　　午後、彼女とカフェで会うことにしました。(約束)

[69~70] 다음을 읽고 물음에 답하십시오.

지난 여름방학 때 시골 할머니댁에 놀러 갔습니다. 시골은 공기도 좋고 조용해서 좋았습니다. 그런데 어느 날, 나는 집 앞에서 놀고 있는데 큰 벌레에게 다리를 물렸습니다. 시골이라 약국도 없었고 병원도 너무 멀어서 갈 수 없었습니다. 그때 할머니께서 내 다리에 된장을 바르셨습니다. 그리고 한참 동안 시간이 지나니까 아프지 않았습니다. 된장은 우리 몸을 (㉠) 약도 됩니다.

단어 공기 空気　　조용하다 静かだ　　물리다 刺される
　　　　멀다 遠い　　(다리에) 바르다 (足に)塗る

次の文章を読んで、問いに答えなさい。

去年の夏休み、田舎の祖母の家に遊びに行きました。田舎は空気も良く、静かで良かったです。ところがある日、家の前で遊んでいたら、大きい虫に足を刺されてしまいました。田舎なので薬局もなく、病院も遠くて行かれませんでした。その時、祖母が味噌を塗ってくれました。そしてしばらくすると痛みがなくなりました。味噌は私たちの体を(㉠)薬にもなります。

(㉠)に入る適切な言葉を選びなさい。

📁 종류 種類 エッセイ

🎓 해설 解説

（　）の前の文章を見ると、大きい虫に刺されたのに薬もなく病院も遠くて行かれなかったが、味噌を足に塗ってしばらくすると痛くなくなった、とある。この内容から、味噌は私たちの体を治療することができるという事が分かるので、㉠は、傷を'치료하는(治療する)'が最も適切である。

69. (㉠)에 들어갈 알맞은 말을 고르십시오.

① 내는　　　② 바르는　　　③ 만드는　　　❹ 치료하는

70. 이 글의 내용으로 알 수 있는 것은 무엇입니까?

① 나는 조용한 시골이 싫습니다.
② 할머니는 큰 벌레를 좋아하십니다.
❸ 된장은 약으로도 사용할 수 있습니다.
④ 병원이 너무 멀어서 약국에 갔습니다.

この文章の内容からられかることは何ですか。

📁 종류 種類 エッセイ

🎓 해설 解説

全体の文章を理解した後、内容を推測するという問題。キーワードを中心とし、筆者が何を話そうとしているかを推測しなければならない。大きい虫に刺されたのに、薬もなく病院も遠くて行かれなかったが、味噌を塗ったらよくなった。この文章の内容から、味噌は薬としても使う事ができるということが分かる。

실전모의고사
제4회 해설

듣기 聞き取り

1. ①	**2.** ③	**3.** ②	**4.** ③	**5.** ②	**6.** ③	**7.** ①	**8.** ②	**9.** ④	**10.** ②
11. ①	**12.** ②	**13.** ④	**14.** ②	**15.** ②	**16.** ②	**17.** ②	**18.** ②	**19.** ③	**20.** ④
21. ①	**22.** ③	**23.** ③	**24.** ④	**25.** ④	**26.** ①	**27.** ②	**28.** ④	**29.** ②	**30.** ②

읽기 読解

31. ④	**32.** ①	**33.** ③	**34.** ③	**35.** ②	**36.** ②	**37.** ③	**38.** ④	**39.** ③	**40.** ④
41. ①	**42.** ④	**43.** ①	**44.** ④	**45.** ②	**46.** ③	**47.** ①	**48.** ②	**49.** ①	**50.** ②
51. ③	**52.** ①	**53.** ②	**54.** ④	**55.** ①	**56.** ②	**57.** ①	**58.** ①	**59.** ③	**60.** ④
61. ②	**62.** ②	**63.** ②	**64.** ①	**65.** ④	**66.** ①	**67.** ③	**68.** ①	**69.** ①	**70.** ③

듣기 (1번 ~ 30번)

[1~4] 다음을 듣고 〈보기〉와 같이 물음에 맞는 대답을 고르십시오.

次の会話を聞いて、例のように適切な答えを選びなさい。

男: あの建物は銀行ですか。

1.

남자: 저 건물이 은행이에요?

여자: ______________________

❶ 네, 한국은행이에요.　　② 네, 은행이 없어요.

③ 아니요, 은행에 가요.　　④ 아니요, 은행에서 일해요.

단어 건물 建物　은행 銀行　없다 ない
가다 行く　일하다 仕事をする

종류 種類 会話

해설 解説

'N이에요?'で質問する場合、答えが肯定なら'네, N이에요'、否定なら'아니요, N이/가 아니에요'で答える。

② '은행이 없어요?(銀行はありませんか。)'に対する答え。

③ 銀行ではない他の場所に行くのかという質問に対する答え。(예: 우체국에 가요? 例: 郵便局へ行きますか。)

④ 銀行ではない他の場所で仕事をしているのかという質問に対する答え。(예: 우체국에서 일해요? 例: 郵便局で仕事をしていますか。)

2.

여자: 방이 넓어요?

남자: ______________________

① 네, 방이에요.　　② 네, 방이 많아요.

❸ 아니요, 방이 좁아요.　　④ 아니요, 방이 깨끗해요.

단어 방 部屋　넓다 広い　많다 多い
좁다 狭い　깨끗하다 きれい

女: 部屋は広いですか。

종류 種類 会話

해설 解説

部屋が広いなら'네, 넓어요.'、広くないなら'넓어요'の反対語の'아니요, 방이 좁아요.'になる。

① '방이에요?(部屋ですか。)'に対する答え。

② '방이 많아요?(部屋が多いですか。)'に対する答え。

④ '방이 더러워요?(部屋が汚いですか。)'に対する答え。

3.

여자: 누가 선물을 줬어요?

남자: ______________________

① 어제 줬어요.　　❷ 동생이 줬어요.

③ 인형을 줬어요.　　④ 생일이라서 줬어요.

단어 선물 プレゼント　주다 あげる

女: 誰がプレゼントをくれましたか。

종류 種類 会話

해설 解説

'누가'は人を問う疑問詞なので、人を示す答えを探せばよい。

① '언제 선물을 줬어요?(いつプレゼントをあげましたか。)'対する答え。

③ '무슨 선물을 줬어요?(どんなプレゼントをあげましたか。)'に対する答え。

④ '왜 선물을 줬어요?(どうしてプレゼントをあげましたか。)'対する答え。

4.

남자: 식당은 몇 층에 있어요?

여자: ______________________

① 밥을 먹어요.　　　　　② 친구와 먹어요.

❸ 삼 층에 있어요.　　　　④ 도서관 옆에 있어요.

단어 식당 食堂　　층 階　　먹다 食べる　　친구 友達　　옆 橫

男: 食堂は何階ですか。

종류 種類 **会話**

해설 解説

階数を答えるものを探せばよい。

① '무엇을 해요?(何をしますか。)'または'무엇을 먹어요?(何を食べますか。)'に対する答え。

② '누구와 먹어요?(誰と食べますか。)'に対する答え。

④ '식당은 어디에 있어요?(食堂はどこにありますか。)'に対する答え。

[5~6] 다음을 듣고 〈보기〉와 같이 다음 말에 이어지는 것을 고르십시오.

5.

여자: 왜 늦었습니까?

남자: ______________________

① 친구와 갔습니다.　　　　❷ 늦게 일어났습니다.

③ 차를 타고 갔습니다.　　　④ 지금 가고 있습니다.

단어 왜 どうして/なぜ　　늦다(늦게) 遅れる(遅く)
　　　일어나다 起きる　　타다 乗る

次の会話を聞いて、例のように次に続くものを選びなさい。

女: どうして遅れましたか。

종류 種類 **会話**

해설 解説

女性は男性に遅れた理由を尋ねている。

・늦다 遅れる
　예 차가 막혀서 약속 시간에 늦었어요.
　　　車が混んで、約束の時間に遅れました。

① '누구와 갔습니까?(誰と行きましたか。)'に対する答え。

③ '무엇을 타고 갔습니까?(何に乗って行きましたか。)'に対する答え。

④ '지금 어디입니까? 출발했습니까?(今どこですか。出発しましたか。)'に対する答え。

6.

남자: 다녀오겠습니다.

여자: ______________________

① 네, 안녕하세요.　　　　② 네, 반갑습니다.

❸ 네, 잘 다녀오세요.　　　④ 네, 잘 지냈습니다.

단어 다녀오다 行ってくる　　반갑다 嬉しい　　지내다 過ごす

男: 行ってきます。

종류 種類 **会話**

해설 解説

「行ってきます」というあいさつに対する答えを探せばよい。

① '안녕하세요?(こんにちは。)'に対する答え。

② '만나서 반갑습니다.(お会いできて嬉しいです。)'に対する答え。

④ '잘 지냈습니까?(お元気でしたか。)'に対する答え。

[7~10] 여기는 어디입니까? 〈보기〉와 같이 알맞은 것을 고르십시오.

7.

남자: 장미 한 다발만 포장해 주세요.

ここはどこですか。例のように適切なものを選びなさい。

男性: バラ1束ください。
女性: はい、わかりました。

여자: 네, 알겠습니다.

❶ 꽃집   ② 은행   ③ 우체국   ④ 도서관

단어 꽃집 花屋   은행 銀行   우체국 郵便局   도서관 図書館

📁 **종류 種類** 会話

🎓 **해설 解説**

バラを購入できる場所は花屋である。

8.

여자: 이 약은 언제 먹어요?
남자: 식사 30분 후에 드세요.

① 교실   ❷ 약국   ③ 편의점   ④ 커피숍

단어 약 薬   언제 いつ   식사 食事   후 後   교실 教室
약국 薬局   편의점 コンビニ   커피숍 カフェ

女性: この薬はいつ飲みますか。
男性: 食事の30分後に飲んでください。

📁 **종류 種類** 会話

🎓 **해설 解説**

薬を買える所は薬局。

9.

남자: 요즘 사람들은 어디로 여행을 많이 갑니까?
여자: 일본이나 중국으로 많이 가세요.

① 학교   ② 공원   ③ 박물관   ❹ 여행사

단어 요즘 最近   여행 旅行   학교 学校   공원 公園
박물관 博物館   여행사 旅行社

男性: 最近の人は、どこへよく旅行に行くんですか。
女性: 日本や中国へよく行きます。

📁 **종류 種類** 会話

🎓 **해설 解説**

男性は女性に、どこへ旅行に行くのがいいか尋ねている。旅行について答えてくれる場所は旅行社。

10.

여자: 여기 김치 좀 더 주세요.
남자: 죄송하지만, 김치는 셀프입니다.

① 서점   ❷ 식당   ③ 백화점   ④ 운동장

단어 주다 くれる/あげる   셀프 セルフ   서점 本屋
식당 食堂   백화점 デパート   운동장 運動場

女性: あのう、キムチもう少しください。
男性: すみませんが、キムチはセルフサービスです。

📁 **종류 種類** 会話

🎓 **해설 解説**

女性は食堂でキムチをもっといただきたいと言っている。

[11~14] 다음은 무엇에 대해 말하고 있습니까? 〈보기〉
와 같이 알맞은 것을 고르십시오.

11.

여자: 지금부터 비빔밥을 만들 거예요.
남자: 그럼 제가 채소를 씻을게요.

何について話をしていますか。例のように適切なものを選びなさい。

女性: 今からビビンバを作ります。
男性: では、私が野菜を洗います。

📁 **종류 種類** 会話

❶ 요리　　　② 가격　　　③ 직업　　　④ 취미

단어 만들다 作る　채소 野菜　요리 料理　가격 値段
직업 職業　취미 趣味

'만들다(作る)'는'요리하다(料理する)'와 似た意味。

・(음식을) 만들다 (食事を)作る
예 비빔밥을 만들어요.(=요리해요.)
　　ビビンバを作ります。(＝料理します。)

12.

남자: 방학 동안에 무엇을 할 거예요?
여자: 한국의 유명한 관광지를 여행할 거예요.

① 건강　　　❷ 계획　　　③ 날씨　　　④ 주말

단어 방학 夏休み/冬休み　유명하다 有名だ　관광지 観光地
여행하다 旅行する　건강 健康　계획 計画
날씨 天気　주말 週末

男性: 夏休み（冬休み）の間、何をしますか。
女性: 韓国の有名な観光地を旅行します。

종류 種類　会話
해설 解説
休みの計画について話している。

13.

남자: 내일은 크리스마스라서 수업이 없습니다.
여자: 와, 네, 알겠습니다.

① 방학　　　② 장소　　　③ 약속　　　❹ 휴일

단어 크리스마스 クリスマス　수업 授業
방학 夏休み/冬休み　장소 場所
약속 約束　휴일 休日

男性: 明日はクリスマスなので、授業はありません。
女性: わー。はい。わかりました。

종류 種類　会話
해설 解説
（韓国では）クリスマスは休日。

14.

여자: 주말에 같이 등산 갈까요?
남자: 좋아요. 봄이라 꽃이 많이 피어서 정말 예쁠 거예요.

① 선물　　　❷ 계절　　　③ 과일　　　④ 날짜

단어 등산 登山　봄 春　꽃이 피다 花が咲く
예쁘다 きれい

女性: 週末、一緒に登山をしに行きませんか。
男性: いいすよ。春なので、花がたくさん咲いてきれ
　　いでしょうね。

종류 種類　会話
해설 解説
週末、一緒に登山に行こうという女性の提案に、男性
は春なので花が咲いてきれいだろうと答えている。

[15~16] 다음 대화를 듣고 알맞은 그림을 고르십시오.

15.

남자: 나영 씨, 강아지가 침대 위에서 자요.
여자: 네, 매일 저하고 같이 침대에서 자서 그래요.

次の会話を聞いて、適切な絵を選びなさい。
男性: ナヨンさん、子犬がベッドの上で寝ています。
女性: ええ、毎日私と一緒にベッドで寝ているので。

종류 種類　会話

단어 | 강아지 子犬　　침대 ベッド　　위 上　　자다 寝る

🎓 해설 解説

ベッドの上に子犬がいる。男性と女性が子犬を見て、お互いに話をしている。

① 男性が動物病院で子犬を買っている。
③ 男性と女性がベッドに座り、子犬を見ながら話をしている。
④ 女性の膝の上で子犬が寝ていて、男性と横で話をしている。

16.

남자: 짐이 무거운 것 같은데. 저 이번에 내리니까 여기 앉으세요.

여자: 고맙습니다.

단어 | 짐 荷物　　무겁다 重い　　내리다 降りる　　앉다 座る

男性: 荷物が重そうですね。私は次で降りるので、ここに座ってください。
女性: ありがとうございます。

📁 종류 種類 会話

🎓 해설 解説

地下鉄で、重い荷物を持っている女性に、男性が席を譲っている。

① 階段の前で、重い荷物を持った女性と男性が話をしている。
③ 空港で、女性が手荷物として荷物を預けている。
④ 男性は食堂の従業員。女性に席を案内している。

[17~21] 다음을 듣고 〈보기〉와 같이 대화 내용과 같은 것을 고르십시오.

17.

여자: 한국 회사에 취직하게 되었어요. 오늘 저녁은 제가 살게요.

남자: 아니어요. 취직했으니까 축하하는 의미로 제가 살게요.

① 여자는 오늘 저녁을 살 겁니다.
❷ 여자는 한국 회사에 다닐 겁니다.
③ 남자는 한국 회사에 취직했습니다.
④ 남자는 여자의 취직을 축하하지 않습니다.

단어 | 회사 会社　　취직하다 就職する　　축하하다 お祝いする
　　　 의미 意味

次の会話を聞いて、例のように会話の内容と同じものを選びなさい。

女性: 韓国の会社に就職することになりました。今夜は私がおごります。
男性: いいですよ。就職したお祝いに僕がごちそうします。

📁 종류 種類 会話

🎓 해설 解説

男性は女性の就職祝いに夕食をごちそうする。

・취직하다 就職する
　예 회사에 취직해요. 会社に就職します。

① 女性は今日の夕食をごちそうします。
　（男性がごちそうする。）
③ 男性は韓国の会社に就職しました。
　（女性が韓国の会社に就職することになった。）

④ 男性は女性の就職をお祝いしません。(男性は女性の就職をお祝いに夕食をごちそうする。)

18.

남자: 실례합니다. 한국병원에 가려고 하는데 어떻게 가야 돼요?

여자: 백화점 맞은편에서 길을 건너야 해요. 그리고 오른쪽으로 가면 서울은행 옆에 있어요.

남자: 네, 감사합니다.

① 남자는 서울은행에 가려고 합니다.
❷ 남자는 길을 몰라서 물어보고 있습니다.
③ 여자는 한국병원 가는 길을 알지 못합니다.
④ 여자는 지금 한국병원에 가고 싶어 합니다.

| 단어 | 실례하다 失礼だ 어떻게 どうやって 맞은편 向かい側
길을 건너다 道を渡る 오른쪽 右側 |

男性: すみません。韓国病院へは、どうやって行きますか。
女性: デパートの向かい側から道を渡って、右へ曲がると韓国銀行の隣にあります。

종류 種類 **会話**

해설 解説

男性は韓国病院へどうやって行くのかわからず、女性に道を尋ねている。

・건너다 渡る
例 길을 건너요. 道を渡ります。

① 男性はソウル銀行へ行きます。
　(男性は韓国病院へ行きます。)
③ 女性は韓国病院へ行く道を知りません。
　(女性は韓国病院へ行く道を知っている。)
④ 女性は今、韓国病院へ行きたいです。
　(男性は今、韓国病院へ行きたいです。)

19.

여자: 실례합니다. 여기 제 자리인 것 같은데요.
남자: 저는 창문 쪽 자리가 맞는데요. 그리고 제 표에도 24A로 쓰여 있습니다.
여자: 여기는 25열입니다. 여기 앞자리에 앉으셔야 해요.
남자: 아, 제가 실수를 했습니다. 미안합니다.

① 여자는 영화관에 있습니다.
② 남자는 25열에 앉아야 합니다.
❸ 남자는 좌석을 잘못 앉았습니다.
④ 여자는 남자의 자리에 앉아 있습니다.

| 단어 | 자리 席 쓰여 있다 書いてある 열 列
실수를 하다 失敗をする/間違える |

女性: すみません。ここ、わたしの席だと思うのですが。
男性: 私は窓側の席で合っていますが。それに私の番号は、24Aと書いてあります。
女性: ここは25列です。前の席だと思いますが。
男性: あ、私が間違えました。すみません。

종류 種類 **会話**

해설 解説

女性と男性は飛行機の中にいる。男性が、間違えて女性の席に座っている。

① 女性は映画館にいます。(飛行機の中にいる。)
② 男性は25列に座っています。(男性の席は24列。)
④ 女性は男性の席に座っています。
　(男性が女性の席に間違えて座っている。)

20.

남자: 어제 여기에서 바지를 한 벌 샀는데 바지에 문제가 좀 있네요.
여자: 어떤 문제가 있습니까?
남자: 집에서 바지를 입어 보니까 바지 지퍼가 잘 올라가지 않아요.

男性: 昨日ここで、ズボンを1着買ったんですが、ズボンに少し問題があって。
女性: どんな問題ですか。
男性: 家でズボンを着てみたら、ズボンのジッパーがうまく上がりません。
女性: 申し訳ありません。お客様、他のズボンと交換させていただきます。

여자: 죄송합니다. 손님, 다른 바지로 교환해 드리겠습니다.
남자: 아니요. 그냥 환불해 주세요.
여자: 네, 알겠습니다. 환불 처리해 드리겠습니다.

① 여자는 어제 바지를 샀습니다.
② 여자는 바지를 바꾸러 왔습니다.
③ 남자는 산 바지가 마음에 듭니다.
❹ 남자는 바지를 환불하고 싶어 합니다.

단어 벌 ~着   지퍼 ジッパー   올라가다 上がる
교환하다 交換する   환불하다 返金する   처리 処理

男性: いいえ。返金してください。
女性: はい、わかりました。返金処理いたします。

종류 種類 会話

해설 解説

男性は昨日ズボンを買ったが、返金してもらたくてお
店に来た。

・교환하다 交換する
예 이 가방을 다른 색으로 교환해 주세요.
この鞄を他の色の鞄に交換してください。
・환불하다 返金する
예 이 가방을 환불해 주세요.
この鞄(返品するので)返金してください。

① 女性は昨日ズボンを買いました。
(男性が昨日、ズボンを買った。)
② 女性はズボンを交換しに来ました。
(男性は返金してもらうために来た。)
③ 男性は買ったズボンが気に入りました。
(男性は買ったズボンが気に入らなかった。)

21.

여자: 한국에서 오전 8시에 출발해서 미국에 밤 9시에 도착
하는 HK112편 맞으시죠?
남자: 네, 맞아요.
여자: 이름과 여권번호를 확인해 주세요.
남자: 네, 맞습니다. 그런데 창가 쪽 자리로 주실 수 있습니까?
여자: 잠시만 기다리세요. 네, 창가 쪽 자리로 해 드렸습니
다. 7시까지 20번 게이트로 가서서 7시 30분까지 탑
승하시기 바랍니다.
남자: 네, 알겠습니다. 감사합니다.

❶ 남자는 지금 공항에 있습니다.
② 여자는 창가 쪽 자리를 원합니다.
③ 여자는 밤 9시에 미국에서 출발합니다.
④ 남자는 7시까지 비행기에 타야 합니다.

단어 출발하다 出発する   도착하다 到着する   편 便
여권 パスポート   창가 参加   게이트 ゲート
탑승 搭乗

女性: 韓国を午前8時に出発して、アメリカに夜9時
に到着するHK112便ですね。
男性: はい、そうです。
女性: お名前とパスポート番号を確認してください。
男性: はい、合っています。すみませんが、窓側の席
にしてもらえますか。
女性: 少々お待ちくださいませ。はい、窓側の席でご
用意させていただきました。7時までに20番ゲート
にお越しになり、7時30分までに搭乗して
ください。
男性: はい、わかりました。ありがとうございます。

종류 種類 会話

해설 解説

男性は空港で搭乗手続きをしている。

・탑승 수속 搭乗手続き
예 9시에 탑승 수속을 마감합니다.
9時に搭乗手続きを締め切ります。

② 女性は窓側の席を希望します。
(男性が窓側の席を希望している。)
③ 女性は夜9時にアメリカに出発します。
(男性は午前8時に韓国から出発する。)
④ 男性は7時までに飛行機に乗らなければなりません。
(男性は7時30分までに搭乗しなければならない。)

[22~24] 다음을 듣고 대화 내용과 같은 것을 고르십시오.

22.

남자: 고객님, 전화해 주셔서 감사드립니다. 무엇을 도와 드릴까요?

여자: 7월 휴대전화 요금을 보니까 보통 오만 원 정도 나오는데 십만 원이 나와서요. 확인할 수 있을까요?

남자: 네. 잠시만 기다리세요. 확인해 보니까 7월 3일에 일본으로 국제전화를 많이 하셨네요. 국제전화는 1분에 500원이기 때문에 요금이 많이 나올 수 있습니다.

여자: 아, 이제 기억이 났습니다. 고맙습니다.

① 여자는 통신 회사에서 일합니다.
② 남자는 국제전화를 세 번 했습니다.
❸ 남자가 여자의 전화를 받았습니다.
④ 남자는 핸드폰 요금이 많이 나왔습니다.

단어 통신사 電話会社　요금 料金　국제전화 国際電話
기억이 나다 思い出す

次の会話を聞いて、会話の内容と同じ物を選びなさい。

男性: お客様、お電話ありがとうございます。ご用件をお伺いいたします。

女性: 7月の携帯電話の料金を見ると、普段は5万ウォンくらいなのに、10万ウォンと出ているのですが、確認していただけますか。

男性: はい、少々お待ちください。確認したところ、7月3日に日本へ国際電話を何度もされていますね。国際電話は1分500ウォンなので、料金が高くなることがございます。

女性: あ、思い出しました。ありがとうございます。

種類 会話

解説

女性は携帯電話の料金について問い合わせるため、電話会社に電話をした。

① 女性は電話会社で仕事をしています。
　（男性が電話会社で仕事をしている。）
② 男性は国際電話を3回かけました。
　（女性は国際電話を何度かけた。）
④ 男性は携帯電話の料金が高くなりました。
　（女性の携帯電話の料金が高くなった。）

23.

남자: 무슨 일로 오셨습니까?

여자: 지하철 2호선 한국대역에서 중요한 서류가 든 봉투를 두고 내렸는데 혹시 찾을 수 있을까요?

남자: 잠시만 기다리세요. 아, 여기 있네요. 한번 확인해 보세요.

여자: 네, 맞아요. 정말 감사합니다.

① 남자는 한국대역에서 내렸습니다.
② 여자는 서류 봉투를 찾지 못했습니다.
❸ 여자는 지하철 유실물센터에 있습니다.
④ 남자는 중요한 서류를 잃어버렸습니다.

단어 지하철 地下鉄　중요하다 重要だ　서류 書類
봉투 封筒　유실물센터 遺失物センター
잃어버리다 無くしてしまう

男性: どうなさいましたか。

女性: 地下鉄2号線の韓国大学駅で、重要な書類が入った封筒を置いて降りてしまったのですが、もしかして見つけることはできますか。

男性: 少々お待ちください。あ、ここにありますね。一度確認してみてください。

女性: ええ、これです。本当にありがとうございました。

種類 会話

解説

女性は地下鉄の遺失物センターで、書類が入った封筒を探している。

① 男性は韓国大学駅で、降りました。
　（女性が韓国大学駅で、降りました。）
② 女性は書類が入った封筒を見つけることができませんでした。
　（女性は書類が入った封筒を見つけた。）
④ 男性は重要な書類を無くしてしまいました。
　（女性は重要な書類が入った封筒を地下鉄の中に置いて降りてしまったが、見つけることができた。）

24.

여자: 안녕하세요. 어른 표 한 장하고 어린이 표 두 장 주세요.

女性: こんにちは。大人1枚と子供2枚ください。
男性: はい、1万ウォンです。

남자: 네, 만 원입니다.

여자: 어? 이만 원 아니에요? 여기 어른은 만 원이고 어린이는 오천 원이라고 되어 있는데요.

남자: 네, 그런데 오늘은 어린이날이라서 어린이들은 공짜입니다. 그리고 관람이 끝난 후에 어린이에게는 선물을 줄 예정이니까 끝까지 기다리세요.

① 여자는 이만 원을 내야 합니다.
② 남자는 선물을 받을 수 있습니다.
③ 남자는 지금 표를 사고 있습니다.
❹ 여자는 어린이 요금은 내지 않아도 됩니다.

단어 어른 大人　　어린이 子供　　어린이날 子供の日
공짜 無料　　관람 観覧　　예정 予定

女性: え? 2万ウォンじゃありませんか。ここに大人は1万ウォンで、子供は5千ウォンと書いてありますが。

男性: ええ、そうなんですが、今日は子供の日なので子供は無料です。それから観覧が終わったあと、お子様にはプレゼントがありますので、最後まで待っていてください。

종류 種類 会話

해설 解説

今日は子供の日。子供の日は無料なので女性は子供料金を支払わなくてもよい。

① 女性は2万ウォン出さなければなりません。
（大人料金だけ出せばよい。）
② 男性はプレゼントがもらえます。
（プレゼントは子供だけもらえる。）
③ 男性は今、チケットを買っています。
（女性がチケットを買っている。）

[25~26] 다음을 듣고 물음에 답하십시오.

남자: 여러분, 안녕하십니까? 교통 정보입니다. 월요일 아침, 출근 시간이라서 차가 많이 막힐 것으로 예상됩니다. 여의도 방향으로 가는 길은 지금 사고가 나서 지나가는데 어려움을 겪고 있습니다. 여의도 지나는 차량은 주의하시기 바랍니다. 그리고 서울역 근처에서도 20km 이하로 서행하고 있습니다. 그쪽으로 가시는 분들은 다른 길로 돌아가시는 것이 좋겠습니다.

단어 교통 정보 交通情報　　출근 出勤　　차가 막히다 車が混む
예상되다 予想する　　사고가 나다 事故が起こる
어려움을 겪다 難しい/困る　　차량 車両
주의하다 注意する　　서행하다 徐行する

25. 어떤 이야기를 하고 있는지 고르십시오.
① 초대　　② 경고　　③ 소개　　❹ 안내

단어 초대 招待　　경고 警告　　소개 紹介　　안내 案内

次の文章を聞いて、問いに答えなさい。

男性: みなさん、こんにちは。交通情報です。月曜日の朝、出勤時間のため車が混雑することが予想されます。ヨイド方面へ向かう道は、現在事故の影響で混雑しています。ヨイド方面へ向かう車はご注意ください。そして、ソウル駅付近では20ｋｍ以下の徐行運転を行っております。ソウル駅方面へ向かう方は、迂回して行かれたほうがいいでしょう。

どんな話をしているのか選びなさい。

종류 種類 案内放送

해설 解説

交通情報についての案内放送。

---

26. 들은 내용과 같은 것을 고르십시오.
❶ 사고가 나서 차가 많이 막힙니다.
② 여의도 방향은 빨리 갈 수 있습니다.
③ 서울역 근처는 길이 막히지 않습니다.
④ 오후의 교통 정보를 알려 주고 있습니다.

聞いた内容と同じものを選びなさい。

종류 種類 案内放送

해설 解説

ヨイド方面へ向かう道は、現在事故が起こり、通行が難しいということから車が混んでいることがわかる。
② ヨイド方面は速く行くことができる。
　（事故が起きて、車が混んでいる。）
③ ソウル駅付近は道が混んでいない。
　（ソウル駅付近でも徐行運転していると述べている。）
④ 午後の交通情報を伝えている。
　（月曜朝の出勤時間の交通情報を伝えている。）

[27~28] 다음을 듣고 물음에 답하십시오.

남자: 지난 주 토요일에 가족과 함께 꽃 전시회에 갔다 왔는데 너무 좋았어요. 꽃을 보니까 기분도 좋아지고 머리도 맑아지는 기분이었어요. 나영 씨는 어디에 갔다 왔어요?

여자: 저는 도자기 축제에 다녀왔어요. 거기에서 직접 컵하고 접시를 만들 수 있어서 정말 재미있었어요.

남자: 나영 씨가 만든 컵을 보고 싶어요. 혹시 사진 있어요?

여자: 아니요. 다음에 집에 놀러 오면 그때 보여 줄게요.

단어 전시회 展示会　기분 気分
머리가 맑아지다 頭がスッキリする　도자기 陶磁器
축제 祭り

27. 두 사람이 무엇에 대해 이야기하고 있는지 고르십시오.

① 방학 계획　　　　　❷ 주말에 한 일
③ 좋아하는 축제　　　④ 보고 싶은 전시회

次の会話を聞いて、問いに答えなさい。

男性: 先週の土曜日に、家族と一緒に花の展覧会に行って来たんですが、とてもよかったですよ。花を見て、気分もよくなって頭もスッキリしました。ナヨンさんはどこへ行きましたか。

女性: 私は陶磁器祭りに行って来ました。そこで直接コップとお皿を作ることができて、楽しかったです。

男性: ナヨンさんが作ったコップ、見てみたいです。写真ありますか。

女性: いいえ、今度家に遊びに来たときに見せて上げます。

２人が何について話しているのか選びなさい。

種類 会話

解説
男性と女性は、週末、何をしたのかについて話している。

---

28. 들은 내용과 같은 것을 고르십시오.

① 여자는 예쁜 컵과 접시를 샀습니다.
② 여자는 꽃 전시회에 갔다 왔습니다.
③ 남자는 도자기 축제에 다녀왔습니다.
❹ 남자는 주말을 가족과 함께 보냈습니다.

聞いた内容と同じものを選びなさい。

種類 会話

解説
男性は週末、家族と一緒に花の展覧会に行ってきた。

① 女性はかわいいコップとお皿を買いました。
　（女性はコップとお皿を直接作った。）
② 女性は花の展覧会に行って来ました。
　（女性は陶磁器祭りに行って来た。）
③ 男性は陶磁器祭りに行って来ました。
　（男性は花の展覧会に行って来た。）

[29~30] 다음을 듣고 물음에 답하십시오.

남자: 무슨 일로 오셨습니까?
여자: 어제 저녁에 공원에서 이 지갑을 주웠어요.

次の会話を聞いて、問いに答えなさい。
男性: どうなさいましたか。
女性: 昨日の晩、公園でこの財布を拾いました。
男性: 財布の中に何かありますか。

남자: 지갑 안에는 무엇이 있습니까?
여자: 운전 면허증하고 신용 카드 그리고 현금이 삼십만 원
　　　정도 들어 있어요.
남자: 알겠습니다. 지갑을 분실했다는 신고가 들어오면 바
　　　로 주인을 찾아드리겠습니다. 신고해 주셔서 감사합
　　　니다.
여자: 아니에요.

단어 줍다 拾う　　운전 면허증 運転免許証
　　　신용 카드 クレジットカード　　현금 現金
　　　분실하다 紛失する　　신고 申告/届出　　들어오다 入る
　　　주인 持ち主

29. 여자는 지금 왜 여기에 왔습니까?
① 지갑을 맡겨서　　　　❷ 지갑을 습득해서
③ 지갑이 바뀌어서　　　④ 지갑을 분실해서

단어 맡기다 任せる/預ける　　습득하다 拾う
　　　바뀌다 変わる　　분실하다 紛失する

女性: 運転免許証と、クレジットカード、それと現金
　　　30万ウォンくらいが入っています。
男性: わかりました。財布をなくしたという届出があ
　　　ったら、すぐに持ち主にお返しします。届けて
　　　くださってありがとうございます。
女性: いいえ。

女性は今、なぜここに来ましたか。

種類 会話

解説
女性は昨日、公園で財布を拾ったので、警察署に届け
に来た。

・習得する 拾得する/拾う
例 길에서 지갑을 습득했어요. 道で財布を拾いました。

---

30. 들은 내용과 같은 것을 고르십시오.
① 남자는 지갑을 잃어버렸습니다.
❷ 여자는 지금 경찰서에 있습니다.
③ 남자는 어제 지갑을 주웠습니다.
④ 여자는 내일 지갑을 찾으러 올 겁니다.

聞いた内容と同じものを選びなさい。

種類 会話

解説
女性は財布を拾ったので、警察署へ届けに来た。
① 男性は財布をなくしました。
　（女性が財布を拾った。）
③ 男性は昨日、財布を拾いました。
　（女性が昨日、財布を拾った。）
④ 女性は明日、財布を受け取りに来ます。
　（女性は財布を拾ったので、警察署に届けに来た。）

[31~33] 다음은 무엇에 대한 이야기입니까? 〈보기〉와 같이 알맞은 것을 고르십시오.

何についての話ですか。例のように適切なものを選びなさい。

ソウルはとても暑いです。釜山は暖かいです。

31.

서울은 너무 덥습니다. 부산은 따뜻합니다.

① 날짜　　　② 고향　　　③ 가족　　　❹ 날씨

単語 여기/저기/거기 ここ/あそこ/そこ　　덥다 暑い
따뜻하다 暖かい

[종류 種類] 叙述文

[해설 解説]

'덥다(暑い), 따뜻하다(暖かい)'は天気を表す単語。したがって2つの文章の共通点は'날씨(天気)。

① 날짜 日にち: 크리스마스는 12월 25일입니다. クリスマスは12月25日です。
② 고향 故郷: 저는 서울 사람입니다. 제 친구는 부산 사람입니다. 私はソウルの人間です。友達は釜山の人です。
③ 가족 家族: 우리 가족은 아버지, 어머니, 나 이렇게 세 명입니다. 私の家族は、父、母、私の3人です。

32.

아버지는 쉰 두 살입니다. 저는 스물 네 살입니다.

❶ 나이　　　② 요일　　　③ 나라　　　④ 식사

単語 살 歳

父は52歳です。私は24歳です。

[종류 種類] 叙述文

[해설 解説]

'쉰 두 살'と'스물 네 살'は年齢。年齢は'~살, ~세(歳)で表す。

② 요일 曜日 : 월요일(月曜日), 화요일(火曜日), 수요일(水曜日), 목요일(木曜日), 금요일(金曜日), 토요일(土曜日), 일요일(日曜日)
③ 나라 国 : 어느 나라에서 왔어요? どこの国から来ましたか。(=국가国家)
④ 식사 食事 : 오늘 아침 식사하셨어요? 今朝、朝ご飯を召し上がりましたか。

33.

민호 씨와 유키 씨는 아주 친합니다. 그래서 서로 잘 압니다.

① 휴가　　　② 운동　　　❸ 친구　　　④ 수업

単語 친하다 仲がいい/親しい　　알다 知る

ミンホさんと由紀さんはとても仲がいいです。だからお互いをよく知っています。

[종류 種類] 叙述文

[해설 解説]

仲が良くてお互いをよく知っている間柄は'친구(友達)'。

① 휴가 休暇/休み: 이번 여름휴가 때 제주도로 여행을 갈 겁니다. 今度の夏休みには、済州島へ旅行に行くつもりです。

② 운동 運動 : 저는 축구를 합니다. 친구는 농구를 합니다. 私はサッカーをします。友達はバスケットボールをします。
④ 수업 授業 : 1교시는 문법 수업을 합니다. 1時間目は文法の授業です。

[34~39] 〈보기〉와 같이 빈칸에 제일 알맞은 것을 고르십시오.

例のように（　）に最も適切なものを選びなさい。
ご飯（　）キムチを食べます。

34.

밥(　) 김치를 먹어요.

① 로　　　② 를　　　❸ 과　　　④ 의

단어 먹다 食べる

종류 種類 叙述文

해설 解説

'와/과'は名詞と名詞の間に立ち、人やいくつかの物を連結するときに使う。したがって'밥(ご飯)'、'김치(キムチ)'をつなぐ助詞'와/과'を使う。

어휘 · 문법
① 으로/로: 移動の方向、道具や手段、材料を表す助詞。
예 이번 여행은 부산으로 갈 겁니다.(이동의 방향)
今度の旅行は釜山へ行くつもりです。(移動の方向)
예 볼펜으로 쓰세요.(도구)
ボールペンで書いてください。(道具)
예 삼계탕은 닭과 인삼으로 만듭니다.(재료)
参鶏湯は鳥と人参で作ります。(材料)
② 을/를: 文章の目的語を表す助詞
예 수현 씨는 한국 드라마를 봅니다.
スヒョンさんは韓国ドラマを見ます。
예 오늘 저녁에 된장찌개를 먹을 겁니다.
今夜はテンジャンチゲを食べます。
④ 의: 名詞の後について、後ろに来る名詞を修飾する助詞。
예 이것은 선생님의 연필이에요.
これは先生のえんぴつです。

35.

염색을 할 겁니다. (　　)에 갑니다.

① 영화관　　❷ 미용실　　③ 커피숍　　④ 노래방

단어 염색 染める

髪を染めます。(　　)へ行きます。

종류 種類 叙述文

해설 解説

髪を切ったり、染めたり、パーマをかけるのは'미용실(美容室)'。

어휘 · 문법
① 영화관 映画館
예 영화를 보러 영화관(=극장)에 갑니다.
映画を看見に映画館(=劇場)へ行きます。
③ 커피숍 カフェ
예 커피를 마시러 커피숍에 갑니다.
コーヒーを飲みにカフェへ行きます。
④ 노래방 カラオケ
예 노래를 부르러 노래방에 갑니다.
歌を歌いにカラオケへ行きます。

36.

어제 우리 아이의 학교에서 일일 교사로 일했습니다. 학생들에게 베트남 어를 (   ).

① 만들었습니다   ❷ 가르쳤습니다
③ 요리했습니다   ④ 노래했습니다

단어 일일 교사 1日教師　　베트남 어 ベトナム語

어휘 · 문법
① 만들다 作る
　예 저는 어제 과학 시간에 비행기를 <u>만들었습니다</u>.
　　私は昨日、科学の時間に飛行機を作りました。
③ 요리하다 料理する
　예 어제 한국 음식을 <u>요리했습니다</u>.
　　昨日、韓国料理を作りました。
④ 노래하다 歌う
　예 저는 회식 자리에서 신입사원 대표로 <u>노래했습니다</u>. 私は会社の飲み会で、新入社員代表として歌を歌いました。

昨日私の子供の学校で、1日教師として仕事をしました。学生たちにベトナム語を（　　　）。

종류 種類 **叙述文**

해설 解説

'교사(教師)'는 学生たちを教える仕事。したがって、'가르쳤습니다(教えました)'が最も適切である。

37.

회사가 (   ). 그래서 매일 걸어서 갑니다.

① 가볍습니다   ② 더럽습니다
❸ 가깝습니다   ④ 어둡습니다

단어 매일 毎日　　걷다 歩く

어휘 · 문법
①가볍다 軽い
　예 이 가방은 아주 <u>가볍습니다</u>.
　　この鞄はとても軽いです。
② 더럽다 汚い
　예 방이 너무 <u>더러워서</u> 청소를 했습니다.
　　部屋がとても汚いので、掃除しました。
④ 어둡다 暗い
　예 방이 <u>어두워서</u> 불을 켰습니다.
　　部屋が暗いので電気をつけました。

会社が（　　　）だから毎日歩いて行きます。

종류 種類 **叙述文**

해설 解説

（　　　）の中には、毎日会社まで歩いていく理由が入らなければならない。

38.

지금 가도 사장님을 만날 수 없습니다. 10분만 쉬고 (   ) 갑시다.

① 주로   ② 아까   ③ 다행히   ❹ 천천히

단어 지금 今　　사장님 社長

어휘 · 문법
① 주로 主に
　예 한국 사람들은 <u>주로</u> 밥과 김치를 먹는다.

今行っても、社長に会えません。10分休んで（　　　）行きましょう。

종류 種類 **叙述文**

해설 解説

今行っても社長に会えないので、10分休んでからゆっくり行こうと述べている。

韓国人は主にご飯とキムチを食べる。
② 아까 さっき
  [예] 신문이 <u>아까까지</u> 여기에 있었는데 없어졌습니다. 新聞がさっきまでここにあったのに、無くなってしまいました。
③ 다행히 幸い
  [예] <u>다행히</u> 지갑을 찾았습니다.
  幸いにも財布を見つけました。

39.

몸이 너무 뚱뚱해요. 그래서 태권도 동아리에 (　　　).

① 뛰었어요　　　　　　　② 신고했어요
❸ 등록했어요　　　　　　④ 운동했어요

[단어] 뚱뚱하다 太っている　　태권도 テコンドー
동아리 サークル

[어휘·문법]
① 뛰다 走る
  [예] 저는 매일 저녁 운동장을 <u>뛰어요</u>.
  毎晩グラウンドを走ります。
② 신고하다 通報する
  [예] 불이 나서 119에 <u>신고했어요</u>.
  火事で119番に通報しました。
④ 운동하다 運動する
  [예] 저는 매일 아침에 헬스클럽에서 <u>운동해요</u>.
  私は毎朝ジムで運動します。

とても太っています。だからテコンドーサークルに
(　)。

[種類] 叙述文
[解説]

太っているので運動しようとテコンドーサークルに
登録したが適切である。'동아리(サークル)'とつながる
動詞は'가입하다(加入する), 등록하다(登録する)'。

[40~42] 다음을 읽고 맞지 않는 것을 고르십시오.

40.

사계절이 아름다운 제주도로 갑시다!

○기간: 2014년 5월 3일 ~ 6일(3박 4일)
○모이는 곳: 문화센터 앞
○참가비: 200,000원
○문의: 02-123-4568(문화팀 담당자)
OO 문화센터

① 여행 기간은 모두 사 일입니다.
② 사람들은 문화센터 앞에서 만납니다.
③ 여행을 가려면 이십만 원이 필요합니다.
❹ 궁금한 것이 있을 때 여행팀에 전화합니다.

[단어] 아름답다 美しい　　모이다 集まる/集合する
참가비 参加費　　문의 問い合わせ

次の文章を読んで、合わないものを選びなさい。

四季が美しい済州島へ行こう！

◆期間: 2014年 5月 3日 ~ 6日(3泊4日)
◆集合場所: 文化センター前
◆参加費: 1万ウォン
◆問い合わせ: 02-123-4568(文化チーム 担当者)
OO 文化センター

[種類] 案内文
[解説]

案内文で、問い合わせは、文化チーム担当者に電話す
るよう電話番号が書いてある。したがって文化センタ
ーは間違い。
① 旅行の期間は3泊4日。3日寝て4日目に帰って来
  るので、全部で4日が正しい。
② 集合場所は文化センター前なので、参加者はそこ
  で会う。
③ 参加費は20万ウォン。旅行へ行くなら20万ウォン
  が必要。

41.

한국대학 도서관	
4층	휴게실
3층	신문 열람실, 잡지 열람실
2층	노트북, 컴퓨터 사용
1층	대출, 안내
지하 1	주차장

❶ 책을 빌리려면 이 층에 갑니다.
② 쉬고 싶으면 사 층으로 갑니다.
③ 삼 층에서 신문을 볼 수 있습니다.
④ 주차하려면 지하 일 층으로 갑니다.

단어 도서관 図書館　열람실 閲覧室　잡지 雑誌
대출 貸し出し

韓国大学 図書館	
4階	休憩室
3階	新聞閲覧室、雑誌閲覧室
2階	ノートパソコン、パソコン使用
1階	貸し出し、案内
地下1階	駐車場

種類 案内文

解説

図書館で本を借りることを‘대출(貸し出し)と言う。‘대출’をする場合、1階に行かなければならない。
② 休憩室は4階にあるので、コーヒーを飲みたい時は4階へ行く。
③ ‘신문열람실(新聞閲覧室)’は新聞を読むことができる場所。3階にある。
④ 地下1階が駐車場なので、駐車する場合、地下1階へ行かなければならない。

42.

그림을 배우고 싶은 학생은 오세요!

○ 대상: 초등학생 전 학년
○ 수업: 주 1회 3시간, 주 2회 2시간
○ 형제, 자매 등록 시 할인
○ 교육 상담: 02)482-1234(10:00~20:00)

미술 학원

① 오후 6시에도 상담을 받을 수 있습니다.
② 형제가 같이 등록하면 할인을 받습니다.
③ 미술학원 수업 시간을 선택할 수 있습니다.
❹ 6학년 학생은 미술학원에 등록할 수 없습니다.

단어 학년 学年　등록하다 登録する　할인하다 割引する
상담 相談

絵を習いたい学生は来てください！

◆ 対象: 小学校全学年
◆ 授業: 週1回 3時間、週2回 2時間
◆ 兄弟姉妹登録時、割引
◆ 教育相談: 02)482-1234(10:00~20:00)

美術学院

種類 案内文

解説

教育対象は小学校全学年なので、6年生も登録できる。
① 相談は午前10時から午後8時までなので、午後6時にも相談を受けることができる。
② 兄弟が一緒に登録すれば割引を受けられる。
③ 美術学院の授業時間は、週1回 3時間と週2回 2時間と決まっている。

[43~45] 다음의 내용과 같은 것을 고르십시오.

43.

오늘 저녁을 먹고 남편과 함께 문화센터에 갔습니다. 남편은 건강을 위해 요가 수업에 등록했습니다. 저는 신나는 노래 수업을 신청했습니다.

❶ 저는 노래 수업을 등록했습니다.
② 오늘 점심 때 문화센터에 갔습니다.

次の内容と同じものを選びなさい。

晩ご飯を食べた後、夫と一緒に文化センターへ行きました。夫は健康のため、ヨガのクラスに登録しました。私は楽しい歌のクラスを申し込みました。

種類 叙述文

解説

最後の文章で、私は歌のクラスを申し込んだと書いてある。クラスに申し込むことは、クラスに登録すると

③ 문화센터에 ~~등록하고 저녁을~~ 먹었습니다.
④ 남편은 건강 때문에 ~~노래~~ 수업을 신청했습니다.

단어 요가 ヨガ　　신청하다 申し込む

同じ意味。したがって、'저는 노래 수업을 등록했습니다
(私は歌のクラスを登録しました。)'が適切である。
② 昼に文化センターへ行きました。
　（晩ご飯を食べてから行ったので、夜。）
③ 文化センターで、クラスに登録して晩ご飯を食べ
　ました。（晩ご飯を食べてから登録した。）
④ 主人は健康のために歌のクラスを申し込みました。
　（ヨガのクラスを申し込んだ。）

44.

어제는 여자 친구의 생일이었습니다. 기타를 못 치지만 여자 친구를 위해 치고 싶었습니다. 한 달 동안 매일 기타를 연습해서 생일날 기타를 쳤습니다.

① 저는 기타 치는 것을 ~~좋아합니다~~.
② 저는 어제 ~~생일 축하를 받았습니다~~.
③ 저는 매일 연습해서 기타를 ~~잘~~ 칩니다.
❹ 저는 여자 친구 생일에 기타를 연주했습니다.

단어 치다 弾く　　연주하다 演奏する　　매일 毎日

昨日は彼女の誕生日でした。僕はギターを弾けませんが、彼女のために弾きたかったので、1か月間毎日ギターを練習して、誕生日の日にギターを弾きました。

📁 종류 種類 **叙述文**

💬 해설 解説

彼女の誕生日に1か月間練習してギターを弾いた。ギターを弾くはギターを演奏すると意味が同じなので、'여자 친구의 생일날 기타를 쳤다（彼女の誕生日にギターを演奏した）'が適切である。
① 私はギターを弾くことが好きです。（ギターを弾く
　ことが好きなのかは分からないが、彼女のために
　ギターを練習した。）
② 私は昨日、誕生日のお祝いをしてもらいました。
　（彼女がお祝いしてもらった。）
③ 私は毎日練習したので、ギターが上手です。（毎日練
　習して、お祝いの歌を歌ってあげるくらいはでき
　るが、上手かどうかはわからない。）

45.

매주 월요일 영화 동아리 모임이 있습니다. 동아리에서는 영화 한 편을 보고 그 영화에 대해 이야기를 합니다. 다음 주 토요일에는 특강으로 유명한 감독님을 초대해서 영화 만드는 이야기를 들을 겁니다.

① 매주 ~~토요일~~에 모여서 영화를 봅니다.
❷ 매주 동아리에서 영화를 보고 이야기를 합니다.
③ 다음 주 토요일에는 유명한 감독님의 ~~영화를 봅니다~~.
④ 매주 영화를 보기 ~~전에~~ 그 영화에 대해 이야기 합니다.

단어 특강 特別講義　　유명하다 有名だ　　감독(님) 監督
　　초대하다 招待する

毎週月曜日、映画サークルがあります。サークルでは映画を1本見て、その映画について話をします。来週土曜日は、特別講義として有名な監督を招待して、映画作りについて話を聞く予定です。

📁 종류 種類 **叙述文**

💬 해설 解説

この人の趣味は映画鑑賞。毎週サークルへ行って映画を観た後、その映画について話をする。（=토론한다 討論する）
① 毎週土曜日に集まって、映画を観ます。（毎週月曜日
　に集まる。）
③ 来週の土曜日は、有名な監督の映画を観ます。（特別
　講義として、映画作りについて話を聞く予定。）
④ 毎週映画を観る前に、その映画について話をしま
　す。（映画を観た後に話をする。）

[46~48] 다음을 읽고 중심 생각을 고르십시오.

46.

록 콘서트에 가면 스트레스를 풀 수 있습니다. 가수가 부르는 노래를 따라 부르면서 소리도 지릅니다. 그러면 쌓였던 스트레스가 날아가는 것 같습니다.

① 가수가 되고 싶으면 콘서트에 가야 합니다.
② 저는 가수가 노래 부르는 것을 보고 싶습니다.
❸ 노래를 크게 따라 부르면서 스트레스를 풉니다.
④ 가수가 부르는 노래를 같이 해야 잊어버리지 않습니다.

[단어] 록 콘서트 ロックコンサート
　　　스트레스를 풀다 ストレスを発散する
　　　쌓이다 積る/溜まる

次の文章を読んで、主題を選びなさい。

ロックコンサートへ行くと、ストレスが発散できます。歌手が歌う歌を一緒に歌いながら、声を張り上げます。そうすると溜まったストレスが飛んでいくような気がします。

[種類 種類] 叙述文

[解説 解説]

ロックコンサートへ行って歌を歌い、声を張り上げるとストレスが発散できる。主題は筆者がストレスを発散するためにコンサートへ行くことが好きだということ。

47.

우리 누나는 승무원이어서 비행기를 자주 탑니다. 지난주에는 제주도에 갔고 이번 주는 해외에 갑니다. 누나 덕분에 우리 가족도 비행기를 탈 때 조금 싼 가격에 표를 살 수 있습니다.

❶ 저는 누나가 승무원인 것이 좋습니다.
② 저는 누나와 이야기하고 싶습니다.
③ 승무원은 비행기를 자주 타야 합니다.
④ 우리 누나는 비행기를 많이 타고 싶어 합니다.

[단어] 승무원 客室乗務員　　타다 乗る　　해외 海外

私の姉は客室乗務員なので、飛行機によく乗ります。先週は済州島へ行って、今週は海外へ行きます。姉のおかげで私たち家族も飛行機に乗る時、少し安くチケットを買う事ができます。

[種類 種類] 叙述文

[解説 解説]

姉の職業は客室乗務員。姉は海外によく行き、姉のおかげで私たち家族は飛行機に乗る時、安くチケットを買う事ができる。したがって、姉が客室乗務員であることが好きだ、という話をしている。

48.

아침에 시장에서 사과 한 상자를 샀습니다. 저녁에 가족과 함께 사과를 먹으려고 상자를 열었는데 썩은 사과가 많았습니다. 그래서 내일 다시 시장에 가서 다른 사과로 교환할 겁니다.

① 저는 시장에 가는 것이 좋습니다.
❷ 저는 사과를 바꾸러 시장에 갈 겁니다.
③ 저는 사과를 먹으러 시장에 갈 겁니다.
④ 저는 가족과 함께 사과 먹는 것이 좋습니다.

[단어] 상자 箱　　썩다 腐る　　교환하다 交換する

朝、市場でリンゴを１箱買いました。夜、家族とリンゴを食べようと箱を開けたら、リンゴがたくさん腐っていました。だから明日、もう一度市場へ行って他のリンゴと交換するつもりです。

[種類] 叙述文

[解説 解説]

筆者はリンゴを１箱買ったのに、箱の中には腐ったリンゴが多かった。したがって、この文章の中心となる考えは'内日市場に 가서 사과를 바꿀 것이다(明日市場へ行ってリンゴを換えるつもりだ。)'(바꾸다 換える=교환하다 交換する)である。

[49~50] 다음을 읽고 물음에 답하십시오.

새 책이 아닌 다른 사람들이 읽은 책을 (㉠) 할 수 있습니다. 필요 없는 책을 버리지 않고 중고 책방에 팔면 필요한 사람이 싼 가격으로 사 갑니다.

단어 중고 中古　　책방 本屋　　가격 値段

49. (㉠)에 들어갈 알맞은 말을 고르십시오.

❶ 사고팔고　　　　　　　② 듣고 읽고
③ 보고 듣고　　　　　　　④ 사고 버리고

次の文章を読んで、問いに答えなさい。

新しい本ではなく、他の人が読んだ本を（ ㉠ ）することができます。必要ない本を捨てずに古本屋に売れば、必要な人が安い値段で買っていきます。

（㉠）に入る適切なものを選びなさい。

種類 叙述文

解説
（ ）が含まれた最初の文章は主題文。2番目の文章である'필요 없는 책을 버리지 않고 중고 책방에 팔면 필요한 사람이 싼 가격에 사 간다(必要ない本を捨てずに古本屋に売れば、必要な人が安い値段で買っていく)'から、古本屋に'팔다(売る)と必要な人がその本を安い値段で'사 간다(買っていく)'を全て含んだ言葉が（ ）の中に入る。したがって'사고팔고'が適切である。

50. 이 글의 내용과 같은 것을 고르십시오.

① 필요 없는 책은 꼭 버려야 한다.
❷ 이미 읽은 책을 싸게 살 수 있다.
③ 이미 읽은 책은 다시 팔 수 없다.
④ 중고 책방은 새 책을 파는 곳이다.

この文章の内容と合うものを選びなさい。

種類 叙述文

解説
本文で必要ない本を古本屋に売ると、必要な人が安い値段で買っていくと述べていることから、'필요 없는 책(必要ない本)'つまり、'이미 읽은 책(すでに読んだ本)'を安く買う事が出来るという言葉が適切である。
① 必要ない本は絶対に捨てなければならない。(他の人には必要な本かもしれないので、捨てずに古本屋に売ることができる。)
③ すでに読んだ本はもう一度売ることはできない。(古本屋はすでに読んだ本を売ったり買ったりできる所。したがって売ることができる。)
④ 古本屋は新しい本を売る所だ。(他の人が読んだ本を売ったり買ったりできる所。)

[51~52] 다음을 읽고 물음에 답하십시오.

우리 동네에 오래된 작은 빵집이 있습니다. 그곳은 작지만 큰 빵집과는 다릅니다. 빵을 살 때 모든 빵을 직접 (㉠) 살 수 있습니다. 보기에 너무 예뻐서 먹기 아까운 빵도 있습니다. 그래서 이 빵집은 눈도 입도 즐겁게 해 줍니다.

단어 동네 町(自分が住んでいる所/地域)
　　　예쁘다 きれい/かわいい　　아깝다 もったいない

51. (㉠)에 들어갈 알맞은 말을 고르십시오.

① 물어 보고　　　　　　　② 만져 보고
❸ 먹어 보고　　　　　　　④ 만들어 보고

次の文章を読んで、問いに答えなさい。

私が住んでいる町に、古くて小さいパン屋さんがあります。そこは小さいですが、大きいパン屋さんとは違います。パンを買う時、全部のパンを直接（ ㉠ ）買う事ができます。見た目が可愛くて、食べるのがもったいないパンもあります。だからこのパン屋さんは目も口も楽しませてくれます。

（㉠）に入る適切な言葉を選びなさい。

種類 叙述文

( )の後ろの文章に出てくる'먹기 아까운 빵도(食べるのがもったいないパンも)'ということから、全部のパンを食べてみて買うことができると言うことが分かる。したがって'먹어 보고(食べてみて)'が適切である。

---

52. 무엇에 대한 이야기입니까? 알맞은 것을 고르십시오.

❶ 동네 빵집에 자주 가는 이유
② 동네 빵집에 자주 가는 방법
③ 빵을 직접 먹을 수 있는 방법
④ 큰 빵집이 작은 빵집보다 좋은 이유

何についての話ですか。適切なものを選びなさい。

種類 **叙述文**

解説

私の町にある小さいパン屋さんはパンを直接食べてみて買うことが出来る。この文章は、町のパン屋さんによく行く理由について書いている。

[53~54] 다음을 읽고 물음에 답하십시오.

글을 읽지 못하는 아이에게 엄마는 책을 읽어 줍니다. 아이는 이야기를 (㉠) 책의 그림을 보며 생각하게 됩니다. 가장 친근하고 편안한 엄마의 목소리를 자주 들려 주면 아이의 성격에도 좋은 영향을 줄 수 있습니다.

단어 생각하다 考える　친근하다 親しい　편안하다 穏やかだ
성격 性格　영향 影響

次の文章を読んで、問いに答えなさい。

字を読めない子供に、母親は本を読んであげます。子供は話を(㉠)本の絵を見て考えるようになります。最も親しみやすく、穏やかなお母さんの声をよく聞かせると、子供の性格にも良い影響を与えます。

(㉠)に入る適切な言葉を選びなさい。

53. (㉠)에 들어갈 알맞은 말을 고르십시오.

① 자면서　❷ 들으면서　③ 먹으면서　④ 만들면서

種類 **叙述文**

解説

'책을 읽어 줍니다(本を読んであげます)'の文章を通して、お母さんが本を読んでいることがわかる。お母さんが本を読むと、子供たちはその声を聞く。したがって( )には'들으면서(聞きながら)'が入る。

---

54. 이 글의 내용과 같은 것을 고르십시오.

① 엄마는 글을 읽지 못합니다.
② 아이는 그림책을 좋아합니다.
③ 아이는 엄마의 목소리를 싫어합니다.
❹ 편안한 엄마의 목소리는 아이에게 좋습니다.

この文章の内容と同じものを選びなさい。

種類 **叙述文**

解説

本文の最後の文章を見ると、穏やかなお母さんの声をよく聞かせると性格に良い影響を与えるということは、穏やかなお母さんの声は子供たちに良いと同じ意味である。
① 母親は文章が読めません。(字が読めないのは子供。)
② 子供は絵本が好きです。(絵本が好きかどうかは分からないが、お母さんが本を読んであげると、子

供は絵を見る。)
③ 子供はお母さんの声が嫌いです。(子供は親しみやすく穏やかなお母さんの声を聞くと、良い影響を受ける。したがって、お母さんの声が嫌いではない。)

[55~56] 다음을 읽고 물음에 답하십시오.

아빠! 오늘은 엄마의 생신이에요. 오늘 저녁에 엄마 모르게 깜짝 파티를 할 거예요. 선물과 케이크는 오빠와 제가 준비할게요. 아빠는 회사 끝나고 일찍 와 주세요. 오실 때 버스 정류장에 내려서 전화해 주세요. (　　) 저희들이 파티 준비를 시작할게요.

– 사랑하는 딸이 –

次の文章を読んで、問いに答えなさい。

お父さん！今日はお母さんの誕生日です。今日の夜、お母さんに内緒でサプライズパーティーをします。プレゼントとケーキはお兄ちゃんと私が準備します。お父さんは会社が終わったら早く帰って来てください。帰って来る時、バス停で降りたら電話してください。(　　)私たちがパーティーの準備を始めます。

- 愛する娘より -

(　　)に入る適切な言葉を選びなさい。

단어 깜짝 파티 サプライズパーティー　준비하다 準備する
정류장 停留所

55. (　)에 들어갈 알맞은 말을 고르십시오.

❶ 그러면　　② 그리고　　③ 그러나　　④ 그래서

종류 種類 メモ

해설 解説

前の文章が後ろの文章の前提や仮定に該当する場合、'그러면(そうしたら)を使う。お母さんに内緒でサプライズパーティーを準備するため、パーティーの準備を前もってできない。(　)の前の文章は、お父さんがバス停から電話をしたら、パーティーの準備をするという前提だ。したがって'그러면'が適切である。

・그래서：前の文章と後ろの文章の理由、原因になる場合に使う。
　예 배가 아픕니다. 그래서 병원에 갑니다.
　　　おなかが痛いので、病院へ行きます。
・그리고：前と後ろの文章が互いに対等になる場合に使う。
　예 공부를 합니다. 그리고 운동을 합니다.
　　　勉強をします。そして運動をします。
・그러나：前の文章と後ろの文章の意味が反対になる場合に使う。
　예 TOPIK 공부를 열심히 했습니다. 그러나 시험 점수가 안 좋습니다. TOPIKの勉強を一生懸命しました。しかし、点数がよくありませんでした。

56. 이 글의 내용과 같은 것을 고르십시오.

① 이 가족은 모두 ~~세~~ 명입니다.
❷ 엄마는 생일 파티를 알지 못합니다.
③ 아빠는 ~~오빠와 함께~~ 케이크를 살 겁니다.
④ 딸은 ~~아빠와~~ 함께 생일 선물을 살 겁니다.

この文章の内容と同じものを選びなさい。

종류 種類 メモ

해설 解説

この文章は、娘が残したメモ。母親に内緒でサプライズパーティーをする、とあるので、母親は今日、誕生

147

日パーティーをすることを知らない。

① この家族は全部で３人です。(全部で４人。)
③ お父さんはお兄ちゃんと一緒にケーキを買います。
　(父親は何も買わない。)
④ 娘はお父さんと一緒に誕生日プレゼントを買いに
　行きます。(兄と一緒に買いに行く。)

[57~58] 다음을 순서대로 맞게 나열한 것을 고르십시오.

57.

(가) 시내 곳곳에 자전거 길이 있어서 안전합니다.
(나) 그런데 요즘에는 자전거를 공원에서만 타지 않습니다.
(다) 저는 지난주 토요일에 공원에 가서 자전거를 탔습니다.
(라) 아버지도 출근하실 때 그 길로 자전거를 타고 가십니다.

❶ (다)-(나)-(가)-(라)　　　② (다)-(나)-(라)-(가)
③ (다)-(가)-(라)-(나)　　　④ (다)-(라)-(나)-(가)

단어　타다 乗る　　시내 市内　　길 道　　출근하다 出勤する

文の順序を正しく並べたものを選びなさい。

(가) 市内のあちこちに自転車用の道があって、安全です。
(나) しかし最近では、自転車に乗るのは公園でだけではありません。
(다) 私は先週の土曜日、公園へ行って自転車に乗りました。
(라) 父も出勤する時、その道を自転車に乗って行きます。

種類　叙述文

解説
(다) は固定された文章。→ (나)は'그런데(しかし)'という言葉があるので、この文章とは反対の内容(다)が前に来なければならない。→ (가)は'시내 곳곳에 자전거 길이 있어서 안전합니다(市内のあちこちに自転車用の道があって、安全です)'という内容が(나)の内容と続くことがわかる。(라)で父も出勤する時、その道を自転車に乗って行くと述べており、自転車の話がずっと続くことがわかる。したがって、(나)の次に(가)、そして(라) の順で文を並べることができる。(다) → (나) → (가) → (라)が正しい。

58.

(가) 점심때가 되어 맛있는 칼국수를 먹고 집으로 돌아왔습니다.
(나) 오늘은 우리 아파트 알뜰 시장이 열리는 날입니다.
(다) 시장은 매주 금요일 아침 901동 앞에서 열립니다.
(라) 엄마와 저는 시장에 가서 구경도 하고 과일도 샀습니다.

❶ (나)-(다)-(라)-(가)　　　② (나)-(라)-(다)-(가)
③ (나)-(라)-(가)-(다)　　　④ (나)-(가)-(라)-(다)

단어　맛있다 おいしい　　알뜰 시장 特売市
　　　열리다 開かれる　　동 棟

(가) お昼においしいカルグクスを食べて、家に帰ってきました。
(나) 今日は、私たちのアパートで特売市が開かれる日です。
(다) 市場は毎週金曜日の朝、901棟の前で開かれます。
(라) お母さんと私は市場に行って、いろいろな物を見たり、果物を買ったりしました。

種類　叙述文

解説
(나)は固定された文章。一般的な内容で、今日は特売市が開かれる日だという話。そして(다)でその'시장(市場)'がいつどこで開かれるのかを話している。したがって(나)の次に(다)が来る。そして、(라)その市場に行っていろいろな物を見たり、果物を買ったりしたという話につながっている。(가)は、'돌아왔습니다(帰って

きました)'という部分から、一番最後になることがわかる。したがって時間的な順序から(나)の次に(다)そして(라) (가)の順で文を並べることができる。(나) → (다) → (라) → (가)が正しい。

[59~60] 다음을 읽고 물음에 답하십시오.

지난주 목요일에 우리 가족은 서울 근처 경기도에 있는 성지리조트에 갔습니다. (㉠) 성지 리조트는 스키장으로 유명합니다. (㉡) 우리가 갔을 때는 주말이 아니라 빈 방이 많았습니다. (㉢) 그래서 우리는 예약한 방보다 더 큰 방을 얻었습니다. (㉣) 방은 스키장 바로 앞에 있어서 전망이 아주 좋았습니다.

단어 리조트 リゾート　　비다 空いている　　예약하다 予約する
　　　얻다 もらう　　전망 眺め

59. 다음 문장이 들어갈 곳을 고르십시오.
사람들도 별로 많지 않았습니다.
① ㉠　　　② ㉡　　　❸ ㉢　　　④ ㉣

次の文章を読んで問いに答えなさい。
先週の木曜日、私たち家族は、ソウル近郊の京畿道にある聖地リゾートへ行きました。(㉠)聖地リゾートはスキー場が有名です。(㉡)私たちが行った時は週末ではなかったので、空き部屋がたくさんありました。(㉢)だから私たちは予約した部屋より大きい部屋にしてもらえました。(㉣)部屋は窓のすぐ前がスキー場で、眺めがとてもよかったです。

次の文章が入る所を選びなさい。

人もあまり多くありませんでした。

종류 種類 叙述文

해설 解説
㉢の前の文章を見ると、聖地リゾートは、週末ではなかったので、空き部屋がたくさんあったと書いてあるので、人も多くなかっこたとが推測できる。したがってこの文章は㉢に入る。

---

60. 이 글의 내용과 같은 것을 고르십시오.
① 성지 리조트는 ~~서울에~~ 있습니다.
② 성지 리조트는 ~~예약이 많은 것으로~~ 유명합니다.
③ 성지 리조트는 주말에는 사람들이 ~~많지 않습니다~~.
❹ 우리 가족은 예약한 방보다 더 큰 방에서 지냈습니다.

この文章の内容と同じものを選びなさい。

종류 種類 叙述文

해설 解説
私たち家族は予約した部屋より大きい部屋をもらったと書いてある。
① 聖地リゾートはソウルにあります。(ソウル近郊の京畿道にある。)
② 聖地リゾートは予約が多いことで有名です。(スキー場で有名。)
③ 聖地リゾートは週末には人が多くありません。(週末ではなかったので人が多かったと言うことが分かる。)

[61~62] 다음을 읽고 물음에 답하십시오.

겨울이 되면 태화강에는 따뜻한 겨울을 (　　) 새들이 찾아옵니다. 올해는 작년보다 더 많은 새들이 이곳을 찾아 왔습니다. 수많은 새 중에서 5만 마리쯤이 태화강에서 겨울을

次の文章を読んで問いに答えなさい。
冬になると、太和江(태화강)には、暖かい冬を(　　)鳥たちがやって来ます。今年は昨年よりも多くの鳥たちがここにやって来ました。韓国に住んでいる多く

보냅니다. 이렇게 많은 새가 찾아오는 이유는 날씨도 좋고 먹이를 구하기 쉽기 때문입니다.

단어 (겨울을) 지내다 (冬を)過ごす　　일어나다 起きる
찾아오다 やって来る　　구하다 手に入れる

61. ( )에 들어갈 알맞은 말을 고르십시오.

① 찾기 위해　　　　　❷ 지내기 위해
③ 구하기 위해　　　　④ 날아가기 위해

の鳥の中で、500羽くらいが太和江で冬を過ごします。このようにたくさんの鳥がやって来る理由は、天気も良く、餌を手に入れやすいからです。

( )に入る適切な言葉を選びなさい。

種類 種類 叙述文

해설 解説

( )の中の単語は( )の前の'따뜻한 겨울(暖かい冬)'と連結しなければならず、( )の後の'새들이 찾아오는 목적(鳥たちがやって来る目的)'とも連結しなければならない。また、'5만마리쯤 태화강에서 겨울을 지냅니다(5万羽ぐらいが太和江で冬を過ごします。)'から見て、'지내기 위해(過ごすために)'が最も適切である。

---

62. 이 글의 내용과 같은 것을 고르십시오.

① 태화강은 겨울에 ~~아주 춥습니다~~.
❷ 태화강은 먹이를 구하기 쉬운 곳입니다.
③ 새들은 태화강에서 ~~가을과~~ 겨울을 보냅니다.
④ 올해는 태화강에 ~~사백 마리의~~ 새들이 찾아왔습니다.

この文章の内容と同じものを選びなさい。

種類 種類 叙述文

해설 解説

鳥たちが太和江に多くやって来る理由は、天気が良く、餌を手に入れやすいからだとある。
① 太和江の冬はとても寒いです。(冬が暖かいので、鳥たちがたくさんやって来る。)
③ 鳥たちは太和江で、秋と冬を過ごします。(冬だけを過ごす。)
④ 今年は太和江に400羽の鳥たちがやって来ました。(500羽くらいがやって来た。)

[63~64] 다음을 읽고 물음에 답하십시오.

MSN) 안녕하세요. 김수현입니다. 이번 주 토요일 9시부터 5시까지 야유회가 있습니다. 참석이 가능한 분 답글 달아 주세요.
MSN) 박명수, 참석합니다. 저는 참석할 수 있어요.
MSN) 홍보팀은 한 명을 빼고 모두 참석 가능합니다. 이영희 씨는 아버지께서 수술을 하십니다.

단어 야유회 遠足/ピクニック　　빼다 抜く、除く　　수술 手術

63. 수현 씨는 왜 이 글을 썼습니까?

① 야유회에 대해 설명하기 위해서
❷ 야유회의 참석을 알아보기 위해서
③ 야유회의 장소를 알려 주기 위해서
④ 야유회에 가는 방법을 알려 주기 위해서

次の文章を読んで問いに答えなさい。

MSN) こんにちは。キム・スヒョンです。今週土曜日、9時から5時までピクニックへ行きます。参加可能な方はレスをしてください。
MSN) パク・ミョンス、参加します。参加できます。
MSN) 広報チームは1人除いて全員参加可能です。イ・ヨンヒさんはお父様が手術をします。

スヒョンさんはなぜこのメッセージを書きましたか。

種類 種類 談話文(ショートメッセージ 会話)

해설 解説

文章は主に最初と最後に目的を書く。このショートメッセージ会話はリアルタイムで受送信した会話内容だ。ピクニックについての内容をお知らせし、参加で

きるかできないかをレスしてくださいと言っている。
したがって、ピクニックの参加を知るため、というの
が適切である。

64. 이 글의 내용과 같은 것을 고르십시오.

❶ 박명수 씨는 야유회에 갑니다.
② 홍보팀은 ~~모두~~ 야유회에 갑니다.
③ 야유회는 주말 아침부터 ~~밤까지~~ 합니다.
④ ~~어영희 씨~~의 수술은 야유회 날에 있습니다.

この文章と内容が同じものを選びなさい。

🗂 **種類 種類** 談話文(ショートメッセージ 会話)

🎓 **解説 解説**

パク・ミョンスさんはレスで、'참석합니다(参加しま
す)と書いたので、ピクニックに行くということが分
かる。
② 広報チームは全員ピクニックに行きます。(1人は行
かれない。)
③ ピクニックは週末の朝から夜まで行きます。(ピク
ニックは5時に終わるので、夜までではない。)
④ ヨンヒさんの手術はピクニックの日にあります。
(ヨンヒさんではなく、ヨンヒさんのお父さんが手
術をする。)

[65~66] 다음을 읽고 물음에 답하십시오.

(㉠) 사람들의 운동 방법이 다릅니다. 날씨가 따뜻한 봄에
는 밖에서 하는 운동을 많이 합니다. 자전거 타기, 걷기, 배
드민턴 등 햇빛과 바람을 맞으며 움직임이 큰 운동을 합니
다. 반대로 겨울에는 날씨가 추워서 실내에서 운동을 합니
다. 그래서 사람들은 헬스클럽에 많이 등록합니다.

단어 **따뜻하다** 温かい/暖かい   **햇빛** 日光/太陽の光
　　 바람을 맞다 風にあたる   **움직임** 動き   **헬스클럽** ジム

次の文章を読んで、問いに答えなさい。

(㉠)運動方法が異なります。暖かい春には、外で行
う運動をたくさんします。サイクリング、ウォーキン
グ、バドミントンなど、太陽の光を浴び、風にあた
りながら、動きの大きい運動をします。反対に冬は
寒いので、室内で運動をします。それで、多くの人が
ジムに登録します。

(㉠)に入る適切な言葉を選びなさい。

65. (㉠)에 들어갈 알맞은 말을 고르십시오.

① 이름에 따라　　　　② 기구에 따라
③ 운동량에 따라　　　❹ 계절에 따라

🗂 **種類 種類** 叙述文

🎓 **解説 解説**

暖かい春と、寒い冬に共通する言葉は季節だ。したが
って( )には'계절에 따라(季節によって)'が最も適切で
ある。

---

66. 이 글의 내용과 같은 것을 고르십시오.

❶ 사람들은 봄에 자전거를 많이 탑니다.
② 배드민턴은 움직임이 ~~작은~~ 운동입니다.
③ 사람들은 ~~봄에~~ 헬스클럽에 많이 갑니다.
④ 사람들은 겨울에 ~~밖에서~~ 운동을 합니다.

この文章の内容と同じものを選びなさい。

🗂 **種類 種類** 叙述文

🎓 **解説 解説**

人は春になると、外で、サイクリングやウォーキン
グ、バトミントンのように動きが大きい運動をする、
とある。

② バトミントンは動きが小さい運動です。(動きが大
きい運動。)
③ 人は春にジムへたくさん行きます。(冬にたくさん
行く。)
④ 人は冬に外で運動をします。(室内でする。)

[67~68] 다음을 읽고 물음에 답하십시오.

요즘 학교에서는 선배들이 입은 교복을 후배들에게 물려주는 전통이 생겼습니다. 후배들은 교복을 (㉠) 사지 않고 물려 입어서 교복비를 절약할 수 있습니다. 또 선배는 후배에게 줄 생각으로 교복을 함부로 입지 않아서 마음가짐도 달라집니다. 우리 아들도 이번에 고등학교에 입학해서, 졸업하는 학교 선배에게 교복을 부탁했습니다. 이번 주 일요일에 교복을 (㉡).

단어	교복 制服 　　생기다 できる　　마음가짐 心構え
	함부로 むやみに/やたらに　　입학하다 入学する

67. ㉠에 알맞은 것을 고르십시오.

① 금방　　　② 가끔　　　❸ 새로　　　④ 벌써

68. ㉡에 알맞은 것을 고르십시오.

❶ 받기로 했습니다.　　　② 받을지 모릅니다.
③ 받을 모양입니다.　　　④ 받은 적이 있습니다.

次の文章を読んで、問いに答えなさい。

最近の学校では、先輩たちが着た制服を後輩たちに譲るという伝統があります。後輩たちは制服を（ ㉠ ）買わずに譲ってもらい、制服代を節約することができます。また、先輩たちは後輩に譲ることを考えて、制服をむやみに着ることはなく、心構えも変わります。私の息子も今年、高校に入学するので、卒業する先輩に制服をお願いしました。今週の日曜日に制服を（ ㉡ ）。

㉠に入る適切なものを選びなさい。

種類 叙述文

解説

（ ）の前の'선배들이 입은 교복을 후배들에게 물려주는(先輩たちが着た制服を後輩たちに譲る)'と（ ）の後ろの'사지 않고(買わずに)'、の部分から後輩は新しい服を買わずに、先輩の着ていた制服をもう一度着るということがわかる。したがって（ ）には副詞'새로(新しく)'が最も適切である。

① 금방 すぐ
例 조금만 기다리고 있어요. 금방 가겠습니다.
　　もう少しだけ待っていてください。すぐ行きます。
② 가끔 時々
例 주말에는 가끔 친구와 같이 커피숍에 갑니다.
　　週末に友達と時々カフェへ行きます。
④ 벌써 すでに
例 아침에 시작했는데 벌써 다 했습니다.
　　朝始めたのに、すでに全部終わりました。

㉡に入る適切なものを選びなさい。

種類 叙述文

解説

（ ）の前に、先輩に制服をお願いした、とあるので、今週の日曜日にもらうことにしたが最も適切である。

② −을지/ㄹ지 알다/모르다: あることを知っているの
か知らないのか尋ねる時に使う。
[예] 내일 친구가 한국에 오는지 알아요? 몰라요? 明日、
友達が韓国に来るか知っていますか、知りません
か。

③ −을/ㄹ 모양이다: あることを見た後に、未来の状況
を推測して言う時に使う。
[예] 오늘 멋있는 옷을 입은 것을 보니 여자 친구를 만날
모양입니다. 今日、素敵な服を着ているのを見る
と、彼女に会うようです。

④ −은/ㄴ 적이 있다/없다: 経験した事実を言う時に使
う。
[예] 저는 1년 전에 제주도에 갔다온 적이 있습니다.
私は1年前に済州島へ行ったことがあります。

[69~70] 다음을 읽고 물음에 답하십시오.

작년 설날에 고향에 (㉠) 부모님을 뵈러 갔습니다. 오랜만
에 부모님 집에 와서 그런지 평소에 건강한 내가 목감기에
걸려 많이 아팠습니다. 설날이라서 병원이나 약국이 문을
열지 않았습니다. 그때 아버지께서 소금물을 가져오셨습니
다. 소금물로 여러 번 입 안에 넣고 뱉는 것을 반복하니 신
기하게도 좋아졌습니다. 약을 전혀 먹지 않았는데 다음 날
목이 아프지 않았습니다.

단어 (감기에) 걸리다 (風邪を)引く
아프다 痛い/具合ぐあいが悪わるい　　소금 塩
뱉다 吐く　신기하게 不思議な

69. (㉠)에 들어갈 알맞은 말을 고르십시오.
❶ 계시는　　　　　② 가시는
③ 내려가시는　　　④ 돌아오시는

---

70. 이 글의 내용으로 알 수 있는 것은 무엇입니까?
① 부모님은 설날에 병원에 갈 겁니다.
② 아버지께서는 약국에서 일하십니다.
❸ 소금물은 감기를 낫게 할 수 있습니다.
④ 저는 설날에 약국이나 병원에 가는 것이 싫습니다.

次の文章を読んで、問いに答えなさい。

昨年のお正月、故郷に (㉠) 両親に会いに行きまし
た。久しぶりに実家に帰って来たからか、普段は元
気な私が風邪を引いてしまい喉が痛くなりました。
お正月なので、病院や薬局は開いていませんでし
た。その時、父が塩水を持って来てくれました。塩水
を口に含んで何度かうがいをすると、不思議なこと
に良くなりました。薬を全然飲んでいないのに、次
の日には喉が痛くありませんでした。

(㉠)に入る適切な言葉を選びなさい。

[종류 種類] エッセイ

[해설 解説]

( )の後ろは'부모님(両親)'。( )の中は両親が'고향에 어
떻다(田舎でどうした)'という意味にならなければなら
ず、また尊敬語を使わなければならない。したがって
'계신(いらっしゃる)'が最も適切である。

この文章の内容から解ることは何ですか。

[종류 種類] エッセイ

[해설 解説]

全体の文章を理解した後、内容を推測するという問
題。キーワードやキーセンテンスを通して筆者が何を
話そうとしているかを推測しなければならない。'고향
에 가서 감기에 걸렸다(故郷に帰って、風邪を引いた)'
と'약국이나 병원이 문을 열지 않았다(薬局や病院は開い
ていなかった)'そして'소금물로 여러 번 입안에 넣고 뱉
는 것을 반복하였더니 좋아졌다(塩水を口に含んで何度

かうがいをすると、不思議なことに良くなった）'と述
べていることから、塩水は風邪を緩和することができ
る、が適切である。

실전모의고사
제5회 해설

듣기 聞き取り

1. ①	**2.** ②	**3.** ②	**4.** ①	**5.** ①	**6.** ④	**7.** ③	**8.** ②	**9.** ④	**10.** ③
11. ①	**12.** ③	**13.** ④	**14.** ①	**15.** ③	**16.** ②	**17.** ④	**18.** ③	**19.** ②	**20.** ②
21. ④	**22.** ④	**23.** ②	**24.** ①	**25.** ②	**26.** ③	**27.** ④	**28.** ①	**29.** ③	**30.** ①

읽기 読解

31. ②	**32.** ③	**33.** ①	**34.** ③	**35.** ④	**36.** ①	**37.** ③	**38.** ④	**39.** ③	**40.** ③
41. ②	**42.** ②	**43.** ①	**44.** ③	**45.** ④	**46.** ①	**47.** ②	**48.** ①	**49.** ③	**50.** ④
51. ④	**52.** ①	**53.** ③	**54.** ④	**55.** ②	**56.** ①	**57.** ①	**58.** ④	**59.** ③	**60.** ②
61. ④	**62.** ④	**63.** ①	**64.** ②	**65.** ④	**66.** ③	**67.** ③	**68.** ①	**69.** ②	**70.** ③

실전
모의
고사
1회

실전
모의
고사
2회

실전
모의
고사
3회

실전
모의
고사
4회

실전
모의
고사
5회

듣기 (1번 ~ 30번)

[1~4] 다음을 듣고 〈보기〉와 같이 물음에 맞는 대답을 고르십시오.

次の会話を聞いて、例のように適切な答えを選びなさい。

男: あれは机ですか。

1.

남자: 저것이 책상이에요?

여자: ___________________

❶ 네, 책상이에요.　　　② 네, 책상이 없어요.
③ 아니요, 책상이 커요.　　④ 아니요, 책상이 많아요.

단어 저것 あれ　책상 机　없다 ない
크다 大きい　많다 多い

📁 종류 種類　会話

🎓 해설 解説

'-이에요?'で質問する場合、答えが肯定なら'네, -이에요'、否定なら'아니요, -이/가 아니에요'で答える。
② '책상이 없어요?(机がないですか。)'に対する答え。
③ '책상이 작아요?(机が小さいですか。)'に対する答え。
④ '책상이 없어요?(机がありませんか。)'に対する答え。

2.

여자: 영화가 재미있어요?

남자: ___________________

① 네, 영화예요.　　　❷ 네, 영화가 재미있어요.
③ 아니요, 영화를 봐요.　④ 아니요, 영화를 좋아해요.

단어 영화 映画　재미있다 おもしろい　보다 見る
좋아하다 好きだ

📁 종류 種類　会話

🎓 해설 解説

映画が面白ければ、'네, 재미있어요.(はい、面白いです。)'、面白くなければ'재미있어요'の反対語'아니요, 재미없어요.(いいえ、つまらないです。)'になる。
① '영화예요?(映画ですか。)'に対する答え。
③ 映画ではなく、他のことをしますかという質問に対する答え。['(名詞)을/를 해요?' 예: 책을 읽어요? 例：本を読みますか。]
④ '영화를 싫어해요?(映画が嫌いですか。)'に対する答え。

3.

여자: 무슨 선물을 받았어요?

남자: ___________________

① 선물을 받았어요.　　❷ 시계를 받았어요.
③ 친구한테서 받았어요.　④ 지난 주말에 받았어요.

단어 무슨 どんな/何の/どういう　선물 プレゼント
받다 もらう　시계 時計　친구 友達

女: どんなプレゼントをもらいましたか。

📁 종류 種類　会話

🎓 해설 解説

'무슨'は何かわからない物を尋ねる時に使う疑問詞。プレゼントが何なのか答えているものを選べばよい。
① '무엇을 받았어요?(何をもらいましたか。)'に対する答え。
③ '누구한테 선물을 받았어요?(誰にもらいましたか。)'に対する答え。
④ '언제 선물을 받았어요?(いつプレゼントをもらいましたか。)'に対する答え。

4.

남자: 영화가 몇 시에 시작해요?

여자: ____________________

❶ 다섯 시요. ② 오 층에 있어요.
③ 다섯 시간 걸려요. ④ 오 분 후에 끝나요.

> **단어** 영화 映画 몇 시 何時 시작하다 始まる 층 階
> 시간 時間 걸리다 かかる 후 後 끝나다 終わる

男: 映画は何時からですか。

종류 種類 会話

해설 解説

映画が始まる時間を答えるものを選べばよい。

② '극장이 몇 층에 있어요?(劇場は何階にありますか。)'
に対する答え。
③ '얼마나 걸려요?(どのくらいかかりますか。)'に対する
答え。
④ '영화가 언제 끝나요?(映画はいつ終わりますか。)'に対
する答え。

[5~6] 다음을 듣고 〈보기〉와 같이 다음 말에 이어지는
것을 고르십시오.

5.

여자: 휴대전화 좀 빌려 주실래요?

남자: ____________________

❶ 네, 여기 있습니다.
② 네, 전화를 합니다.
③ 네, 휴대전화가 있습니다.
④ 네, 여기에서 빌릴 수 있습니다.

> **단어** 휴대전화 携帯電話 빌려 주다 貸してくれる/あげる
> 빌리다 借りる

次の会話を聞いて、例のように次に続くものを選びな
さい。
女: 携帯電話、ちょっと貸していただけませんか。

종류 種類 会話

해설 解説

女性は男性に携帯電話を借りている。

• 빌려 주다 貸してくれる/あげる
  예 펜 좀 빌려 주세요. ペンを貸してください。

② '전화를 합니까?(電話をしますか。)'に対する答え。
③ '휴대전화가 있습니까?(携帯電話がありますか。)'に対
する答え。
④ '여기에서 휴대전화를 빌릴 수 있습니까?(ここで携帯
電話を借りられますか。)'に対する答え。

6.

남자: 좋은 꿈꾸고 잘 자요.

여자: ____________________

① 네, 반갑습니다. ② 네, 안녕하세요.
③ 네, 잘 지냈어요. ❹ 네, 안녕히 주무세요.

> **단어** 꿈꾸다 夢を見る 자다 寝る 반갑다 嬉しい
> 주무시다 お休みになる

男: おやすみなさい。

종류 種類 会話

해설 解説

「おやすみ」というあいさつに対する答えを選べば
よい。
① '반갑습니다.(お会いできて嬉しいです。)'に対する答え。
② '안녕하세요?(こんにちは。)'に対する答え。
③ '잘 지냈어요?(お元気でしたか。)'に対する答え。

[7~10] 여기는 어디입니까? 〈보기〉와 같이 알맞은 것을
고르십시오.

ここはどこですか。例のように適切なものを選びな
さい。

7.

남자: 어떻게 해 드릴까요?
여자: 요즘 유행하는 스타일로 잘라 주세요.

① 식당　　② 극장　　❸ 미용실　　④ 커피숍

단어 유행하다 流行っている　　스타일 スタイル　　자르다 切る
식당 食堂　　극장 劇場　　미용실 美容室　　커피숍 カフェ

男性: どのようにいたしますか。
女性: 最近人気のスタイルに切ってください。

종류 種類 会話

해설 解説

髪を切る場所は'미용실(美容室)'。

・자르다 切る
예 조금만 잘라 주세요. 少しだけ切ってください。

8.

여자: 오랜만에 운동하니까 정말 힘드네요.
남자: 여기 의자에서 잠시 쉴까요?

① 병원　　❷ 공원　　③ 도서관　　④ 백화점

단어 힘들다 辛い　　의자 椅子　　잠시 少しの間　　쉬다 休む
병원 病院　　공원 公園　　도서관 図書館
백화점 デパート

女性: 久しぶりに運動したので、とても辛いですね。
男性: ここの椅子に座って、少し休みますか。

종류 種類 会話

해설 解説

運動ができて、椅子で休める場所は'공원(公園)'。

9.

여자: 조금 전에 지갑을 주웠어요.
남자: 어디에서 주웠습니까?

① 서점　　② 꽃집　　③ 영화관　　❹ 경찰서

단어 지갑 財布　　줍다 拾う　　서점 本屋　　꽃집 花屋
영화관 映画館　　경찰서 警察署

女性: さっき財布を拾いました。
男性: どこで拾いましたか。

종류 種類 会話

해설 解説

女性は財布を拾って、警察署に届けている。

10.

여자: 서울역으로 가는 표 한 장 주세요.
남자: 네, 만 오천 원입니다.

① 학교　　② 약국　　❸ 기차역　　④ 편의점

단어 서울역 ソウル駅　　표 切符　　학교 学校　　약국 薬局
기차역 駅/汽車駅　　편의점 コンビニ

女性: ソウル駅行きの切符を1枚ください。
男性: はい。1万5千ウォンです。

종류 種類 会話

해설 解説

女性は駅で、切符を買っている。

[11~14] 다음은 무엇에 대해 말하고 있습니까? 〈보기〉
　　　 와 같이 알맞은 것을 고르십시오.

何について話をしていますか。例のように適切なも
のを選びなさい。

11.

여자: 마이클 씨는 어디에서 왔습니까?
남자: 저는 미국에서 왔습니다.

❶ 나라　　② 시간　　③ 여행　　④ 방학

　　나라 国　　시간 時間　　여행 旅行　　방학 夏休み/冬休み

女性: マイケルさんは、どちらからいらっしゃいましたか。
男性: 私はアメリカから来ました。

種類　会話

解説 解説

アメリカは'나라(国)'。

12.

남자: 일요일에 보통 무엇을 해요?
여자: 집안일도 하고 토요일에는 여행도 가끔 갑니다.

① 날씨　　② 직업　　❸ 주말　　④ 약속

단어　일요일 日曜日　　집안일 家事　　토요일 土曜日
　　여행을 가다 旅行へ行く　　날씨 天気　　직업 職業
　　주말 週末　　약속 約束

男性: 日曜日は普通、何をしていますか。
女性: 家事をしたり、土曜日は旅行にも時々行きます。

종류 種類　会話

해설 解説

土曜日と日曜日は'주말(週末)'。

13.

남자: 처음 뵙겠습니다. 김민수입니다.
여자: 만나서 반갑습니다.

① 가족　　② 장소　　③ 주소　　❹ 소개

단어　처음 初めて　　뵙다 おめにかかる　　가족 家族
　　장소 場所　　주소 住所　　소개 紹介

男性: はじめまして。キム・ミンスと申します。
女性: お会いできて嬉しいです。

종류 種類　会話

해설 解説

男性は女性に初めて会ったので、自己紹介をしている。

14.

여자: 내일 동생 생일이라서 전자사전을 샀어요.
남자: 동생이 정말 좋아하겠네요.

❶ 선물　　② 취미　　③ 가격　　④ 계획

단어　동생 弟/妹　　생일 誕生日　　전자사전 電子辞書
　　정말 本当に　　선물 プレゼント　　취미 趣味
　　가격 値段　　계획 計画

女性: 明日、弟(妹)の誕生日なので、電子辞書を買いました。
男性: 弟(妹)さん、とても喜ぶでしょうね。

종류 種類　会話

해설 解説

女性は弟(妹)に誕生日プレゼントとして電子辞書を買った。

[15~16] 다음 대화를 듣고 알맞은 그림을 고르십시오.

15.

남자: 이 액자 어디에 둘까요?
여자: 저기 책꽂이 왼쪽에 놓아 주세요.

次の会話を聞いて、適切な絵を選びなさい。
男性: この写真立てどこに置きますか。
女性: あの本棚の左側に置いてください。

종류 種類　会話

단어 액자 額/額縁　　사진 写真　　두다 置く　　책꽂이 本棚
놓다 置く

男性が女性に写真立てを置く場所を聞いている。
① 男性が女性がソファーに座って一緒に写真(額)を
　見ている。
② 男性と女性が家具店で一緒に本棚を見ている。
④ 女性は部屋で立っていて、男性が本棚を動かして
　いる。

16.

여자: 바지가 좀 길어서요. 여기까지만 줄여 주세요.
남자: 네, 3일 후에 찾으러 오세요.

 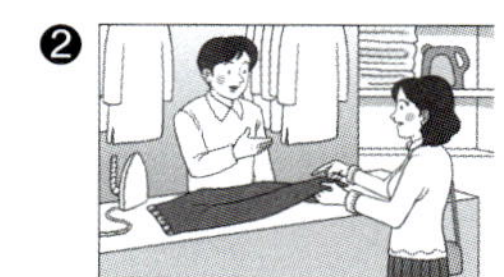

女性: ズボンが少し長いので、このくらいまで短くし
　てください。
男性: はい。3日後に取りに来てください。

종류 種類　会話

해설 解説

クリーニング屋に、女性がズボンの丈を直しに来た。
① デパートで男性が丈の長いズボンを履いている。
③ デパートでズボンを交換している。
④ クリーニング屋にズボンが掛かっていて、女性は
　掛かっているズボンを指して男性と話している。

[17~21] 다음을 듣고 〈보기〉와 같이 대화 내용과 같은
　　　　것을 고르십시오.

17.

여자: 바쁘지 않으면 극장 앞에서 내려 주시겠어요?
남자: 그럼요. 같은 방향이니까 어서 타세요.

① 남자는 지금 ~~바쁩니다~~.
② ~~여자는~~ 지금 차 안에 있습니다.
③ ~~남자는~~ 극장 앞에서 내릴 겁니다.
❹ 여자는 남자에게 부탁하고 있습니다.

단어 바쁘다 忙しい　　극장 劇場
　　내려 주다 降ろしてくれる/あげる　　같다 一緒/同じ
　　방향 方向　　부탁하다 お願いする

次の会話を聞いて、例のように会話の内容と同じも
のを選びなさい。
女性: 忙しくなければ、劇場の前で降ろしてくれます
　か。
男性: いいですよ。同じ方向ですから、どうぞ乗って
　ください。
会話

해설 解説

女性は男性に劇場の前まで乗せて欲しいとお願いし
ている。
① 男性は今、忙しいです。
　(忙しいか、忙しくないかは分からない。)
② 女性は今、車の中にいます。
　(男性は今、車の中にいる。)
③ 男性は劇場の前で降ります。
　(女性が劇場の前で降りる。)

18.

남자: 주말에 미나 씨 집들이에 가려고 하는데 무슨 선물이 좋을까요?

여자: 미나 씨는 꽃을 좋아하니까 꽃을 사 가는 게 어때요?

남자: 제 생각에도 그게 좋겠네요. 그럼 내일 5시에 집 앞으로 갈게요. 같이 꽃집에 가요.

① 남자는 집들이에 ~~가지 못합니다~~.
② 여자는 집들이 선물을 ~~안 살 겁니다~~.
❸ 여자는 남자와 같이 꽃집에 갈 겁니다.
④ 남자는 여자와 ~~다른~~ 선물을 사려고 합니다.

단어 집들이 引っ越しパーティー　꽃 花　생각 考え
　　　꽃집 花屋

男性: 週末、ミナさんの引っ越しパーティーに行くんですが、どんなプレゼントがいいでしょうか。
女性: ミナさんは、花が好きだから花を買って行くのはどうですか。
男性: 僕もそれがいいと思います。じゃ、明日5時に家の前に迎えに行きます。一緒に花屋に行きましょう。

種類 会話

解説

一緒に花屋に行こうという男性の言葉から考えて、女性と男性は一緒に花屋へ行く。
① 男性は引っ越しパーティーに行かれません。
　（男性は引っ越しパーティーに女性と一緒に行く。）
② 女性は引っ越し祝いにプレゼントを買いません。
　（女性はプレゼントを買う。）
④ 男性は女性と違うプレゼントを買おうと思います。
　（男性は女性と一緒に花を買う。）

19.

여자: 손님, 이만 오천 원입니다. 이 셔츠는 포장해 드릴까요?

남자: 아니요. 괜찮습니다. 제가 입을 거예요. 여기 카드로 결제해 주세요.

여자: 죄송하지만 이 셔츠는 세일 상품이라서 신용 카드로 결제하실 수 없습니다.

남자: 그럼 현금으로 낼게요. 여기 있습니다.

① 남자는 셔츠를 ~~포장했습니다~~.
❷ 남자는 지금 옷 가게에 있습니다.
③ ~~여자는 신용 카드로~~ 결제했습니다.
④ ~~여자는~~ 세일 중인 셔츠를 샀습니다.

단어 손님 お客様　셔츠 シャツ　포장하다 包む　입다 着る
　　　결제하다 決済する/払う　세일 セール　상품 商品
　　　신용카드 クレジットカード　현금 現金

女性: お客様、2万5千ウォンです。このシャツはお包みいたしましょうか。
男性: いいえ、結構です。私が着る物なので。このカードで支払います。
女性: 申し訳ございません。このシャツはセール商品なので、クレジットカードで、お支払いはできません。
男性: じゃ、現金でお支払いします。

種類 会話

解説

男性は洋服屋で、シャツのお金を払っている。
① 男性はシャツを包んでもらいました。
　（自分が着るものなので、包んでもらわなかった。）
③ 女性はクレジットカードで支払いました。
　（男性が現金で支払った。）
④ 女性はセール中のシャツを買いました。
　（男性がセール中のシャツを買った。）

20.

남자: 제주 호텔입니다. 무엇을 도와드릴까요?

여자: 안녕하세요. 방을 하나 예약하고 싶어서 왔는데요. 9월 3일부터 6일까지요.

남자: 네, 예약 가능한 방이 있습니다. 몇 분이 오십니까?

여자: 저 혼자 쓸 거예요.

남자: 성함하고 전화번호를 알려 주시면 손님께서 요청하신 날짜에 예약해 드리겠습니다.

男性: 済州ホテルです。ご用件をお伺いいたします。
女性: 部屋を予約したくて来たのですが、9月3日から6日までです。
男性: はい、ご予約可能でございます。何名様ですか。
女性: 一人です。
男性: お名前とお電話番号をおっしゃっていただければ、ご希望の日にちで予約いたします。
女性: キム・ナヨンと申します。電話番号は010-

여자: 제 이름은 김나영이고, 전화번호는 010-1234-5678입
니다.

① ~~남자는~~ 혼자 방을 쓸 겁니다.
❷ 여자는 9월 3일에 호텔에 올 겁니다.
③ ~~남자는~~ 요청한 날짜에 ~~예약을 하지 못합니다~~.
④ ~~여자는 남자에게~~ 이름과 전화번호를 물었습니다.

단어 호텔 ホテル　　예약하다 予約する　　가능하다 可能だ
혼자 一人　　쓰다 使う　　성함 お名前
요청하다 要請する/お願いする

1234-5678です。

종류 種類 会話

해설 解説

女性は9月3日から6日まで利用する部屋を予約して
いることから、9月3日にホテルに来る。

・예약하다 予約する
　[예] 비행기 표를 <u>예약해요</u>. 航空券を予約します。

① 男性は一人で部屋を使います。
　（女性が一人で部屋を使う。）
③ 男性は希望の日に予約が出来ません。
　（女性は希望の日に予約ができる。）
④ 女性は男性に名前と電話番号を尋ねました。
　（男性が女性に 名前と電話番号を尋ねた。）

21.

여자: 노트북을 사려고 왔는데요. 요즘 어떤 노트북이 잘
팔려요?
남자: 이 상품이 잘 나가요. 디자인도 예쁘고 색상도 다양
해서 여성 분들에게 인기가 많아요.
여자: 그런데 좀 무겁네요. 전 휴대하기 편리한 노트북을
찾고 있어요.
남자: 가벼운 노트북은 가격이 좀 비싼데 괜찮으세요?
여자: 네, 괜찮아요.
남자: 그럼 잠시만 기다리세요. 보여 드릴게요.

① ~~남자는~~ 노트북을 사러 왔습니다.
② 여자는 ~~디자인이 예쁜~~ 노트북을 찾고 있습니다.
③ 남자는 ~~휴대하기 편리한~~ 노트북을 추천했습니다.
❹ 여자는 남자가 추천한 노트북이 마음에 안 듭니다.

단어 노트북 ノートパソコン　　팔리다 売れる
나가다 (外へ)出る　　디자인 デザイン　　색상 色
다양하다 様々だ/多様だ　　여성 女性
휴대하다 携帯する/持ち歩く

女性: ノートブックを買いに来たのですが。最近どん
　　　なのがよく売れていますか。
男性: この商品がよく売れています。デザインもかわ
　　　いいし、色もたくさんあって女性に人気です。
女性: でも、少し重いですね。持ち歩きに便利なノー
　　　トブックを探しているんですが。
男性: 軽いノートブックは値段が少し高いんですが、
　　　大丈夫ですか。
女性: はい、大丈夫です。
男性: では、少々お待ちください。お見せいたします。

종류 種類 会話

해설 解説

女性は、男性がおすすめしてくれたノートパソコンは
重いので気に入らない。

・인기가 많다 とても人気がある
　[예] 비빔밥은 외국 사람들에게 <u>인기가 많아요</u>.
　　　ビビンバは外国人にとても人気がある。
・마음에 들다 気に入る
　[예] 이 옷은 정말 예뻐서 <u>마음에 들어요</u>.
　　　この洋服、本当にかわいくて気に入りました。

① 男性はノートパソコンを買いに来ました。
　（女性がノートパソコンを買いに来た。）
② 女性はデザインがかわいいノートパソコンを探し
　ています。（女性は持ち歩きに便利なノートパソコ
　ンを探している。）
③ 男性は持ち歩きに便利なノートパソコンをすすめ
　ました。（男性はデザインがかわいくて、色がた
　くさんあるノートパソコンをすすめた。）

[22~24] 다음을 듣고 대화 내용과 같은 것을 고르십시오.

22.

남자: 안녕하세요. 할인 카드를 만들러 왔습니다.
여자: 여기에 이름과 주소 그리고 전화번호를 적어 주세요.
　　　일주일 안에 십만 원 이상 구매하신 영수증을 가져오
　　　시면 5% 할인 쿠폰을 드립니다.
남자: 오늘 십만 원 이상 샀는데 오늘은 안 되나요? 지금
　　　영수증 드릴게요.
여자: 가능합니다. 영수증을 주세요. 카드와 할인 쿠폰도
　　　드리겠습니다.

① ~~여자는~~ 할인 카드를 만들려고 합니다.
② ~~여자는~~ 오늘 십만 원 이상 구매했습니다.
③ 남자는 물건을 구매한 영수증이 ~~없습니다~~.
❹ 남자는 5% 할인 쿠폰을 받을 수 있습니다.

단어 할인 割引/セール　　구매하다 購入する
　　　　영수증 領収書/レシート　　쿠폰 クーポン

次の会話を聞いて、会話の内容と同じ物を選びなさい。
男性: すみません、割引カードを作りに来たのです
　　　が。
女性: ここに名前と住所、それと電話番号を書いてく
　　　ださい。1週間內に10ウォン以上お買い物され
　　　たレシートをお持ちくだされば、5％割引クー
　　　ポンを差し上げます。
男性: 今日、10万ウォン以上買ったんですが、駄目
　　　ですか。今、レシート差し上げます。
女性: いいですよ。レシートを見せてください。カー
　　　ドと割引クーポンも差し上げます。

種類 会話

解説

男性は今日、10万ウォン以上の商品を買ったので、
5％割引クーポンをもらうことができる。
① 女性は割引カードを作ろうとしています。
　　(男性が割引カードを作ろうとしている。)
② 女性は今日、10万ウォン以上購入しました。
　　(男性が今日、10万ウォン以上購入した。)
③ 男性は商品を購入したレシートを持っていません。
　　(男性はレシートを持っている。)

23.

남자: 저녁에 시간이 좀 있어서 영어 강좌를 등록했어요.
여자: 그래요? 저도 관심이 있어 생각하고 있었어요. 아직
　　　신청은 안 했지만요.
남자: 수강하려면 서두르세요. 등록 마감일은 이번 주 금요
　　　일까지예요.
여자: 그럼 퇴근 후에 바로 집에 가서 신청서를 작성해야겠
　　　어요.

① ~~여자는~~ 영어 강좌를 등록했습니다.
❷ 여자는 영어 수업을 들을 예정입니다.
③ ~~남자는~~ 퇴근 후에 바로 집으로 갈 겁니다.
④ ~~남자는~~ 이번 주 금요일까지 신청서를 작성해야 합니다.

단어 강좌 講義　　등록하다 登録する　　서두르다 急ぐ
　　　　마감일 締め切り日　　퇴근 退勤　　신청서 申込書
　　　　작성하다 作成する

男性: 夜、時間があるので英語の講義に登録しました。
女性: 本当ですか。私も興味があるんです。まだ申込
　　　みはしていませんが。
男性: 受講するなら急いだほうがいいですよ。登録の
　　　締め切りが今週金曜日までです。
女性: じゃ、会社が終わったらまっすぐ家に帰って、
　　　申込書を書かないと。

種類 会話

解説

会社が終わった後、家に帰って申込書を書かないと
という女性の言葉から、女性は英語の講義を聞くつ
もりだ。

・등록하다 登録する
　예 한국어 강좌를 등록했어요.
　　　韓国語の講義を登録しました。

① 女性は英語の講義に登録しました。
　　(男性が英語の講義に登録した。)
③ 男性は会社が終わったらまっすぐで家に帰ります。
　　(女性は会社が終わったらまっすぐで家に帰って、
　　申込書を書く。)
④ 男性は今週の金曜日までに、申込書を書かなけれ
　　ばならない。(女性が今週の金曜日までに、申込書
　　を書かなければならない。)

24.

여자: 안녕하세요. 커피 한 잔하고 녹차 한 잔 주세요. 그리고 치즈 케이크도 하나 주세요.

남자: 커피와 녹차는 어떤 사이즈로 드릴까요? 작은 잔, 중간 잔 그리고 큰 잔이 있습니다.

여자: 중간 잔으로 주세요. 아니요, 잠깐만요. 큰 잔으로 주세요. 그리고 가져갈 거니까 포장해 주세요.

남자: 알겠습니다. 모두 만 오천 원입니다.

❶ 여자는 큰 잔으로 주문했습니다.
② 여자는 ~~커피숍에서 마시고 갈 겁니다~~.
③ ~~남자는~~ 모두 만 오천 원을 내야 합니다.
④ ~~남자는~~ 커피와 녹차, 케이크를 주문했습니다.

[단어] 케이크 ケーキ　　사이즈 サイズ　　잔 杯
　　　 포장하다 包装する/包む

女性: コーヒー1つと、緑茶1つください。それとチーズケーキも1つください。
男性: コーヒーと緑茶はどのサイズは何にいたしましょうか。小、中、大とございます。
女性: 真ん中のサイズでください。あ、ちょっと待ってください。大きいのでください。それと持って帰るので、手さげに入れてください。
男性: わかりました。全部で1万5千ウォンです。

[種類] 会話

[解説]
女性は最初、真ん中のサイズをくださいと言ったが、大きいサイズに変更した。
② 女性はカフェで、飲んでいきます。(女性は持って帰るので包んでくださいと言った。)
③ 男性は全部で1万5千ウォンを払わなければなりません。(女性が全部で1万5千ウォンを払わなければならない。)
④ 男性はコーヒーと緑茶、ケーキを注文した。(女性が注文した。)

[25~26] 다음을 듣고 물음에 답하십시오.

여자: 날씨입니다. 금요일인 내일은 오전부터 많은 비가 내리겠습니다. 밖에 나가실 때 우산을 꼭 준비하시기 바랍니다. 기온도 많이 내려가서 춥겠습니다. 따뜻한 옷으로 입고 나가시는 것이 좋겠습니다. 비는 모레까지 계속되고 이번 주 주말부터 점차 따뜻해지겠습니다.

[단어] 날씨 天気　　비가 내리다 雨が降る　　준비하다 準備する
　　　 기온 気温　　내려가다 下がる　　모레 あさって
　　　 점차 だんだん　　따뜻하다 暖かい/温かい

25. 어떤 이야기를 하고 있는지 고르십시오.

① 경고　　❷ 예보　　③ 감사　　④ 초대

[단어] 경고 警告　　예보 予報　　감사 感謝　　초대 招待

次の文章を聞いて、問いに答えなさい。

女性: 天気予報です。金曜日の明日は、午前中から雨が多く降るでしょう。外出される際は、傘をお持ちください。気温もかなり下がり、寒いでしょう。温かい服装でお出かけください。雨はあさってまで降り続きますが、今週末からはだんだん暖かくなるでしょう。

どんな話をしているのか選びなさい。

[種類] 天気予報

[解説]
天気予報

---

26. 들은 내용과 같은 것을 고르십시오.

① 내일은 ~~토요일~~입니다.
② 내일 오전에는 ~~맑겠습니다~~.
❸ 모레까지 비가 내리고 춥겠습니다.
④ 이번 주 ~~주말까지~~ 따뜻하겠습니다.

どんな話をしているのか選びなさい。

[種類] 天気予報

[解説]
雨はあさってまで降るが、今週末からはだんだん暖かくなる、と言っていることから、あさってまでは雨が降り、寒いということが推測できる。

① 明日は土曜日です。(明日は金曜日。)
② 明日の午前は晴れます。(明日の午前中から雨が多
く降る。)
④ 今週末まで温かいです。(今週末からだんだん暖か
くなる。)

[27~28] 다음을 듣고 물음에 답하십시오.

남자: 오늘 본 영화 어땠어요?

여자: 전 솔직히 말하면 별로였어요. 내용이 너무 예측 가
능해서 보는 동안 지루해서 계속 졸았어요.

남자: 그래요? 저는 재미있었어요. 배우들의 액션 연기도
훌륭하고 특수 효과도 놀라웠어요.

여자: 글쎄요. 제 생각에는 특수 효과보다는 영화 시나리오
에 좀 더 집중을 해서 만들었으면 더 좋은 영화가 만
들어졌을 것 같아요.

단어 솔직히 率直に/正直に　별로 あまり　예측 予測
졸다 うとうとする　액션 연기 アクション演技
특수 효과 特殊効果　놀랍다 素晴らしい/見事だ
시나리오 シナリオ　투자하다 投資する

27. 두 사람이 무엇에 대해 이야기하고 있는지 고르십시오.

① 보고 싶은 영화　　　② 액션 영화의 장점
③ 좋은 영화 만드는 방법　❹ 영화를 보고 난 후 느낌

단어 장점 長所　느낌 感じ/思い/気持ち

28. 들은 내용과 같은 것을 고르십시오.

❶ 여자는 영화가 너무 지루했습니다.
② 남자는 이 영화가 별로 좋지 않았습니다.
③ 남자는 더 좋은 시나리오가 필요하다고 생각합니다.
④ 여자는 액션과 특수 효과가 나오는 영화를 좋아합니다.

단어 지루하다 退屈だ

次の会話を聞いて、問いに答えなさい。

男性: 今日看見た映画、どうでしたか。

女性: 正直言うと、あんまりでした。内容が予測でき
てしまうので、見ている間つまらなくなつて、
うとうとしてしまいました。

男性: そうですか。僕は面白かったです。俳優のアク
ション演技も立派で、特殊効果も素晴らしかっ
たです。

女性: そうですか。私は特殊効果より、シナリオにも
う少し集中して作ったら、もっと良い映画にな
ったと思います。

2人が何について話しているのか選びなさい。

種類 会話

解説

男性と女性は映画を見た後で、各自の感想を話してい
る。

聞いた内容と同じものを選びなさい。

種類 会話

解説

女性は内容が予測できてしまうので、見ている間つま
らなくてうとうとしてしまった。

② 男性はこの映画があまり良いと思いませんでした。
（男性はとても面白かったと思っている。）
③ 男性はもっと良いシナリオが必要だと思っていま
す。（女性は映画のシナリオにもう少しお金をかけ
たらもっと良い映画になったと思っている。）
④ 女性はアクションと特殊効果が出る映画が好き
です。（男性がアクションと特殊効果が出る映画が
好き。）

[29~30] 다음을 듣고 물음에 답하십시오.

여자: 얼마 전에 휴대전화를 샀는데 휴대전화가 자꾸 꺼져요. 새것으로 교환하고 싶어요.
남자: 휴대전화를 언제 구매하셨습니까?
여자: 한 달 전에요.
남자: 잠시만 기다리세요. 휴대전화를 확인해 보고 문제가 있으면 새것으로 교환해 드릴게요.
여자: 네, 알겠습니다.
(수리하는 소리)
남자: 고객님, 많이 기다리셨습니다. 새것으로 교환해 드리겠습니다. 여기 있습니다.

단어 휴대전화 携帯電話　　자꾸 しばしば/たびたび
　　꺼지다 消える　　교환하다 交換する　　구매하다 購入する
　　확인하다 確認する

29. 여자는 지금 왜 여기에 왔습니까?

① 휴대전화를 사려고　　　② 휴대전화를 고치려고
❸ 휴대전화를 바꾸려고　　　④ 휴대전화를 찾아가려고

단어 고치다 直す/修理する　　바꾸다 換える/交換する
　　찾아가다 受け取りに行く

30. 들은 내용과 같은 것을 고르십시오.
❶ 여자는 휴대전화가 고장이 났습니다.
② ~~남자는~~ 한 달 전에 휴대전화를 샀습니다.
③ ~~남자는~~ 휴대전화를 교환하고 싶어 합니다.
④ 여자는 ~~내일 휴대전화를 찾으러 올 겁니다.~~

단어 고장이 나다 故障する

次の会話を聞いて、問いに答えなさい。

女性: この前、携帯電話を買ったのですが、電源がたびたび切れてしまいます。新しいのに交換して欲しいのですが。
男性: いつ購入されましたか。
女性: 1か月前です。
男性: 少々お待ちくださいませ。確認して、問題がございましたら新しいものに交換いたします。
女性: はい、わかりました。
（修理する音）
男性: お客様、大変お待たせいたしました。新しいものに交換いたします。こちらです。

女性は今、なぜここに来ましたか。

種類 会話

解説
女性は携帯電話を新しいものに交換したい。

聞いた内容と同じものを選びなさい。

種類 会話

解説
女性は携帯電話が故障し、新しいものに交換したい。
② 男性は1か月前に携帯電話を買いました。
　（女性が1か月前に携帯電話を買った。）
③ 男性は携帯電話を交換したいです。
　（女性が新しいものに交換したい。）
④ 女性は明日、携帯電話を受け取りに来ます。
　（女性は今、新しい携帯電話をもらうことが出来る。）

[31~33] 다음은 무엇에 대한 이야기입니까? 〈보기〉와 같이 알맞은 것을 고르십시오.

何についての話ですか。例のように適切なものを選びなさい。

3月、春が来ました。2か月前は、寒い冬でした。

31.

3월, 봄이 왔습니다. 두 달 전은 추운 겨울이었습니다.

① 날짜　　　❷ 계절　　　③ 약속　　　④ 날씨

단어 봄 春　　겨울 冬

種類 種類 叙述文

解説 解説

春と冬は'계절(季節)'。韓国は봄(春), 여름(夏), 가을(秋), 겨울(冬)と4つの季節がある。

① 날짜 日にち : 오늘은 7월 25일입니다. 今日は7月25日です。
③ 약속 約束 : 오늘 오후 5시에 친구와 약속이 있습니다. 今日の午後5時に友達と約束があります。
④ 날씨 天気 : 날씨가 따뜻해서 공원에 산책을 나갔습니다. 暖かいので、公園へ散歩に出かけました。

32.

저는 아침은 꼭 먹습니다. 항상 빵과 우유를 먹습니다.

① 이름　　　② 요일　　　❸ 식사　　　④ 가족

단어 꼭 必ず　　먹다 食べる

私は朝ご飯を必ず食べます。いつもパンと牛乳を食べます。

種類 種類 叙述文

解説 解説

'빵(パン)、우유(牛乳)'、'먹다(食べる)'の共通点は'식사(食事)'
① 이름 名前 : 제 이름은 동건입니다. 私の名前はドンゴンです。
② 요일 曜日 : 오늘은 월요일입니다. 내일은 화요일입니다. 今日は月曜日です。明日は火曜日です。
④ 가족 家族 : 우리 가족은 아버지, 어머니, 그리고 저 모두 세 명입니다. 私の家族は、父、母、私の3人です。

33.

민호 씨는 우표 모으는 것을 좋아합니다. 모나카 씨는 동전 모으는 것을 좋아합니다.

❶ 취미　　　② 장소　　　③ 운동　　　④ 음식

단어 모으다 集める　　동전 コイン

ミンホさんは、切手を集めることが好きです。モニカさんはコインを集めることが好きです。

種類 種類 叙述文

解説 解説

切手を集めること(=우표 수집 切手収集)やコインを集めることを'취미(趣味)'と言う。これ以外にも'독서(読書), 영화 감상(映画鑑賞), 운동(運動)'などがある。
② 장소 場所 : 여기는 백화점입니다. 저기는 커피숍입니다. ここはデパートです。あそこはカフェです。
③ 운동 運動 : 저는 축구를 합니다. 친구는 농구를 합니다. 私はサッカーをします。友達はバスケットボールをします。
④ 음식 食べ物 : 저는 비빔밥을 먹을 겁니다. 제 친구는

김치찌개를 먹을 겁니다. 私はビビンバを食べます。
友達はキムチチゲを食べます。

[34~39] 〈보기〉와 같이 빈칸에 제일 알맞은 것을 고르
십시오.

例のように（　）'に最も適切なものを選びなさい。
料理の授業は午後2時（　）あります。

34.

요리 수업은 오후 2시（　）있어요.

① 로　　　　② 를　　　　❸ 에　　　　④ 에서

종류 種類 叙述文

해설 解説

'에'は名詞の後ろで使い、ある行為や状態が起こる時
間を表す時に使う。したがって時間を表す2時の次に
は助詞'에'を使う。

단어 요리 수업 料理の授業　오후 午後

어휘·문법
① 으로/로: 移動の方行、道具や手段、材料を表す助詞
　예 이번 여행은 부산으로 갈 겁니다.(이동의 방향)
　　　今回の旅行は釜山へ行くつもりです。(移動の方行)
　예 볼펜으로 쓰세요.(도구)
　　　ボールペンで書いてください。(道具)
　예 삼계탕은 닭과 인삼으로 만듭니다.(재료)
　　　参鶏湯は鳥と人参で作ります。(材料)
② 을/를: 目的格助詞
　예 수현 씨는 한국 드라마를 봅니다.
　　　スヒョンさんは韓国ドラマを買見ます。
　예 오늘 저녁에 감자탕을 먹을 겁니다.
　　　今晩カムジャタンを食べるつもりです。
④ 에서: ある行為や動作が起こる場所を表す時に使う助詞。
　예 저는 커피숍에서 친구를 만납니다.
　　　私はカフェで友達に会います。

35.

한국어 책을 사고 싶습니다. （　　）에 갑니다.

① 식당　　② 극장　　③ 공항　　❹ 서점

韓国語の本を買いたいです。（　　）へ行きます。

종류 種類 叙述文

해설 解説

本を買う場所は'서점(本屋)'。

단어 서점 本屋

어휘·문법
① 식당 食堂
　예 식당에서 밥을 먹었습니다.
　　　食堂でご飯を食べました。
② 극장 映画館
　예 극장(=영화관)에서 액션영화를 봤습니다.
　　　映画館(=映画館)でアクション映画を観ました。
③ 공항 空港
　예 비행기를 타기 위해 공항에 갔습니다.
　　　飛行機に乗るために空港へ行きました。

36.

지난 주말에 친구들과 여행을 갔습니다. 게임을 하며 재미
있게 (　　　　).

❶ 놀았습니다　　　　　　　② 먹었습니다

③ 요리했습니다　　　　　　④ 헤어졌습니다

[단어] 주말 週末　　재미있게 楽しく

[어휘·문법]
② 먹다 食べる
　[예] 저는 어제 삼계탕을 <u>먹었습니다</u>.
　　　私は昨日、参鶏湯を食べました。
③ 요리하다 料理する
　[예] 어제 생선을 <u>요리했습니다</u>.
　　　昨日、魚を料理しました。
④ 헤어지다 別れる
　[예] 어제 친구와 크게 싸우고 <u>헤어졌습니다</u>.
　　　昨日友達と大喧嘩して別れました。

先週末、友達と旅行へ行きました。ゲームをしたり
して、楽しく（　　　）。

[종류 種類] 叙述文

[해설 解説]
（　　　）の中は友達と旅行へ行って、何をしたかを尋ね
ている。前の文章の‘친구들과 여행을 갔다(友達と旅行
へ行った)’と‘재미있게(楽しく)’が最も適切につながる
ものは‘놀았습니다(遊びました)’だ。

37.

내일 기숙사로 들어갑니다. 책이 많아 짐이 아주 (　　　　).

① 가볍습니다　　　　　　　② 더럽습니다

❸ 무겁습니다　　　　　　　④ 어둡습니다

[단어] 들어가다 入る　　짐 荷物

[어휘·문법]
① 가볍다 軽い
　[예] 책이 <u>가볍습니다</u>. 그래서 혼자 들었습니다.
　　　本が軽いです。だから一人で持ちました。
② 더럽다 汚い
　[예] 교실이 <u>더럽습니다</u>. 그래서 청소를 했습니다.
　　　教室が汚いです。だから掃除をしました。
④ 어둡다 暗い
　[예] 방이 <u>어둡습니다</u>. 그래서 불을 켰습니다.
　　　部屋が暗いです。だから電気をつけました。

明日寮に入ります。本が多くて荷物がとても（　　　）。

[종류 種類] 叙述文

[해설 解説]
本が多くて荷物が〜を探す問題。‘무겁다(荷物が重い)’
が適切である。

38.

산에 불이 났습니다. (　　　　) 119에 전화합시다.

① 가끔　　　② 아까　　　③ 거의　　　❹ 빨리

[단어] (불이) 나다 (火事が)発生する　　전화하다 電話をする

[어휘·문법]
① 가끔 時々
　[예] 저는 <u>가끔</u> 공원에 가서 산책을 합니다.
　　　私は時々、公園へ行って散歩をします。

山火事が発生しました。（　）119に電話しましょう。

[종류 種類] 叙述文

[해설 解説]
119は韓国の救助や消防の緊急通報用電話番号。山火
事が発生したということはとても急いでいる状況な
ので、（　）の中には(早く)が入るのが適切である。

② 아까 사끼
　예 지갑이 <u>아까</u>까지 여기에 있었는데 없어졌습니다.
　　財布がさっきまでここにあったのに、無くなりました。
③ 거의 ほとんど
　예 주문한 음식이 <u>거의</u> 다 됐습니다. 조금만 더 기다려 주세요.
　　注文された食事はほとんどできました。もう少々お待ちください。

39.

다음달에 한국으로 유학을 갑니다. 준비를 위해 회사를 (　).

① 세웠어요　　　　　　② 만들었어요
❸ 그만뒀어요　　　　　④ 들어갔어요

단어　유학 留学　　준비 準備
어휘·문법　連語(collocation)
① 세우다 立てる/設立する
　예 아버지께서 회사를 <u>세우셨어요</u>. 그래서 열심히 일합니다.
　　父が会社を設立しました。だから一生懸命仕事をします。
② 회사를 만들다 会社を作る
　예 제가 회사를 <u>만들었어요</u>. 그래서 지금은 회사 사장입니다.
　　私が会社を作りました。だから今は会社の社長です。
④ 들어가다 入る
　예 저는 열심히 공부했어요. 그래서 좋은 회사에 <u>들어갔어요</u>.
　　私は一生懸命勉強しました。それで良い会社に入りました。

来月韓国へ留学します。準備のため会社を（　　）。

来月韓国へ留学する。だから会社をどうしたか、というのが（　　）に入らなければならない。したがって会社と連結する動詞'그만두다(辞める)'が適切である。

[40~42] 다음을 읽고 맞지 <u>않는</u> 것을 고르십시오.

40.

공기 좋은 숲으로 갑시다!

○ 날짜: 2014년 11월 1일(토) 아침 6시
○ 모이는 곳: 회사 정문
○ 참가비: 10,000원
○ ☎: 02)123-1234(담당자 김수현)
　(단, 이번 야유회에서는 가족도 같이 갈 수 있습니다.)
한국회사

① 회사 앞에서 모입니다.
② 토요일 아침에 출발합니다.
❸ 아이들은 같이 갈 수 없습니다.
④ 야유회에 가려면 만 원을 내야 합니다.

단어　참가비 参加費　　야유회 遠足

次の文章を読んで、合わないものを選びなさい。
空気がいい森へ行きましょう！
◆日時: 2014年11月1日(土) 朝6時
◆集合場所: 会社正門
◆参加費: 1万ウォン
◆☎: 02)123-1234(担当者 キム・スヒョン)
(今回の遠足は、家族も一緒に行くことができます。)
韓国会社

今回の遠足は家族も一緒に行くことができるとあるので、子供たちも一緒に行くことができる。

① 集まる場所は会社の前(正門)。
② 遠足の日時は11月1日土曜日、午前6時。したがって土曜日の朝出発する。
④ 参加費は1万ウォンなので、遠足に行く場合は1万ウォンを払わなければならない。

41.

당신의 아름다움을 위해 언제든지 환영합니다!
사전 상담 필수

○요일: 월요일 ~ 금요일
○시간: 오전 9시 30분 ~ 18시(점심시간 13시 ~ 14시)
○예약 전화: 02) 234-4567
(※ 예약하지 않으면 오래 기다릴 수 있습니다.)

① 점심시간은 한 시간입니다.
❷ 오후 한 시 삼십 분에 상담이 가능합니다.
③ 매주 토요일에는 상담을 받을 수 없습니다.
④ 오후 여섯시 이후에는 상담을 받을 수 없습니다

단어 환영 歡迎　　상담 相談　　예약 予約

あなたの美しさのためにいつでも歓迎します!
事前相談必須

◆ 曜日: 月曜日 ~ 金曜日
◆ 時間: 午前9時30分 ~ 18時(昼食時間13時 ~ 14時)
◆ 予約電話: 02) 234-4567
(※ 予約していない場合、お待ちいただくことになります。)

種類 種類 案内文

解説 解説

昼食時間は午後1時から2時まで。したがってこの時間は相談をしない。

① 昼食時間は13時から14時までの1時間。
③ 相談は月曜日から金曜日まで可能なので、週末には相談を受けられない。
④ 相談時間は午前9時30分から18時まで。18時は午後6時。したがって、午後6時以降には相談は受けられない。

42.

리듬과 꿈을 만드는 학원
리듬과 꿈을 만드는 곳, 깨끗한 환경,
능력 있는 선생님이 함께 하는 곳!

○대상: 초등학생 ~ 고등학생
○수업: 주 2회 2시간 (시간은 조정 가능)
○교육 상담: 02)867-4568(9:30~20:00)
○친구와 함께 등록할 때는 할인해 줍니다.
베토벤 음악학원

① 어른들은 교육을 받을 수 없습니다.
❷ 오후 아홉 시에 상담받을 수 있습니다.
③ 일주일에 두 번 교육을 받을 수 있습니다.
④ 수업을 신청할 때 시간은 바꿀 수 있습니다.

단어 리듬 リズム　　꿈 夢　　깨끗하다 きれいだ　　능력 能力

リズムと夢を作る学院

リズムと夢を作る場所、きれいな環境、
能力のある先生と共にする場所!

◆ 対象: 小学生 ~ 高校生
◆ 授業: 週2回 2時間 (時間は調整可能)
◆ 教育相談: 02)867-4568(9:30~20:00)
◆ 友達と一緒に登録した場合、割引いたします。
ベートーヴェン音楽学院

種類 種類 案内文

解説 解説

相談時間は午前9時30分から午後8時まで。したがって、午後9時には相談は受けられない。

① 教育対象は小学生から高校生まで。したがって、大人は教育を受けることができない。
③ 授業は週2回2時間。したがって、1週間に2回教育を受けることができる。
④ 授業時間は調整可能。したがって、時間は変えることができる。

[43~45] 다음의 내용과 같은 것을 고르십시오.

43.

지난 주말 야구장에 갔습니다. 저는 좋아하는 팀의 유니폼을 입고 갔습니다. 형은 좋아하는 선수의 사인공을 받았습니다.

次の内容と同じものを選びなさい。

先週末、野球場へ行きました。私は好きなチームのユニフォームを着て行きました。兄は好きな選手のサインボールをもらいました。

種類 種類 叙述文

❶ 지난 주말 야구를 보러 갔습니다.
② 저는 좋아하는 야구장에 갔습니다.
③ 저는 유니폼 입는 것을 좋아합니다.
④ 형은 좋아하는 야구팀의 공을 샀습니다.

[단어] 좋아하다 好きだ　팀 チーム　사인공 サインボール

해설 解説

野球場は野球をする場所。野球場へ行ったということは、野球を見に行ったということ。

② 私は好きな野球場へ行きました。
（野球場へ行ったが、野球場が好きなのかは分からない。好きなチームのユニフォームを着た。）
③ 私はユニフォームを着るのが好きです。
（ユニフォームを着るのが好きなのではなく、好きなチームのユニフォームを着た。）
④ 兄は、好きな野球チームのボールを買いました。
（買ったのではなく、もらった。）

44.

토요일에 학교 운동회가 있었습니다. 저는 반 대표로 달리기 경기에 나갔습니다. 무척 떨렸지만 열심히 달렸습니다.

① 저는 우리 반 반장입니다.
② 저는 가끔 운동회에 참석합니다.
❸ 저는 운동회 날 달리기를 했습니다.
④ 저는 떨려서 잘 달리지 못했습니다.

[단어] 운동회 運動会　반 대표 クラス代表
무척 非常に/とても　떨리다 （緊張して）震える

土曜日、学校の運動会がありました。私はクラス代表で徒競走に出ました。とても緊張しましたが、一生懸命走りました。

종류 種類　叙述文

해설 解説

学校の運動会でクラス代表として徒競走に出場したということから、運動会の日、徒競走をした事がわかる。

① 私はクラスの学級委員です。
（学級委員ではなく、クラス代表で徒競走に出た。）
② 私は時々、運動会に参加します。（参加の頻度についての情報はない。）
④ 私は緊張して上手く走れませんでした。
（緊張したが、一生懸命走った。）

45.

매달 둘째 주 토요일에 한강 공원에 갑니다. 산책하시는 할아버지, 자전거를 타는 아빠와 아들이 있습니다. 또 한강에서는 배를 타는 연인도 있습니다.

① 할아버지는 자전거를 타십니다.
② 아빠와 아들은 배 위에 있습니다.
③ 연인들은 공원에서 산책을 합니다.
❹ 한 달에 한 번 토요일에 공원에 갑니다.

[단어] 산책하다 散歩する　타다 乗る

毎月第２土曜日に漢江公園へ行きます。散歩をするおじいさん、自転車に乗るお父さんや息子がいます。また、漢江では船に乗る恋人たちもいます。

종류 種類　叙述文

해설 解説

毎月第２土曜日に漢江公園に行くので、1か月に1回公園へ行く、が適切である。

① おじいさんは自転車に乗ります。
（おじいさんは散歩をする。）
② おとうさんと息子は船の上にいます。
（自転車に乗る。）
③ 恋人たちは公園で散歩をします。
（漢江で船に乗る。）

[46~48] 다음을 읽고 중심 생각을 고르십시오.

次の文章を読んで、主題を選びなさい。

46.

저는 날씨가 좋으면 공원에 갑니다. 공원에 가서 산책합니다. 친구들과 대화하는 것보다 더 기분이 좋습니다.

❶ 저는 산책하는 것이 더 좋습니다.
② 저는 대화하는 것이 더 좋습니다.
③ 저는 공원에 가는 것을 좋아합니다.
④ 친구들은 공원에 가는 것을 좋아합니다.

단어 대화하다 会話する/話す

私は天気がいいと公園へ行きます。公園へ行って散歩をします。友達と話すより気分がいいです。

종류 種類 叙述文

해설 解説

最後の文章で、散歩することは会話することよりもっと気分がいいと書いてある。したがって、この話の主題は友人たちと話をするより散歩する方がもっといいである。

47.

아버지는 부산에 직장이 있으셔서 월요일부터 금요일까지는 부산에 계십니다. 주말에만 집에 오십니다. 매일매일 아버지 얼굴을 봤으면 좋겠습니다.

① 저는 부산에 가고 싶습니다.
❷ 저는 아버지와 같이 살고 싶습니다.
③ 아버지는 주말에 부산에 갈 겁니다.
④ 아버지는 부산 직장에 있고 싶어 합니다.

단어 직장 職場　　매일 毎日

父は釜山に職場があるので、月曜日から金曜日までは釜山にいます。週末だけ家に帰ってきます。毎日毎日父の顔が見られたらいいなと思います。

종류 種類 叙述文

해설 解説

父は釜山に職場があり、週末だけ家に帰って来る。だから筆者とは一緒にいる時間がない。筆者は毎日毎日父の顔を見たい。したがってこの話の主題は父と一緒に住みたいということだ。

48.

저는 지난주에 운전학원에 등록했습니다. 오늘 처음 운전을 배우러 갔는데 무척 떨려서 실수를 많이 했습니다. 그래서 내일은 좀 더 집중해서 운전할 겁니다.

❶ 저는 운전을 잘하고 싶습니다.
② 저는 운전이 무서워서 떨립니다.
③ 저는 내일 운전을 배우러 갈 겁니다.
④ 저는 운전학원에 첫 번째로 등록하고 싶습니다.

단어 운전학원 教習所　　실수하다 失敗する
　　　 집중하다 集中する

私は先週、教習所に登録しました。今日、初めて運転を習いに行ったのですが、とても緊張して失敗をたくさんしてしまいました。だから明日はもっと集中して運転するつもりです。

종류 種類 叙述文

해설 解説

初めて運転を習いに行ったのだが、失敗をたくさんした。だから明日はもっと集中して運転をしよう、という内容なので、この話の主題は運転を上手にしたいである。

[49~50] 다음을 읽고 물음에 답하십시오.

次の文章を読んで、問いに答えなさい。

요즘 (㉠) 케이크가 인기가 있습니다. 케이크를 만드는 가게에서는 먼저 생일인 손님의 얼굴 사진을 받습니다. 그리고 그 사진을 케이크 맨 위에 놓고 케이크를 만듭니다. 이 케이크를 받은 사람은 정말 특별한 선물이 될 것입니다.

最近(㉠)ケーキが人気です。ケーキを作るお店ではまず、誕生日のお客様の顔写真をもらいます。そしてその写真をケーキの一番上に置いて、ケーキを作ります。このケーキをもらった人は、本当に特別なプレゼントになるでしょう。

단어 인기가 많다 人気がある　　손님 お客様

49. (㉠)에 들어갈 알맞은 말을 고르십시오.

① 모양이 큰　　　　　　　② 사진과 다른
❸ 사진이 들어간　　　　　④ 그림과 비슷한

(㉠)に入る適切なものを選びなさい。

🗀 종류 種類 **叙述文**

📩 해설 解説

( )が含まれた最初の文章は主題文。全体の内容を見ると、お客様の顔写真をもらい、ケーキの一番上に置いてケーキを作るとあるので、( )の中は'사진이 들어간(写真が入る)'が適切である。

50. 이 글의 내용과 같은 것을 고르십시오.

① 여기는 사진을 찍는 곳입니다.
② 케이크를 만든 후에 사진을 받습니다.
③ 케이크 안에 사진을 넣고 케이크를 만듭니다.
❹ 요즘 사람들은 자기 사진이 들어간 케이크를 좋아합니다.

この文章の内容と合うものを選びなさい。

🗀 종류 種類 **叙述文**

📩 해설 解説

顔写真が入ったケーキが人気があるということから、最近の人は、顔写真の入ったケーキの好きだということ。
① ここは写真を撮る所です。
　（ここはケーキを作る所。）
② ケーキを作った後、写真を撮ります。
　（ケーキを作る前に誕生日のお客様の顔写真をもらう。）
③ ケーキの中に顔写真を入れてケーキを作ります。
　（ケーキの中ではなく、ケーキの一番上に写真を置いてケーキを作る。）

[51~52] 다음을 읽고 물음에 답하십시오.

저는 소나무 향기가 나는 보리밥을 좋아합니다. 보리밥을 먹을 때 입으로만 먹는 것이 아닙니다. 코로도 먹을 수 있습니다. 맛도 좋고 (㉠) 때문에 건강에도 좋습니다. 그래서 소나무 향기를 맡으면서 보리밥을 먹을 때 기분이 더 좋습니다.

단어 향기가 나다 香りがする　　맛 味　　냄새 匂い
　　　보리밥 麦ごはん

次の文章を読んで、問いに答えなさい。

私は松の木の香りがする麦ごはんが好きです。麦ごはんを食べる時、口だけで食べるのではありません。鼻でも食べることができます。味もよく、(㉠)ので、体にもいいです。だから松の木の香りをかぎながら麦ごはんを食べる時、気分がいいです。

(㉠)に入る適切な言葉を選びなさい。

🗀 종류 種類 **叙述文**

📩 해설 解説

松の木の香りで鼻も楽しめるとい言葉から、( )には'코(鼻)'と関係するものが来なければならない。また( )の前の味もよいという言葉もあるので、'긍정적인(肯定的な)'言葉と関係する'좋은 냄새가 나기(いい匂いがする)'が最も適切である。

51. (㉠)에 들어갈 알맞은 말을 고르십시오.

① 깨끗하기　　　　　　　② 잘 들리기
③ 소화도 잘 되기　　　　❹ 좋은 냄새가 나기

52. 무엇에 대한 이야기입니까? 알맞은 것을 고르십시오.

❶ 보리밥을 자주 먹는 이유
② 보리밥을 자주 먹는 방법

何についての話ですか。適切なものを選びなさい。

🗀 종류 種類 **叙述文**

③ 소나무 향기를 맡는 방법
④ 소나무 향기가 나는 이유

松の木の香りがする麦ごはんをよく食べる。その理由
は、松の木の香りのおかげで気分がよくなるからだ、
とあるので、この文章は、松の木の香りがする麦ごは
んを食べる理由について話している。

[53~54] 다음을 읽고 물음에 답하십시오.

대부분의 도시에는 어린이 도서관이 있습니다. 그런데 요
즘 아이들은 게임을 좋아해서 책을 잘 읽지 않습니다. 그래
서 부모들은 주말마다 아이들과 함께 어린이 도서관에 갑
니다. 그곳에서 다른 아이들과 함께 책을 읽게 합니다. 그
러면 저절로 책과 (㉠) 놀게 됩니다.

次の文章を読んで、問いに答えなさい。

大部分の都市には子ども図書館があります。しかし
最近の子どもたちはゲームが好きなので、本をあま
り読みません。だから親たちは毎週末、子どもたち
と一緒に子ども図書館へ行きます。そこで他の子ど
もたちと一緒に本を読ませます。そうすると自然に
本と(㉠)遊び始めます。

53. (㉠)에 들어갈 알맞은 말을 고르십시오.

① 자면서　　　　　② 게임하면서
❸ 친해지면서　　　④ 이야기하면서

(㉠)に入る適切な言葉を選びなさい。

 叙述文

(　)の前後も見ると、'다른 아이들과 함께(他の子供た
ちと一緒に)'本を読んで、本と遊び始めるというある
ので、本ととても親しくなったことが分かる。したが
って、(　)の中は'친해지면서(親しくなって)'が適切で
ある。

---

54. 이 글의 내용과 같은 것을 고르십시오.

① 요즘 아이들은 책을 ~~자주 읽습니다.~~
② 부모들은 ~~아이들과 함께 게임을 합니다.~~
③ 요즘 어린이 도서관은 ~~모든~~ 도시에 있습니다.
❹ 부모들은 매주 주말에 어린이 도서관에 갑니다.

この文章の内容と同じものを選びなさい。

 叙述文

最近の子供たちはゲームが好きで、本をあまり読まな
いので、両親たちは子供と一緒に毎週末、子供図書館
へ行く。したがって、両親たちは毎週末、子供図書館
へ行くが適切である。

① 最近の子どもたちは本をよく読みます。
　（最近の子どもたちはゲームが好きで、本をあまり
　　読まない。）
② 親たちは子どもたちと一緒にゲームをします。
　（ゲームをするのではなく、子どもたちと一緒に子
　　ども図書館へ行く。）
③ 最近、子ども図書館は全ての都市にある。
　（大部分の都市にある。）

[55~56] 다음을 읽고 물음에 답하십시오.

사랑하는 우리 딸! 요즘 아빠가 회사 일이 바빠서 우리 딸
얼굴을 못 보고 나와서 많이 슬퍼. 우리 딸도 고등학교 3학

次の文章を読んで、問いに答えなさい。

愛する娘！最近お父さんが会社の仕事で忙しくて、
おまえの顔が見られなくてとても悲しい。高校3年生

년이 되어 많이 힘들지? 힘들고 어렵지만 엄마·아빠가 항상 응원하고 있다. 알고 있지. 오늘 밤은 아빠가 일찍 퇴근해서 우리 딸 얼굴 보고 같이 밥 먹자. (　　　) 우리 딸 좋아하는 치킨 꼭 사 가지고 갈게. 오늘도 파이팅!

– 사랑하는 아빠가 –

단어 바쁘다 忙しい　　일찍 早く　　슬프다 悲しい
응원하다 応援する　　퇴근하다 退勤する

55. (　　　)에 들어갈 알맞은 말을 고르십시오.

① 그런데　　❷ 그리고　　③ 그러나　　④ 그러면

になっておまえも大変だろう。大変だろうけど、お父さんとお母さんがいつも応援しているからな。わかってるだろう?今日はお父さんが早く帰るから一緒に晩ご飯を食べよう。(　　)おまえが好きなチキンを買ってくるからな。今日もがんばれ!

-愛する父より-

(　　)に入る適切な言葉を選びなさい。

종류 種類 メモ

해설 解説

( )の前の文章と後ろの文章はお互い対等な関係だ。したがって、'그리고(そして)'が適切である。

- 그런데: 前の文章が後ろの文章で変わる場合に使う。
  예 오늘 철수가 결석했습니다. 그런데 영희는 무슨 일이 있어요? 今日チョルスが欠席しました。ところでヨンヒは何かありましたか。
- 그러나: 前の文章と後ろの文章がお互い反対になる場合に使う。
  예 열심히 공부했습니다. 그러나 시험에 떨어졌습니다. 一生懸命勉強しました。しかし試験に落ちました。
- 그러면: 前の文章が後ろの文章の前提や仮定の場合に使う。
  예 열심히 공부하세요. 그러면 TOPIK시험에 합격할 겁니다. 一生懸命勉強してください。そうすればTOPIKに合格するでしょう。

---

56. 이 글의 내용과 같은 것을 고르십시오.

❶ 아빠는 저녁에 치킨을 살 겁니다.
② 아빠는 바빠서 늦게 퇴근할 겁니다.
③ 딸은 아빠가 퇴근할 때 자고 있었습니다.
④ 딸은 너무 바빠서 아빠 얼굴을 못 봅니다.

この文章の内容と同じものを選びなさい。

종류 種類 メモ

해설 解説

この文章はお父さんが娘に残したメモ。お父さんのメモで今晩娘に会い、一緒にご飯を食べ、チキンを必ず買ってくるということが分かる。したがってお父さんは、今晩チキンを買う。

② お父さんは忙しくて遅く帰ります。(メモの内容から、お父さんは忙しくて朝早く出勤するが、今日は特別に娘に会うため、早く帰るということが分かる。)
③ 娘はお父さんが帰って来たとき、寝ていました。(出勤するとき寝ている。)
④ 娘はとても忙しくて、お父さんの顔を見られません。(娘が忙しいのではなく、お父さんが忙しく朝早く出勤するため、娘に会えない。)

[57~58] 다음을 순서대로 맞게 나열한 것을 고르십시오.

57.

(가) 그런데 요즘은 휴대전화로 모르는 길도 찾을 수 있습니다.

(나) 여행 도중에 가끔 모르는 곳에 가면 길을 몰라서 힘듭니다.

(다) 저는 여행을 좋아해서 일 년에 한두 번은 여행을 갑니다.

(라) 또 근처에 무엇이 있는지 알 수 있어서 여행하기 편합니다.

❶ (다)-(나)-(가)-(라)　　　② (다)-(나)-(라)-(가)
③ (다)-(가)-(라)-(나)　　　④ (다)-(라)-(나)-(가)

단어 모르다 知らない　　힘들다 大変だ　　편하다 楽だ

文の順序を正しく並べたものを選びなさい。

(가) しかし最近は、携帯電話で知らない道も探すことができます。

(나) 旅行中に知らない場所へ行くと、道が分からなくて大変です。

(다) 私は旅行が好きで、1年に1, 2回は旅行へ行きます。

(라) また、近所に何があるのかも知ることができて、旅をするのが楽です。

種類 叙述文

解説

(다)は固定された文章。→ (나)と(가)は(다)の旅行が好きという内容につながるが、(나)の'모르는 곳(知らない場所)'と(가)の'모르는 길(知らない道)'ではまず知らない場所に来て、それからその知らない道をどうするのかが来なければならないので(나)が先に来て、次に(가)が来る。→ (가)と(라)は携帯電話の長所についての内容。(가)でまず長所を話し、(라)で'또(また)'を使ってもう1つの長所を話すという順序にならなければならない。したがって、(다) → (나) → (가) → (라)が正しい。

58.

(가) 아침을 일찍 먹고 여행 가방을 챙겨 버스를 탔습니다.

(나) 오늘은 우리 가족 모두 해외여행을 가는 날입니다.

(다) 그리고 출국 심사를 받고 비행기에 탑승했습니다.

(라) 공항에 도착해서 비행기 표의 좌석을 확인했습니다.

① (나)-(다)-(라)-(가)　　　② (나)-(라)-(다)-(가)
③ (나)-(라)-(가)-(다)　　　❹ (나)-(가)-(라)-(다)

단어 챙기다 準備する　　타다 乗る　　예약하다 予約する
확인하다 確認する　　도착하다 到着する

(가) 朝ご飯を早く食べて、旅行カバンを準備し、バスに乗りました。

(나) 今日は、家族全員で海外旅行へ行く日です。

(다) そして出国審査を受けて、飛行機に搭乗しました。

(라) 空港に到着して飛行機の座席を確認しました。

種類 叙述文

解説

(나)は固定された文章で、一般的な内容。→ 海外旅行へ行く日何をしたか、時間の順に見ていくと、(가)の旅行カバンを準備してバスに乗り、そして、(라)で'공항에 도착해서(空港に到着して)'予約した座席を確認した後、(다)で出国審査を受けて飛行機に乗った、が自然につながる。したがって、(나) → (가) → (라) → (다)が正しい。

[59~60] 다음을 읽고 물음에 답하십시오.

지난 여름 방학에 제주도 옆에 있는 우도로 여행을 갔습니다. (㉠) 우도에서 바닷속을 볼 수 있는 잠수함인 배를 탔습니다. (㉡) 그 배는 창문이 모든 방향으로 되어 있었습니다. (㉢) 그리고 창문의 크기도 크고 넓었습니다. (㉣) 그래서 여러 가지 색의 아름다운 물고기를 잘 구경할 수 있었습니다.

次の文章を読んで問いに答えなさい。

夏休みに済州島の横にある牛島(우도)へ行きました。(㉠)牛島では海の中を見る事ができる潜水艦に乗りました。(㉡)その船は全ての方向が窓になっていました。(㉢)そして窓の大きさも大きくて広かったです。(㉣)だからいろいろな色の美しい魚がよく見えました。

단어 우도 牛島   속 中   잠수함 潜水艦   넓다 広い

59. 다음 문장이 들어갈 곳을 고르십시오.

왼쪽으로 가면 왼쪽을, 오른쪽으로 가면 오른쪽을 볼 수 있었습니다.

① ㉠   ② ㉡   ❸ ㉢   ④ ㉣

次の文章が入る所を選びなさい。

左に行けば左を、右に行けば右を見ることができました。

[種類] 叙述文

[解説]
'모든 방향(全ての方向)'という言葉を含む文章の後'왼쪽, 오른쪽(左、右)'という方向を表す言葉が連結する場所に入らなければならない。したがって、㉢に入るのが最も自然である。

---

60. 이 글의 내용과 같은 것을 고르십시오.

① 우도는 ~~제주도에~~ 있습니다.
❷ 잠수함에서 바닷속을 잘 볼 수 있습니다.
③ 잠수함을 타고 ~~우도 옆 제주도로 갔습니다~~.
④ 잠수함의 창문은 ~~한 방향으로~~ 만들었습니다.

この文章の内容と同じものを選びなさい。

[種類] 叙述文

[解説]
潜水艦の窓は全ての方向にあり、大きくて広く海の中がよく見える。
① 牛島は済州島にあります。(済州島の横にある。)
③ 潜水艦に乗って、牛島の横の済州島へ行きます。
　(潜水艦に乗って海の中へ行った。)
④ 潜水艦の窓は一つの方向に作りました。
　(全ての方向に作った。)

[61~62] 다음을 읽고 물음에 답하십시오.

가을이 되면 사람들은 아름다운 단풍을 보려고 산에 갑니다. 숲 속 나무에 작은 다람쥐가 있는데 이들은 도토리나무 열매를 먹고 삽니다. 가끔 등산하는 사람들이 먹을 것을 가지고 다가가면 다람쥐들은 (   ) 가까이 옵니다. 사람들은 가끔 나무에서 떨어진 도토리를 줍는데 겨울이 되면 다람쥐들의 먹이가 부족하기 때문에 많이 가져오지 말아야 합니다.

단어 다람쥐 リス   도토리 どんぐり   다가가다 近寄る
　　　줍다 拾う

次の文章を読んで問いに答えなさい。

秋になると人は美しい紅葉を見ようと山へ行きます。森の中の木に小さいリスがいますが、リスはどんぐりの実を食べて生きています。時々、登山客が食べ物を持って近づくと、リスたちは(   )寄って来ます。登山客たちは時々、木から落ちたどんぐりを拾いますが、冬になるとリスたちの食べ物が不足するので、なるべく拾ってはいけません。

(   )に入る適切な言葉を選びなさい。

61. (   )에 들어갈 알맞은 말을 고르십시오.

① 자면서   ② 다쳐서
③ 먹지 않고   ❹ 놀라지 않고

[種類] 叙述文

[解説]
(   )の前の'사람들이 먹을 것을 가지고 다가가고(登山客が食べ物を持って近づくと)'と、(   )の後ろの'가까이 오는 것(寄って来る)'を自然に連結ある表現は、'놀라지 않고(驚かず)'である。

---

62. 이 글의 내용과 같은 것을 고르십시오.

① 사람들은 ~~다람쥐를 보러~~ 산에 갑니다.

この文章の内容と同じものを選びなさい。

② 등산하는 사람들은 ~~다람쥐를 좋아합니다~~.
③ 다람쥐들은 ~~사람들이 주는 것을~~ 먹고 삽니다.
❹ 다람쥐들을 위해 도토리를 많이 가져오면 안 됩니다.

종류 種類 **叙述文**

해설 解説

登山客がどんぐりを拾うと、冬にリスたちの食べ物が不足してしまうので、リスたちのためにどんぐりを拾って来てはいけない、が正解。

① 人はリスを見に山へ行きます。
　（美しい紅葉を見るために山へ行く。）
② 登山客はリスが好きです。
　（リスが好きかどうかはわからない。）
③ リスたちは人が与えるものを食べて生きています。
　（リスはどんぐりを食べて生きている。）

[63~64] 다음을 읽고 물음에 답하십시오.

안녕하세요, 수영 씨.
이번 주말에 회사 기숙사에서 기숙사 파티를 할 거예요.
회사 모든 부서 사람들이 참석할 거예요. 수영 씨도 시간이 있으면 오셔서 기숙사를 구경하세요.
기숙사 로비에 맛있는 과자와 커피도 준비되어 있어요. 기숙사는 회사 뒤 건물이에요. 회사 앞 버스 정류장에서 내려서 건물 2층으로 오세요. 그날 꼭 오세요!

명수 드림

단어 기숙사 寄宿舎　　참석하다 参加する　　로비 ロビー

63. 왜 이 글을 썼습니까?

① 기숙사 파티에 초대하기 위해서
② 기숙사 파티에 온 친구에게 감사해서
③ 기숙사 건물을 친구에게 알려 주기 위해서
④ 기숙사 파티를 하는 장소를 알려 주기 위해서

次の文章を読んで問いに答えなさい。

スヨンさん、こんにちは。
今週末、会社の寮で寮パーティーをします。
会社の全部署の方たちが参加します。スヨンさんも時間があったら遊びに来て、寮を見学してください。
寮のロビーにおいしいお菓子とコーヒーも準備されています。
寮は会社の後ろの建物です。会社の前の停留所で降りて、建物の２階に来てください。
是非来てください。

　　　　　　　　　　　　　　　　　　ヨンスより

なぜこのメールを書きましたか。

종류 種類 **談話文(Eメール)**

해설 解説

文章は主に最初と最後に目的を書く。このメールも、前半部分で寮パーティーをすることと、時間があったら参加してくださいということが、書いてある。したがって、この文章を書いた目的は、寮パーティーに招待するためである。

---

64. 이 글의 내용과 같은 것을 고르십시오.

① 기숙사는 회사 앞에 있는 건물입니다.
❷ 이번 주말에 기숙사를 볼 수 있습니다.
③ 기숙사에 가려면 ~~지하철을 타야 합니다~~.
④ 마시고 싶은 커피는 ~~직접 가져와야 합니다~~.

この文章と内容が同じものを選びなさい。

종류 種類 **談話文(Eメール)**

해설 解説

今週末は会社の寮を見学する日だ、この日は、全ての人たちが寮に入ることができる。したがって、今週末に寮を見る事ができる。

① 寮は会社の前にある建物です。（会社の後ろにある建物です。）
③ 寮に行く場合、地下鉄に乗らなけれななりません。

180

（停留所で降りるとあるので、バスに乗らなければ
ならない。）
④ 飲みたいコーヒーは直接持って来なければなりま
せん。（寮のロビーに準備されている。）

[65~66] 다음을 읽고 물음에 답하십시오.

손과 몸은 어떤 관계일까요? 손이 뜨거우면 몸도 뜨겁고 손이 차가우면 몸도 차갑습니다. 이렇듯 손과 몸은 같이 느낄 수 있습니다. 또 손으로 하는 것은 여러 가지 뜻이 있습니다. 서로 손을 잡고 인사를 하는 것은 서로 친하다는 의미이고 새끼손가락을 걸면 약속을 의미합니다. 박수를 치는 것은 칭찬의 의미입니다. 그래서 친구가 잘했을 때 (㉠)도 합니다.

단어 관계 関係　뜨겁다 熱い　차갑다 冷たい
느끼다 感じる　칭찬 称賛　(박수를) 치다 (拍手を)する

次の文章を読んで、問いに答えなさい。

手と体はどのような関係でしょうか。手が熱いと体も熱く、手が冷たいと体も冷たいです。このように、手と体は一緒に感じることができます。また手で行うことには、いろいろな意味があります。握手をして挨拶をすることは、お互い親しいという意味であり、小指をかけると約束を意味します。拍手をすることは称賛を意味します。だから、友達がよく頑張った時（ ㉠ ）もします。

（ ㉠ ）に入る適切な言葉を選びなさい。

종류 種類　**叙述文**

해설 解説

'그래서'는 前と後ろが原因と結果の関係。したがって拍手をすることは称賛の意味なので、友達がよく頑張った時、拍手をする。

65. (㉠)에 들어갈 알맞은 말을 고르십시오.

① 손을 잡기　　　　② 손을 걸기
③ 손이 차갑기　　　❹ 박수를 치기

66. 이 글의 내용과 같은 것을 고르십시오.

① 손을 잡으면 ~~약속~~하는 것입니다.
② 손이 뜨거우면 몸은 ~~차갑습니다~~.
❸ 손과 몸이 느끼는 것은 같습니다.
④ 칭찬하고 싶을 때 ~~서로 손을 잡습니다~~.

この文章の内容と同じものを選びなさい。

종류 種類　**叙述文**

해설 解説

手と体は一緒に感じるので、手が熱いと体も熱く、手が冷たいと体も冷たい。したがって手と体が感じることは同じ。
① 握手をすることは約束を意味します。
　（握手することはお互い親しいという意味である。）
② 手が熱いと体は冷たいです。
　（手が熱いと体も熱い。）
④ 称賛したいときはお互いに握手をします。
　（称賛したいときは拍手をする。）

[67~68] 다음을 읽고 물음에 답하십시오.

요즘 가구의 위치를 바꾸는 사람들이 많습니다. (㉠) 가구를 사지 않고 사용하고 있는 가구를 위치만 바꿔도 방의 분위기를 바꿀 수 있습니다. 방석이나 쿠션으로도 변화를 줄 수 있습니다. 여러분도 이번 봄에 거실에 있는 가구를 한번 (㉡).

次の文章を読んで、問いに答えなさい。

最近、家具の位置を変える人が多いです。（ ㉠ ）家具を買わずに、使っている家具の位置を変えるだけでも、部屋の雰囲気を変えることができます。座布団やクッションでも変化を与えることができます。皆さんも今年の春、リビングルームの家具を一度（ ㉡ ）。

㉠に入る適切なものを選びなさい。

단어 위치 位置　분위기 雰囲気　방석 座布団
쿠션 クッション　변화 変化

67. ⊙에 알맞은 것을 고르십시오.

① 먼저　　　② 주로　　　❸ 새로　　　④ 계속

🗂 종류 種類 **叙述文**

🎓 해설 解説

( )の後ろで'사용하고 있는 가구(使っている家具)'と述
べているため、家具を買わなくてもいい。したがって
'가구를 사지 않고(家具を買わないで)'の前は新しいを
意味する'새로'が入る。

① 먼저 まず/先に
　예 먼저 사용하세요. 전 나중에 사용하겠습니다.
　　　先に使ってください。私はあとで使います。
② 주로 主に
　예 저는 방학에 주로 도서관에서 공부합니다.
　　　私は夏休み、主に図書館で勉強します。
④ 계속 ずっと/続けて
　예 많이 건강해졌습니다. 계속 운동하세요.
　　　とても健康になりましね。続けて運動してください。

---

68. ⓛ에 알맞은 것을 고르십시오.

❶ 바꿔 보세요.　　　　② 바꿀 수 있어요.
③ 바꾸고 싶어요.　　　④ 바꾸기로 했어요.

ⓛに入る適切なものを選びなさい。

🗂 종류 種類 **叙述文**

🎓 해설 解説

(ⓛ)の前に時制を表す'이번 봄에(今年の春)'があり、
前の２つの文章で、配置を変えるだけでも、部屋の雰
囲気を変えることができ、変化を与えることができる
と言っていることから、( )の中は一度試してみてく
ださいという意味にならなければならない。したがっ
て、'바꿔 보세요(変えてみてください)'が最も適切で
ある。

② -을/ㄹ 수 있다/없다 : ある行動が可能かどうかにつ
　いて表す。
　예 저는 한국어를 배웠습니다. 그래서 한국신문을 읽을
　　 수 있습니다. 私は韓国語を習いました。だから韓国
　　 語の新聞を読むことができます。
③ -고 싶다 : 話し手の希望、願いを表す
　예 저는 나중에 의사가 되고 싶습니다. 私は将来、医者
　　 になりたいです。
④ -기로 하다 : 自身の計画、決心、約束を表す。
　예 저는 내일 아침부터 일찍 일어나기로 했습니다.(계
　　 획, 결심)
　　 私は明日の朝から早く起きることにしました。(計
　　 画、決心)
　예 저는 이번 방학 때 친구와 함께 여행 가기로 했습니
　　 다.(약속)
　　 私は今度の夏休み(冬休み)'に友達と一緒に旅行へ
　　 行くことにしました。(約束)

[69~70] 다음을 읽고 물음에 답하십시오.

작년 크리스마스에 부모님과 함께 스키장에 놀러 갔습니다. 그런데 스키를 타다가 실수를 해서 넘어졌습니다. 나는 너무 아파서 (㉠) 힘들었습니다. 그때 스키장 직원이 한의원에 가서 침을 맞으면 빨리 나을 수 있다고 했습니다. 그래서 부모님과 함께 스키장 근처에 있는 한의원에 가서 침을 맞으니까 신기하게도 약을 먹은 것보다도 더 아프지 않았습니다.

단어 실수 失敗　넘어지다 転ぶ　힘들다 辛い/大変だ
　　　한의원 韓医院　(침을) 맞다 (鍼を)打つ

69. (㉠)에 들어갈 알맞은 말을 고르십시오.

① 침을 맞기도　　　　　❷ 혼자 걷기도
③ 놀러 가기도　　　　　④ 직원을 만나기도

70. 이 글의 내용으로 알 수 있는 것은 무엇입니까?

① 나는 침 맞는 것을 아주 싫어합니다.
② 스키장 직원은 침 맞는 것을 좋아합니다.
❸ 침은 약보다 더 빨리 치료할 수 있습니다.
④ 사람들은 스키를 타다가 자주 넘어집니다.

次の文章を読んで、問いに答えなさい。

昨年のクリスマス、両親と一緒にスキー場へ遊びに行きました。しかしスキーをしているときに、失敗して転んでしまいました。私はとても痛くて（ ㉠ ）大変でした。その時、スキー場の従業員が、韓医院に行って鍼を打てば早く治ると教えてくれました。そこで両親と一緒に、スキー場の近くにある韓医院に行って鍼を打ってもらうと、不思議なことに、薬を飲むよりよくなりました。

（ ㉠ ）に入る適切な言葉を選びなさい。

🗂 종류 種類 エッセイ

🎓 해설 解説

（　）の前の文章は、スキーをしていたら失敗して転んだ。そしてとても痛かったという内容なので、（　）の中は、一人で歩くのも大変だったがという言葉が入るのが最も自然である。

この文章の内容かられかることは何ですか。

🗂 종류 種類 エッセイ

🎓 해설 解説

全体の文章を理解した後、内容を推測するという問題。キーワードを中心とし、筆者が何を話そうとしているかを推測しなければならない。
本文は、スキー場で転び、病院へ行かなければならない状況で、スキー場の従業員が、鍼を打てばすぐに治るという情報を教えてくれた。そこで両親と一緒に韓医院へ行って鍼を打ったら、薬より早く治ったという内容なので鍼は薬より早く治療することができるということがわかる。